幼兒園教保活動與課程

楊思偉　總策劃

蔣姿儀　主編

蔣姿儀、駱明潔、阮淑宜、
魏美惠、林珮仔、謝瑩慧、
謝明昆、林佳慧、陳柔伊
合著

五南圖書出版公司 印行

國立臺中教育大學是臺灣的師資培育重鎮

　　臺中教育大學自1899年創校以來，一直培育著建設臺灣的菁英師資，在當前師資培育多元化的環境中，不僅穩定地培育師資亦積極地提升教師素質，這是一份對師資培育歷史的負責，亦是本校對臺灣教育發展的使命，承繼這份師資培育的光榮使命，臺中教育大學正積極發展為重點教育大學。

　　教育大學在高等教育的發展過程中有其獨特性，係因教育大學非僅教育學術的追求，更重視如何培育出優質教師，所以特重教學專業與地方教育輔導，如果僅做好教育研究工作，而沒有培育出優質教師的教育大學，就不是成功的師資培育機構。培育一位優質教師，需要普通課程、任教學科的專門課程、教育專業課程、實習課程等顯著課程，還需要培育師資所需的環境教育、相關制度所構成的潛在課程。潛在課程在潛移默化的過程中，涵養一位優質教師的言行，做到韓愈所謂的「以一身立教，而為師於百千萬年間，其身亡而教存」的師表風範；此外，普通課程協助培育通博涵養，專門課程建立施教課程之專業，教育專業課程則是孕育相關教育知能。

　　一位優質教師不僅要有教育專業，了解整體教育情境與學生需要，也要有任教科目的專門知能，對學生授業與解惑。不過任教學科的專門知能，不僅要有任教「學科的內容知識」，還要有「『教』學科內容的知能」，所以數學教師，不是只要有「數學」專門知識即可，還需要有「教數學」的專門知識。因此，一位優質教師，要具有學科內容教學知識（pedagogical content knowledge, PCK），融合學科內容和教法的知識，

依據學生性向、能力與興趣，將學科內容知識（content knowledge, CK）傳授給學生。基此，本校自97年起依據中小學九年一貫課程學習領域之規劃，國語文教學、閩南語教學、英語教學、數學教學、社會教學、自然與生活科技教學、綜合活動學習、藝術與人文學習教學（分成美術與音樂兩組）、健康與體育教學等10個教學研究團隊，深入研討各學科之學科內容教學知識，而教育專業研究、幼稚教育專業研究、特殊教育專業研究等3個團隊則是積極研討國小師資、幼兒教師資與特教師資所需的專業知能。

　　本校各學習領域的教學研究團隊與教育專業知能研究團隊，針對國小師資培育所需的教材教法課程，進行一年的全盤性研討，將陸續出版英語教材教法、本土語文教材教法、數學教材教法、自然與生活科技教材教法、社會領域教材教法、健康與體育教材教法、綜合活動教材教法、音樂教材教法、視覺藝術教材教法、寫字教材教法、幼兒園教保活動與課程、身心障礙教材教法、藝術概論、全球華語教材等，這是本校第一期的師資培育課程系列叢書，未來各研究小組將更加深入各學習領域之相關知能，提供師資培育教學所需，發揮本校對於師資培育之中堅穩力、典範傳承的光榮使命與特色。

楊思偉

國立臺中教育大學校長

主編序

　　有鑑於幼兒園課程標準於民國76年訂定，距今已近二十餘年，為配合國家幼托整合政策之發展，教育部從97年起，即開始進行幼兒園教保活動與課程大綱之修訂。針對新的課程綱要內容，目前尚無較完整述及各領域發展的相關教材內容，且考量到真正決定教學成效的最大因素是教師，然而即使教師本身具備了豐富的專業知識，但巧婦難為無米之炊，若能選用適當的教學方法、教具和教材，必能使課程更為生動有趣且符合幼兒教育的實際需求。有鑑於此，本書的編輯工作，由國立臺中教育大學楊思偉校長戮力倡導，經師資培育與就業輔導中心精心規劃，幼兒教育學系負責執行，共同分工合作撰寫，使本書終於順利完稿。

　　本書共分為九章，從基礎理論的探討開始，進而以深入淺出的方式介紹各領域的課程；接著以原則及實作的向度進行介紹；同時，書中以實際範例說明教案的編寫原則、方法與技巧；最後，並闡述教學評量的方式，以協助教師落實評量的做法，並能順利的在課室中執行。

　　《幼兒園教保活動與課程》是由本校幼兒教育學系八位教師共同撰寫而成。在撰稿前共辦理多場諮詢會議，邀請校外專家學者與實務教師參與諮詢與討論，現場提供口頭及書面意見提供作者群參考或修訂。每個篇章完稿後皆經過校外專家學者匿名審查，並提供修改建議，作者群中的每一位老師皆以最高熱誠參與本書的撰寫。

　　時值本書付梓之際，特別感謝諸位作者貢獻心力，讓本書能順利完成。本書特別感謝五南圖書出版公司的大力支持，使本書能夠得以如期出版。最後，希望本書的推出，能對幼兒園課程與教材教法相關領域的教

學，略盡一己棉薄之力；更殷切期盼我們的努力能獲得其他幼兒教育界同仁們的肯定與迴響，並不吝提供我們建議與指導。

蔣姿儀 謹識

目次

第 1 章

幼兒園的課程與教學

蔣姿儀

　　本章主要探討幼兒園的課程與教學，內容共包含二部分，第一部分分別從教育目標與教育的規準原則、統整性課程與幼教課程領域之分類等方面，加以說明幼兒園的課程與教學；第二部分則說明幼兒園教材教法與教學活動，其中包括幼兒園教材內容的選擇與組織、教學原則與方法，以及幼兒園教學活動型態與教學資源之運用等方面。

壹　幼兒園的課程與教學

　　課程與教學的主要目的係為促進個體學習與成長，因此，教育的內涵宜有其欲達成的教育目標，及應遵循的規準與原則。此外，幼教課程較強調個體能夠自主、有系統且快樂的學習，統整性課程的實施正可達成促進個體多元學習與上述目標。那何謂統整性課程、有何特色與功能，以及該如何進行呢？在幼教現行的課程中，各有其不同的依循課程標準，也均有其不同的目標與學習領域的內涵，各家說法不一，目前政府教育單位正在進行的幼托整合，也即將修改幼兒園之課程，另訂定新的幼兒園教保活動與課程大綱。本部分擬就上述內容分別加以說明如下：

一、幼兒教育的目標與原則

(一) 教育的目標

　　布魯姆（Bloom）曾指出教育的目標含有認知、情意與技能等三大領域，茲將三大領域說明如下：

1. 認知領域（cognitive）

　　認知領域目標強調學習重在記憶、理解、應用、分析與評鑑已學知識的能力。此一領域包括六個次層次，即記憶、理解、應用、分析、綜合與評鑑。在幼教領域舉凡幼兒能夠記憶一些概念事實、並解釋舉例說明、將所學到的知識應用到新的情境、能將所學到的概念分析各組成部分，以及

綜合所學到的知識，整合成一個新的概念；最後並能針對一項作品批判其價值，此幼兒便達成認知領域的學習，但在各階段的學習，學習者要達到較高層次認知能力的學習是較難的，如能分析、綜合與評鑑，對於發展尚未完全成熟的學齡前幼兒而言更是有其限制。

2. 情意領域（affective）

情意領域之目標著重在感受、注意與產生學習後之態度。意指個體先產生對學習內容的接受與注意，並進而產生反應、興趣、正向態度，最後提升至評價，並最終能內化成為個人內在行為的一部分。情意領域之具體次目標包括接受或注意、反應、評價、價值組織及品格形成等五個層次。接受是情意目標最低層次也是最基本的學習，教學最重要也最主要的是要學習者能接受與注意所要學習的刺激，因此，選擇與幼兒生活較貼近的主題進行教學是最有益且最貼切的。除了上述被動的接受與注意之外，教學目標宜進一步使學習者能對學習的內容，產生積極與主動的注意與反應，進而對所學習的內容表現正面的態度、欣賞並感受其價值的存在，更進一步產生個人的價值組織與價值系統，並且，最終能內化成為個人人格的一部分。學齡前幼兒就像白紙一般，只要透過適當的教學，幼兒的情意目標是可以達成的，但仍需家庭教育的密切配合，方能達到預期之效果。

3. 技能（psychomotor）

技能領域的目標，強調動作的技能與行為的實作，其次要目標包括六個層次：知覺、準備狀態、指導後反應、如模仿或機械式的重複練習、複雜的反應，以及創作等。在幼教領域，學齡前幼兒因尚未完全發展出形而上的抽象思考能力，且其小肌肉發展正值發展的關鍵期，學習若能從實作中，培養其操作式的學習，除了有助其小肌肉的發展，也有助於其透過感官的接觸，進一步建構與創造出屬於自己的作品。此即符合教育學者杜威（Dewey）所提的「做中學」的學習理念，強調學習宜由實際的操作中學習。

綜合上述所談之教育三大目標，反思幼教階段的主題統整式學習，主題統整式學習以幼兒的興趣與生活經驗為題材，經由與幼兒討論相關的

主題概念，並進而透過實作將此概念建構與創造出來，過程中注重團體合作、與人溝通分享、等待與社會互動，因此，教學過程中無一不在體現教育之三大目標。

(二) 教育的規準與原則

各級教育課程之實施，必須考量到個體的發展與學科知識，其中課程之實施宜符合包含認知性、價值性，以及自願性的內涵。

1.合認知性

所謂合認知性，意指教育的內容必須符合啟發孩子的知能、感官與學習，藉以提升孩子成長，符合教育之「真」義，故教育應培養孩子建構與創造的能力，而非死記背誦重複的學習。

2.合價值性

合價值性係指教育的內容必須符合一切正向的價值，是對孩子有意義的學習，任何活動均不能與道德相違背，一切的課程均對孩子有正面且「善」的助益。

3.合自願性

合自願性係指學習的內容宜符合孩子的身心發展需求與興趣，讓孩子自主快樂的學習，而非成人訂定好直接教授或機械式的灌輸給孩子，完全未顧及到孩子的意願或實質之意義；課程的實施以孩子為本位，而非考量到成人的需要與滿足成人的期待，此自願性在達到「美」的境界。

上述所論合認知性、合價值性、合自願性，連結幼教主題式統整學習，以幼兒所感興趣之主題進行教學，並運用生活周遭的實物或教學資源提供創作，過程中教師統整幼兒所學，適時提供符合其興趣的經驗學習，此教學過程考慮到幼兒的自願性外，也關注到課程的認知統整，且提供與幼兒生活經驗結合有價值、有意義的學習。

(三) 幼兒教育之原則

美國幼兒教育協會（National Association for the Education of Young

Children，簡稱NAEYC）於1987年提出符合幼兒身心發展的專業幼教（Developmentally Appropriate Practice，簡稱DAP）之聲明，並於1997年完成修訂，其中說明老師在決定教育幼兒時，必須具備瞭解幼兒的發展與學習、幼兒的個別發展狀況，以及幼兒所處的社會文化等知識，文中並強調，課程的實施必須注重幼兒整體之發展，故在進行教育決策時，必須遵循一些指導原則，方能進行整合性之課程，相關指導原則包括下列五項（Bredekamp, S. & Copple, C.,1997; Gestwicki, C., 1999）：

1. 創造一個充滿關懷的學習社群（creating a caring community of learners）。
2. 增進幼兒的發展與學習。
3. 建構適當的課程內容。
4. 評量幼兒的學習發展。
5. 與家庭建立雙向的溝通關係。

二、統整性課程

　　隨著知識的進步與發達，學科的區分越來越細，因此各級教育偏重於各學科的學習，但分科的總合並不等於全部，且分科式的學習，易流於零碎、制式、呆板無趣、缺乏實用、學習內容常有與生活不符、學科無法統整等問題。因此，教育部於1998年9月所公布之「國民教育階段九年一貫課程總綱綱要」，課程統整即是該次課程綱要的一大特色，其中即明列「學習領域之實施以統整合科教學為原則」、「學校應視環境需要，配合綜合活動，並以課程統整之精神，設計課外活動」，以及「在符合基本教學節數原則下，學校得打破學習領域界限，彈性調整學科及教學節數，實施大單元或統整主題式教學」。國家政策針對小學與中學的課程教學作了如上的說明，在學齡前階段之幼兒，其學習更應秉持著相同的理念進行教學。九年一貫課程之目標，即希望能培養學生表達、溝通和分享的知能，主動探索與研究，以及獨立思考與解決問題的能力。而上述這些能力更可透過主題式教學來統整：課程的進行，自幼兒時期開始培養。以下分別就

統整性課程的意義、功能與實施作一說明。

(一) 統整性課程之意涵

所謂的統整係指將各種分別構成的元素，加以安排與組織，使其成為一個更完整或統合的實體，意指將原本分立的事件，將其水平或垂直的連結，使其成為更有意義的整體。而統整性主題課程，在幼兒階段，泛指將各學科領域的學習，在一個與幼兒生活經驗相關的主題中，進行水平式的連結與教學。Beane（1997）指出，課程統整包含三個層面，即經驗的統整、社會的統整與知識的統整等。經驗的統整係指將幼兒所學的內容與其經驗作有意義的連結，意指學習的內容宜考慮與幼兒生活相關的主題為主，學習的方式以讓幼兒親自體驗實作為宜。讓幼兒透過實際的經驗來整合其所學的知識；知識的統整係指宜排除不必要的分科，而將學科加以合併或整合，有利於知識的組織與運用，並進一步解決真實生活中所面臨的問題；根據教育部（2010）所公布的幼兒園基礎評鑑指標，其中教保活動的實施原則，也明定各班課程宜採統整不分科方式進行。而社會的統整強調課程是以與個人或社會上有關的議題為主，例如以社會或生活相關之議題為課程的中心，透過團體討論分享進行學習，尋求問題解決的方法。

綜合上面所述，筆者認為幼兒園主題統整性課程的教學方式，具有以下幾點特點：

1. 以一個主題為主，結合各領域的學習內容，達到各領域間橫向之連結與統整。

2. 教師必須有自我統整的能力，如協助幼兒繪製經驗圖表，統整幼兒所學之內容。

3. 以幼兒生活相關的主題為主，課程內容能夠與幼兒實際生活經驗與興趣相連結。

4. 教師應統整並運用社區與家長資源，隨時提供教學所需多元之教材與資源，廣泛運用不同領域專家之資源班教學。

5. 主題統整課程之進行，採用團體開放討論、進行創作以分享等，幼兒有機會與同儕互動、討論、合作與分享，並進一步達成解決問題的目標。

上述課程統整之理念與眾多發展學者之理論相符，如皮亞傑（Piaget）的主動建構知識論、杜威的做中學、布朗菲布列納（Bronfenbrenner）的生活環境與經驗對個體學習影響之生態系統論、維高斯基（Vygotsky）的鷹架學習論、艾里克森（Erikson）心理社會論中的主動與自動等，從幼兒發展的觀點，強調幼兒階段宜透過具體實務、生活經驗、親自操作、與同儕師長互動等學習之理念相符。而教育部（2010）正在進行的各縣市幼兒園基礎評鑑也明白說明教學不應採以分科進行，而宜以統整的方式行之，綜上所述均強調統整性教學之重要與價值。

（二）統整性課程的功能

陳伯璋（1990）指出，統整課程主要在改善現有課程因分科所產生的區隔，以免所學知識流於零碎，並與生活嚴重脫節。統整性課程強調培養學生具有統整知識的能力、批判思考，以及解決問題的能力。主題統整性課程，有以下幾點重要的功能：

1. 跨領域的學習，從小培養幼兒組織與統整知識的能力。
2. 提供幼兒創造思考與解決問題的自主學習機會。
3. 提供幼兒互動學習與同儕合作的機會。
4. 增進教師經驗交流，間接提升其專業知能與統整知識能力。
5. 有機會結合家長與社區資源進行教學，提供幼兒豐富多元的學習。

（三）統整性課程之實施

幼兒園教師在實施主題統整性課程時應如何進行，該考慮哪些要素，進行哪些策略運用，綜合而言，應包括下列內容：

1. 園內進行教學研討，共組協同教學或共同討論同一年齡層之主題進行的概念，以統整各教師不同之專長。
2. 作息時間宜規劃主題課程活動時間，沒有分科學習的時間限制與壓力，過程中進行主題概念團體討論、分組進行創作活動以及分享活動等。

3. 教師應於主題課程進行前，繪製預設之主題概念網路圖，先分析主題概念的知識結構與相關概念，再分析該概念下可進行的活動；而分析此活動的所屬課程領域或知識結構，以橫向連結的方式統整課程。

4. 課程進行前應規劃如何運用社區資源、家長資源與專家資源，以豐富主題統整課程之進行。

5. 採用多元評量的方式，藉此與家長充分溝通，取得家長的認同與支持，主題統整課程之評量較不似傳統的學習效果立即可現，因此，家長易產生學習看不見成果的疑慮，教師宜透過各種評量的方式，如幼兒作品、學習單、學習檔案、舉辦成果展、班刊等多元的方式與管道，提供家長對幼兒學習的瞭解。

6. 提供多元開放的學習環境供幼兒探索與學習，教師應在教室規劃學習角落，以因應分組或角落活動的進行；學習角落應包含美勞角、積木角、語文角、益智角與扮演角等，各角落的教材教具宜完整豐富且採開放式，讓幼兒可自行取用，教材與教具應配合主題概念的進行，幼兒可以自主性在自己有興趣的角落進行探索與創作。

7. 教師對幼兒應持開放、寬容、肯定與支持的態度。教師在幼兒進行團體討論時，宜有耐心地等待幼兒思考，在其進行分組創作時，應適時地給予鼓勵與肯定，接納與支持其想法，提供一個溫暖開放的學習氛圍，讓幼兒能自由自在地進行思考、探索與創作。

三、幼教課程領域的分類

幼兒之發展內涵大致可分為三大面向，即生理（身體動作發展，含粗動作與精細動作）、心理（含社會、情緒與人格）與智能（含認知、語言與學習）等，在各種不同的觀點所討論之課程重點，均不外乎應考量到幼兒上述三大發展領域之發展，本文依序從布魯姆（Bloom）的教育目標、

臺灣省托兒所的設施規範、幼兒園課程標準，以及幼兒園暫訂之教保活動與課程綱要等方面，說明不同觀點所論幼教課程所包含的面向。

(一) 教育目標的分類

根據美國教育學者布魯姆的教育目標之分類，課程內容可分為認知方面、情意方面與技能方面等三大領域。此為大多數幼兒園在進行課程學習評量時所採用。

1. 認知方面：指知識的結果，包括知識、理解、應用、分析、綜合與評鑑等六個能力層次。
2. 情意方面：主要包括態度、理想、欣賞和適應方式等，其層次分為接受、反應、價值判斷、價值的組織和價值的性格化等五項。
3. 技能方面：係指動作技能的學習行為，包括書寫、打字、律動、工作實作、表演與操作等，其包括知覺、準備狀態、模仿、機械、複雜的反應和創作。

(二) 臺灣省托兒所設施規範

在臺灣省托兒所設施規範中的第三章，明白列出教保活動的類別可分為創造性活動、社會性活動、語文活動、認知活動與肢體活動等五個領域（臺灣省教育廳，1981）。其內容如下：

1. 創造性活動：含美勞、音樂與律動、戲劇性活動、積木、沙、水等遊戲活動。
2. 社會性活動：自我概念、情緒的認識、社會技巧、互助合作。
3. 語文活動：聽、說、讀與塗寫。
4. 認知活動：數的概念、自然科學與社會人文。
5. 肢體活動：基本動作、平衡、身體意識、空間知覺、精細動作。

(三) 幼兒園課程標準

教育部於1987年所頒布之幼兒園課程標準，一直以來為大多數幼兒園所採用的課程標準，其內容共分為以下六大領域：

1. 健康領域：包括健康的身體、健康的心理與健康的生活等三項。

   (1) 健康的身體：健康的生活習慣、健康檢查、運動能力與興趣、疾病的預防、營養與衛生。

   (2) 健康的心理：滿足幼兒心理的需求、培養好的社會行為與生活態度。

   (3) 健康的生活：安全的知識、意外事件的預防與處理、靜息與健康等。

2. 遊戲領域：感覺運動遊戲、創造性遊戲、社會性活動與模仿想像遊戲、思考及解決問題遊戲。

   (1) 感覺運動遊戲：運用身體大小肌肉的遊戲、感覺遊戲。

   (2) 創造性遊戲：造型遊戲、語文創作遊戲、音樂創作遊戲。

   (3) 社會性活動與模仿想像遊戲：社會活動的探討、娃娃角遊戲、模仿社會節慶活動的遊戲、聽故事後的角色扮演遊戲。此四種遊戲可包含在常識、工作、語文、音樂、健康等課程領域。

   (4) 思考及解決問題遊戲：動植物的生長、人體構造、物理和化學現象、自然現象與景象、數的概念與其他，如拼圖、猜謎語等。

   (5) 閱讀及觀賞影劇、影片遊戲：看故事圖片、圖畫書、故事書；聽收音機、錄音帶；看電視、電影、幻燈片；看木偶戲；看話劇、戲劇。

   上述五種遊戲均可融入在常識、工作、語文、音樂、健康等課程領域實施。

3. 音樂領域：唱遊、韻律、欣賞與節奏樂器。

   (1) 唱遊：關於日常生活的、自然現象的、常見動植物的、紀念節日的、愛國的、故事的、遊戲的、表演用的、兒童歌謠與地方歌謠。

   (2) 韻律：模擬韻律與自由韻律。

   (3) 欣賞：聆聽各種聲音、樂曲欣賞、辨別聲音的大小、高低、強弱、快慢、長短等。

(4)節奏樂器：敲打節奏樂器、敲打克難樂器、小樂隊合奏。

4. 工作領域：繪畫、紙工、雕塑與工藝。

(1)繪畫：自由畫、合作畫、故事畫、混合畫、圖案畫、顏色遊戲畫與版畫。

(2)紙工：剪紙工、撕紙工、摺紙工、紙條工、紙漿工、造形設計、廢紙工。

(3)雕塑：泥工、沙箱、積木、雕塑。

(4)工藝：木工、縫紉、廢物工。

5. 語文領域：故事和歌謠、說話、閱讀。

(1)故事和歌謠：故事與歌謠。

(2)說話：自由交談、自由發表、解答與討論。

(3)閱讀：故事歌謠類、圖片畫報類、看圖說故事、教師自編故事。

6. 常識領域：社會、自然、數量形的概念。

(1)社會：家庭、社區的生活與社會機構；對外界事物及現象的關注與興趣；個人生活習慣與態度；社會生活習慣與態度。

(2)自然：常見的動植物；飼養與栽培；自然現象；自然環境；人體的構造；衛生常識；動力與機械；工具與用具。

(3)數、量、形的概念：物體數、量、形的比較；認識基本圖形；物體的單位名稱；順數與倒數；方位；質量；阿拉伯數字；時間概念；結合與分解。

(四) 幼兒園教保活動與課程綱要

　　教育部積極規劃之幼托整合，在課程的部分也訂定了一份新的課程綱要，目前尚未定案與公布，其內容主要包括身體動作、語文、認知、社會、情緒與美感等六個領域，其大致的目標、內容與原則如下（臺中市政府，2010）：

1. 身體動作領域：係指基本的身體動作技能。

(1)目標

①覺察並修正基本身體動作技能，奠定安全活動的基礎。

②運用各種生活自理機會，強化清潔衛生與自我照顧的能力。

③樂於參與團體活動與展現動作創意，並體驗多元活動的經驗。

④應用動作技能及相關資源，培養喜歡運動的習慣。

(2) 內容與原則：基本的身體動作技能，包括精細動作技能、穩定性的動作技能、移動性的動作技能與操作性的動作技能。

①精細動作技能：揉、捏、抓、握、放。

②穩定性的動作技能：伸展、彎曲、下蹲、旋轉、擺動、抖動與支撐。

③移動性的動作技能：走、跑、踏、單足跳、雙足跳、跨跳、前併步、側併步與攀爬。

④操作性的動作技能：投、接、踢球、擊、運球、推、拉、打等。

基於上述，幼教課程內容在身體動作領域方面，宜包括身體操控活動、用具操控活動與律動活動。

2. 語文領域：喜歡閱讀、述說經驗與編織故事，喜歡語言、文字、參與日常生活之互動。

(1) 目標

①體驗知覺生活中語言文字的趣味與功能。

②適當的參與日常互動情境。

③慣於述說經驗與編織故事。

④喜歡閱讀並展現具有個人觀點的回應。

⑤認識並欣賞社會中使用多種語文的情形。

(2) 內容與原則：在內容上包括理解與表達。理解係指理解人的肢體與口語或理解文本，如圖像符號與文字；表達包括以肢體、口語、圖像或自創符號來表達。

在教學上，教師宜創造有利於幼兒溝通的學習環境，提供幼兒聽、說與讀的機會，讓閱讀成為一種生活的習慣，並運用豐富與生動活潑的口語或肢體語言，以多元的方式和幼兒溝通，且對幼兒的表達持正面與肯定的態度。

3. 認知領域：蒐集資訊、整理資訊與解決問題的認知技能、解決問

題的溝通能力、能與人合作解決問題。

(1) 目標

　　①習得蒐集訊息、整理訊息等解決問題的能力。

　　②應用已蒐集的訊息，進一步整理訊息和解決問題，以強化處理複雜訊息的能力。

　　③透過溝通，養成樂於與他人合作解決問題的態度。

(2) 內容與原則：認知領域指的是解決問題的思考過程，能有系統的蒐集訊息、整理訊息，並與他人合作解決問題。在教學上，應以幼兒生活周遭所熟悉的環境與事物為主，重視幼兒的提問，並讓幼兒有系統地蒐集訊息、整理訊息與記錄訊息，讓幼兒親自實際操作進行驗證，並允許其使用不同的方法解決問題，以及課程中安排幼兒間有合作學習解決問題的機會。

4. 社會領域：主動探索自己、愛護自己、尊重他人，並珍惜環境。

(1) 目標

　　①主動探索自己與周遭人事物的特質，察覺自己、他人、人文與自然環境的關係。

　　②透過協商與調整，理解人我環境的相互影響，發展良好的自我照顧與學習行為，建立正向的人際關係與規範，並學習文化參與、與自然共處的合宜方式。

　　③體會自我、他人及環境的存在與需要，愛護自己與家人，尊重他人與多元文化，喜愛並珍惜自然環境。

(2) 內容與教學：教學內容包括①自我照顧（生活自理、健康與安全的能力）；②學習行為（學習興趣、學習方法、學習態度）；③社會技巧（覺察人我異同、瞭解與回應他人、溝通協商能力、欣賞和接納自己與他人）；④行為規範；⑤人文環境與⑥自然環境等。

在教學原則方面，有以下幾點做法：

①教師宜提供安全規律的生活環境，幫助幼兒察覺環境事物的規律性。

②善用日常生活事件，促進幼兒社會知能。

③重視個別差異，建立幼兒自信心。

④鼓勵幼兒表達與聆聽，覺察人我之間的異同。

⑤提供幼兒練習與重複經驗的機會，增進幼兒自我照顧與獨立自主的能力。

⑥提供多元互動經驗與角色替代機會，培養幼兒同理心及與他人合作的行為。

⑦善用家庭、社區資源與傳播媒體，拓展幼兒生活觸角。

⑧鼓勵幼兒親近大自然，並進一步探索與愛護大自然。

5. 情緒領域：培養對自我與他人的情緒覺察、發展自我情緒調節能力與情緒表達能力。

(1) 目標

①覺察與辨識自己及他人的情緒，以學習面對困難。

②理解情緒產生的原因，以接納自己與他人的情緒。

③運用多元策略調節情緒，以維持平穩情緒進行學習。

④使用符合文化規範的方式表達情緒，以增進人我的關係。

(2) 內容與原則：情緒領域的內容包括：

①情緒的察覺與辨識。

②情緒的表達。

③情緒的理解。

④情緒的調節。

在實施上，教師宜把握以下幾個原則與方法：

①提供一個讓幼兒心理安全且關懷接納的空間。

②掌握幼兒在情緒處理能力上的個別差異，並予以適當之回應。

③以身作則，示範正向的情緒。

④適時與家庭溝通，幫助幼兒學習符合社會規範的行為。

⑤隨時注意情緒事件的發生，隨機進行機會教育。

⑥針對情緒處理能力不當之幼兒，深入瞭解其原因，並依據其所需設計課程。

6. 美感領域：含探索與察覺、表現與創作、回應與賞析。

  (1) 目標

    ①以好奇心探索生活周遭事物的美，並累積愉悅的美感經驗。

    ②慣於運用感官知覺來體察生活周遭的事物及其細節變化。

    ③玩弄各種形式的藝術媒介，享受創作的樂趣，並體會藝術與生活及遊戲的連結。

    ④運用各種形式的藝術媒介，連結豐富的想像，進行表現與創作。

    ⑤接觸在地與多元的藝術創作或展演活動，體會周遭藝術文化與個人生活的關聯。

    ⑥欣賞各種形式的藝術創作與展演活動，回應個人的想法，並逐漸形成美的偏好與判斷。

  (2) 內容與教學原則：美感領域的內容與範疇包括：

    ①探索與覺察：能以感官知覺主動探索並發現周遭生活中美的事物，並對其產生好奇與感動。

    ②表現與創作：樂於參與各種創作表現，透過藝術媒介來表現自我及對生活事物的體驗。

    ③回應與賞析：回應與賞析生活中各種藝術的創作與表現，並逐步累積對藝術人文的體驗與感受。

實施原則包括：

①採彈性作息，讓幼兒有充裕的時間進行探索、建構創造與分享。

②結合學校、家庭與社區資源，提供多元的媒材。

③規劃豐富藝術的美感情境，讓幼兒直接體驗美感的生活。

④讓幼兒體驗各種藝術的創作，擴展幼兒藝術經驗，增進幼兒對美的敏銳度。

⑤設計合宜的活動，激發幼兒自主參與之動機。

⑥讓審美之經驗與生活經驗結合。

⑦生活體驗、創作活動與審美活動三者統合。

⑧避免分科藝術教學，提供統整學習之經驗。

　　上述所論之各種觀點，為目前幼兒園採用之不同課程領域下之內容，各有其所本，本書內容以教育部規劃幼托整合後之幼兒園教保活動與課程綱要為主，分別在各章節中介紹各課程領域的教材教法，包括身體動作、語文、社會、美感、情緒、認知等方面；其中，動作領域內容尚包括健康；認知領域則包含數學與科學。此外，本書並在最後，試圖以一統整性課程為例，貫穿與結合各領域的教學，提供一統整性的學習模式給予讀者參考。

幼兒園教材教法與教學活動

　　本部分論述包括幼兒園教材內容的選擇與組織、幼兒園教學之原則與方法，以及幼兒園教學活動型態與教學資源之運用，茲分別說明如下：

一、幼兒園教材內容的選擇與組織

　　目前學前教育在國內並非義務教育，也非強迫與免費的教育，因此，在幼兒園或托兒所等階段，並未訂有如國小以上各級教育各科目之課程標準，除了幼兒階段的教師外，各級教師必須執行教育部所規定的各科課程領域內容之教學。因此，在國內幼教課程的模式一直是各家爭鳴、莫衷一是。無論是採用單元、學習角、傳統、華德福、方案、蒙特梭利、河濱街、高瞻等之課程，在進行教材內容的選擇與組織上，均需考量到教育的重要原理原則，以符合幼兒學習與發展之需求。

　　本文參考Cunningsworth和Tomlinson（1984）、Grant（1987）以及Kahn（1978）等人之研究，並依個人實務之經驗，整理在幼兒階段之教材的選擇與組織原則，分述如下：

　　（一）符合幼兒的年齡、身心發展與能力。

　　（二）宜考慮幼兒的興趣與需求。

　　（三）多運用時令季節性的實物，提供感官的學習。

（四）符合課程三大目標與三大規準。

（五）教材內容生活化，具實用性，與幼兒生活經驗連結。

（六）資源再利用，即多利用廢物設計教材，運用創意。

（七）多運用家長與社區資源，豐富教材資源。

（八）教材宜生動活潑，色彩運用與插圖豐富。

（九）教材內容有系統有順序的安排，具有統整性。

（十）各領域教材做統整性的設計與輔導。

綜上所述，教材的選擇宜考慮到多樣性、統整性、活潑趣味性、生活實用性、系統性、富創意及有意義性，並需考量到幼兒需求與教育目標。

二、幼兒園教學之原則與方法

本文參考幼兒園課程標準（1987）及周淑惠（2002）之研究，並根據個人多年輔導與教學之經驗，提出幼兒園教學宜考慮的原則與方法，分列如下之重要觀點：

（一）提供幼兒多元的素材，以供其自由無拘的創作。

（二）布置與主題相關的教學情境。

（三）運用實物或影片等相關輔助教材進行教學。

（四）提供幼兒親身體驗或實際探索參觀之經驗。

（五）配合幼兒的生活背景與經驗，進行機會教育。

（六）教學的內容可以結合時事、時令或生活周遭發生的事情。

（七）教學宜有系統組織，並能運用經驗圖表統整幼兒所學。

（八）運用多媒體素材，提供幼兒多重感官刺激之學習。

（九）設計教學宜多運用遊戲的方式進行，強化遊戲中學習。

（十）利用室內室外觀察等機會，讓幼兒透過感覺經驗來學習。

（十一）教學時宜考量到幼兒的個別差異，並給予適性與個別教學。

（十二）教學時，宜肯定接納幼兒，並多給予正面的回饋。

三、幼兒園教學活動型態與教學資源之運用

(一) 教學活動型態

一般在幼兒園的課程活動進行方式，型態大致可分為以下四種：

1. 團體活動：屬於大多數幼兒共同進行的活動，如故事欣賞、兒歌教唱、律動、討論與遊戲活動等，團體活動的主要目的為培養幼兒團體的情感、彼此的經驗分享與共同學習經驗之統整。

2. 分組活動：為因應幼兒不同的興趣、能力與需求時，教師可以考慮採用分組活動的方式進行課程，例如：當幼兒有不同的興趣進行創作時，則可以採用分組角落活動；當幼兒能力有高低之差異時，可以使用異質分組，進行分組共讀，讓能力較佳的幼兒帶領能力較弱的幼兒。

3. 個別活動：為培養幼兒自我探索、自主與自動自發之精神，亦可採用個別活動方式。此外，幼兒會因為能力、興趣或需求不同，教師亦可以採用開放的態度，在合宜的環境下，提供幼兒自行探索與創作之機會。

4. 自由活動：一天當中應安排合宜的時間，讓幼兒自行決定要進行的活動或遊戲，尤其是創意性的活動與戶外自由活動。

(二) 幼兒園教學資源之運用

一個成功的幼兒教學，光是教師在教室中進行課程與運用園內的資源是不夠的，因為幼兒教學的主題是多元的，園所的資源有其限制，不可能所有進行的主題均有豐富的資源提供，且園所內有不同年齡階段之幼兒，為因應學習環境主客觀的限制與不同年齡階段幼兒學習之需求，宜思考如何運用園所以外的資源，豐富幼兒學習的內涵。以下分別說明園所可以運用之教學資源：

1. 家長資源：主題進行時，若有需要與主題相關之資源，可以運用通知單請家長提供，如進行食物單元，若要以實物進行教學，則

可請求家長提供資源，讓幼兒帶來新鮮的蔬果進行介紹與教學。

2. 社區資源：若配合主題進行校外參觀時，則須運用相關之社區資源，如進行食物單元時，可以連絡附近社區的超級市場或商店，並帶領幼兒前往參觀，將生活與教育結合，讓幼兒從實際的感官探索中學習。社區資源的探索與運用，可以豐富幼兒透過結合生活周遭的經驗，拓展學習的多元觸角，對幼兒的學習有結合實務感官教學之效果。

3. 網路資源：進行教學時，有時因資訊化社會或時事之變化，並非所有的資訊可以從書籍獲得，又因科技的更新，教師運用電腦網路的機會提高，運用網路取得適合幼兒之資訊非常快速與方便，如要進行昆蟲的主題，可以上網查詢相關之昆蟲知識及找尋相關的圖片，藉由網路資源的應用，豐富幼兒更多元的學習內涵。

4. 圖書資源：教師可以多多運用圖書或幼兒圖畫書進行教學，教師可以在主題進行前先準備好與主題有關之圖書，先行向幼兒進行導讀後，放置在圖書區，讓幼兒自行翻閱。

5. 多媒體教學資源：多運用單槍投影、照相機或其他多媒體教學，提高幼兒之學習動機與興趣，例如運用單槍投影機動畫介紹所觀察的實物，或將參觀過的地方以照相機拍攝下來，回到教室後進行多媒體教學，再進行教學討論並檢視參觀的得失經驗。

教學需要專業的能力，也需要專業的態度，如何透過教學讓個體能從中快樂的學習與成長，是一門藝術也是一門學問，從事教育工作者應本著正向積極、樂觀進取的學習態度，不斷反思與檢討，以找出最適合自己也對幼兒最有幫助的教學方式，讓幼兒達到最佳的學習效果，奠定其學習成長的重要基礎。

參考書目

中文部分

周淑惠（2002）。幼兒教材教法──統整性課程取向。臺北：心理。

教育部（1987）。修訂「幼兒園課程標準」。

教育部（2010）。幼兒園基礎評鑑指標。

臺灣省政府教育廳（1981）。臺灣省托兒所設施規範。

臺中市政府（2010）。99年度臺中市幼稚教育研習─「幼托整合後幼兒園教保活動與課程大綱」活動課程。臺中市政府。

英文部分

Anderson, L.W., & Krathwohl, D. (2001). *A taxonomy for learning, teaching, and assessing: a revision of Bloom's taxonomy of educational objectives.*

Beane, J. (1997). *Curriculum integration: designing the core of democratic education.* New York :Teachers College Press.

Bredekamp, S. & Copple, C. (1997). *Developmentally Appropriate Practice in Early Childhood Programs.*

Cunningsworth, A., & Tomlinson, B. (1984). *Evaluating and selecting EFL teaching materials*. London: Heinemann Educational.

Gestwicki, C.(1999). *Developmentally Appropriate Practice: Curriculum and Development in Early Education*. New York: Delmar.

Grant, N. (1987). *Making the most of your textbook*. New York: Longman.

Kahn, M. S. (1978). The selection of a textbook: rationale and evaluation forms. *Clearing House*, 51(5), 245-247.

第 2 章

幼兒身體動作領域

駱明潔

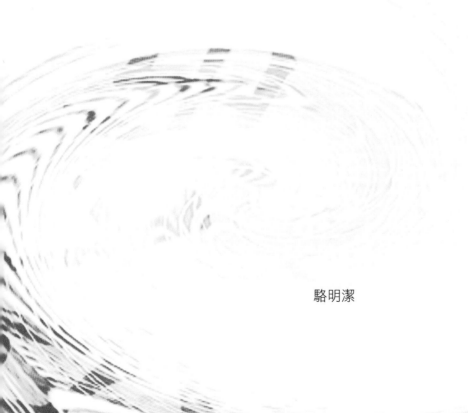

壹 前言

在幼兒的日常生活中，身體活動（physical activity）與呼吸、進食一樣，都是必須且非常重要的。天生好動是幼兒成長過程中最典型的情況，身體活動不只對健康有益，對生理功能尚未發展完全之幼兒而言，更具有相當大的幫助（駱明潔，2009；林風南，2007；黃永寬，2007；水心蓓，2003）。教育心理學家皮亞傑（Jean Piaget）在認知發展理論中指出，嬰幼兒出生至2歲的第一個階段稱為「感覺運動期」，這個階段的嬰幼兒是透過發展中的感覺和運動來學習認識自身和外界的時期，而幼童智慧的根源，就是來自幼兒期的感覺及運動發展（張慧芝譯，2001；黃慧真譯，1994）。由此可知，在幼兒階段藉由感官的刺激來增進幼兒對身體動作的習慣，除了可以幫助幼兒成長發育外，對於腦部的認知學習發展也是相當重要的（洪蘭譯，2006）。

貳 身體動作與健康促進

水心蓓（2003）指出對3～6歲學齡前幼兒來說，「遊戲」是其生活的重心，亦是幼兒學習的最佳方式，以遊戲的方式帶領幼兒在身體動作上的表現，幫助幼兒更能融入身體活動當中。動作技能發展是一切行為的基礎，綜合多位學者，將身體活動對幼兒之生理性、心理性（情緒性）及社會性三個方面的健康促進（health promotion）分述如下（駱明潔，2009；蘇秀枝等，2007；盧美貴，2005；林翠湄、王雪貞、歐姿秀、謝瑩慧，1999；蘇建文、林美珍、程小危，1998；Goodway & Smith, 2005; Goodway & Rudisill, 1996）：

一、生理方面

（一）促進身體健康：身體動作可以促進幼兒全身感官的發展與骨骼

肌肉活動、提高心肺功能，可以幫助幼兒身體健康與體格的正常發展。

（二）提升智能發展：遊戲富於想像創造性，透過遊戲方式的身體動作會孕育幼兒未來創造思考與解決問題的能力，可以激發幼兒的智慧潛能。

（三）訓練感官能力：幼兒在身體動作當中，運用視覺、聽覺、觸覺、平衡覺以及各種感官的運用，幫助手腦並用與身體的協調。

二、心理方面

（一）促進心理健康：Jaqes-Dalcroze（1931）指出，快樂是一種非常有效的心靈刺激方式，對幼兒而言，運動或肢體動作能帶給幼兒最多的快樂（引自王惠姿譯，2006）。

（二）具有心理治療的功能：幼兒透過肢體動作的進行，可以消除壓力緊張與不滿的情緒，獲得情緒的安定及忍耐性、自信、自制的養成，並可藉由想像遊戲來追求自我實現。藉由身體的活動，更可以降低憂鬱症的發生（Warburton, Nicol, & Bredin, 2006）。

（三）形成自信心與安全感：透過動作技能的發展，幼兒逐漸可以支配自己的行動，進而開始獨立自主、探索與支配環境，形成自信心與安全感。

三、社會方面

（一）培養人際溝通能力：透過遊戲互動的肢體活動過程，語言溝通機會增加，可以幫助幼兒進入社會化的語言期，培養語言表達的能力，進而增進人際溝通能力。

（二）幫助社會化的學習：幼兒透過與家庭成員或學校同儕的互動，學習社會化，進而認識周遭的一切；同樣的，幼兒在合作性遊戲的肢體活動過程中，獲得人際關係的合作、互讓、守規矩、守秩序的習慣，增加生活經驗，進而與人和睦相處。

（三）適應社會能力：從事規律性的活動除了可以提升身體意象（對身體的所有感覺總和）外，還可培養幼兒面對問題、解決問題的能力，以增加社會適應及拓展人際關係（Hammond, Brodie & Bundred, 1997; Kennedy, 1997）。

隨著生活型態的急遽變遷與科技發展，身體活動對幼兒健康促進更加的重要，依據預防醫學之照護觀點，所謂的健康必須達到生理、心理及社會三方面的健康，彼此間存在著密不可分的關係，而透過肢體動作的課程實施，可有效達到幼兒生理、心理及社會等全面性的健康發展。

參 幼兒動作發展順序

幼兒動作技能（motor skills）是指幼兒適當的運用他們的肌肉，做出他們想要做的動作。身體動作發展常遵循下列模式：（一）從頭到尾的發展；（二）從近端到遠端的發展；（三）從粗動作到精細動作的發展；（四）從整體到特殊的發展（劉培新，2005；陳瑩玲，2004；Mayesky, 2002），見圖2-1。

肌肉分為粗大肌肉（基本肌肉）及細小肌肉（附加肌肉），粗大肌肉在胚胎期已經相當發達，至出生3歲左右完成；細小肌肉在幼兒5～6歲才開始快速發展（駱明潔，2009），因此人體的基本動作技能包括粗動作及精細動作兩種性質，其發展特徵與功能分述如下（駱明潔，2009；林惠雅，2003；蘇建文、林美珍、程小危，1998；張媚、陳季員、陳彰惠、葉莉莉、劉向援、黃秀華，1997；王佩玲，1995）：

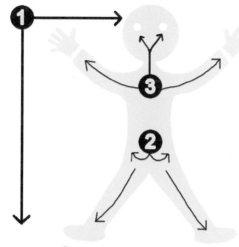

①頭尾發展
②從近端到遠端的發展
③從粗動作到精細動作的發展

圖2-1 身體動作發展模式

一、粗動作發展（gross motor development）

粗動作又稱大肌肉動作或移動與姿勢改變動作（locomotor skills），孩子們會學習如何運用身體的大肌肉，如手臂、腿、腹部等軀幹四肢，來控制身體動作像是坐、爬、滾、走、跑、跳、攀爬等較大的動作，這些動作可以幫助幼兒探索和瞭解周圍的環境，對他們的發展占有非常重要的地位，學齡前3～6歲幼兒粗動作發展特徵，詳見表2-1。

二、精細動作發展（fine motor development）

精細動作又稱小肌肉動作，即運用手眼協調的手指動作，孩子們學習如何使用他們的小肌肉（特別是手）來做一些較細膩、精細的動作，像是握、畫畫、書寫、穿珠子等，這一類的動作發展可能會直接影響到孩子的學習發展（例如寫字方面的問題），以及獨立自主的發展（例如繫鞋帶）。

表 2-1　學齡前 3～6 歲幼兒粗動作發展

粗動作＼年齡	3～4 歲	4～5 歲	5～6 歲
站	・可單腳站立 5 秒 ・能用腳尖站立	・可單腳站立 10 秒	・單腳與腳尖可平衡站立 10 秒鐘以上
走	・能走直線 ・走時兩手交互擺動 ・腳跟接腳尖走路 ・換腳上樓梯，但下樓時雙腳同在一層階梯	・能延著圓圈圈的線走 ・能模仿大人的動作 ・自行上樓，不需抓扶手 ・下樓梯一腳一階梯	・走得像大人一般 ・可以以腳趾接腳跟倒退走直線 ・能用腳尖輕鬆走路
跑	・跑時會繞過障礙物 ・可以較好的控制起跑和停止	・跑步時可以跑轉彎 ・很容易的控制起跑和停止	・表現成熟的跑步動作 ・增加速度和控制力
跳	・可單腳跳 ・能併腿向上跳起	・單腳往前跳 2 次或多次，甚至可以連續跳 2～3 碼 ・5 秒內可以雙腳跳 7～8 次 ・能用左右腳交替跳著	・可以有韻律的跳繩、跳遠
踏	・可以踏有輔助輪的三輪車	・可以平穩的騎三輪車 ・騎三輪車時可以繞過障礙物	・可以嘗試騎腳踏車
爬	・可以爬立體方格鐵架	・可向上攀爬垂直的階梯	・有技巧的攀爬 ・爬的動作和大人一樣成熟
擲	・可以丟球 10 呎遠 ・會想辦法用手接球，並可接住反彈球	・可以過肩丟球 12 呎	・可接住丟來的球，甚至反彈的乒乓球 ・能協調地做投擲動作

資料來源：

Schickedanz, J. A., Schickedanz, D. I., Forsyth, P. D., & Forsyth, G. A. (2001). *Understanding children and adolescents*. 4th Edition. Boston: Allyn & Bacon.

張媚等（1997）。人類發展之概念與實務。臺北：華杏。

王佩玲（1995）。幼兒發展評量與輔導。臺北：心理。

幼兒書寫前應已具備下列能力：包括小肌肉的發展、手眼協調、握筆能力、文字知覺、方向知覺、按照筆劃順序書寫等能力，所以過早開始教導幼兒書寫，可能會造成事倍功半的反效果，並影響大肌肉群的發展，同時會降低幼兒學習的興趣，所以不建議家長與教保人員過早開始教導幼兒書寫（駱明潔，2009；王淑惠等，2004；陳瑩玲，2004）。學齡前3～6歲幼兒精細動作發展特徵，詳見表2-2。

表2-2　學齡前3～6歲幼兒精細動作發展

精細動作 ＼ 年齡	3～4歲	4～5歲	5～6歲
生活動作技能	·會開或蓋小罐子 ·會扣扣子、穿鞋帶、刷牙 ·會自己洗澡，但需協助	·用積木搭建階梯或門 ·可於25秒內將10個小珠子放入瓶子中 ·可用剪刀剪直線 ·會摺紙 ·會用繩子打結 ·會扣好鈕扣及解扣子 ·不需指導能自己穿衣服	·以拇指有順序的碰觸其他四指 ·可於20秒內將10個小珠子放入瓶子中 ·可以自己繫鞋帶
繪畫	·模仿畫「＋」與畫「×」，甚至畫圖 ·會嘗試完成菱形圖的連連看	·可畫出「×」和「□」 ·粗略畫出人或家	·模仿畫出「◇」或「△」 ·畫出身體3～6個部分 ·畫動物
書寫	·會嘗試寫字	·可寫出自己的名字和簡單的字	·自己可以寫出一些字，例如1～5的數字

資料來源：

Schickedanz, J. A., Schickedanz, D. I., Forsyth, P. D., & Forsyth, G. A. (2001). *Understanding children and adolescents*. 4th Edition. Boston: Allyn & Bacon.

蘇建文、林美珍、程小危（1998）。**發展心理學**。臺北：心理。

張媚等（1997）。**人類發展之概念與實務**。臺北：華杏。

王佩玲（1995）。**幼兒發展評量與輔導**。臺北：心理。

肆 幼兒身體動作教學原則

幼兒身體動作教學的原則，應以「身體的肢體運動」為手段，「透過遊戲的方式」來培養幼兒感覺、知覺及操作之能力。當我們知道身體活動對幼兒健康的重要性及價值後，教師可以透過符合幼兒動作發展的全面架構，來進行幼兒身體動作的活動課程，而「動作發展架構」中，有三個必要的組成要素，這三個要素包括：（一）身體要素；（二）教學要素；（三）環境／結構要素（圖2-2）（卓加真譯，2004）。

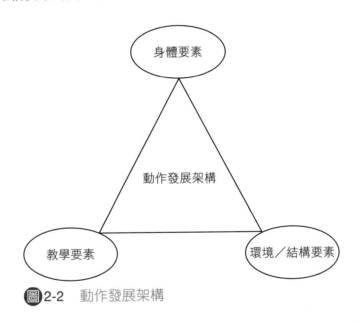

圖2-2 動作發展架構

以下根據多位學者，並依動作發展架構中的三要素，將幼兒身體動作教學之原則說明如下（林風南，2007；蘇秀枝等，2007；陳錦慧，2006；葉淑儀、楊淞丞、吳雅玲、蘇秀枝、黃文娟、莊美齡，2005；康慧琹，2005；張翠娥，1998）：

一、身體要素

（一）體適能（physical fitness）

簡單而言，體適能便是體能，也就是身體適應生活、環境（例如溫度、氣候變化或病毒等因素）的綜合能力。體適能的好壞可代表個人體能的好壞。幼兒擁有良好體適能，能讓生活充滿活力，並應付生活上的壓力。對於突發事件能有良好的應付能力，擁有良好的體適能才能擁有健康美好的人生。

體適能五大要素包括：心肺耐力、肌力及肌耐力、柔軟度、身體組成及神經肌肉鬆弛。敘述如下：

1. 心肺耐力（cardio-respiratory endurance）：則指肌肉、神經、循環、呼吸等系統長期活動之能力，凡需要有氧耐力之運動皆需此種耐力，它有助於疲勞之克服與消除。例如登階指數、持續跑步15分鐘等。

2. 肌力及肌耐力（muscular strength and endurance）：肌力是指肌肉或肌群在同一次收縮時所產生的最大力量，如手握力、一隻手臂可舉起多重的書本。肌耐力是指在某種特定的阻力下，肌肉或肌群多次收縮或維持靜態收縮的持久力，其代表活動，例如連續單腳跳、長跑。

3. 柔軟度（flexibility）：是指幼兒全身各處關節可活動的範圍大小，這個能力會與肌腱、肌肉的伸縮與彈性有關。柔軟度會影響幼兒動作的協調性與效率，其代表動作，例如肢體前彎、立姿體前彎。

4. 身體組成（body composition）：身體內的脂肪與非脂肪部分的比例。

5. 神經肌肉鬆弛（neuromuscular relaxation）：減少或消除肌肉不必要的緊張或收縮力。

(二) 知覺／動作（perception/motor）

指人體整合來自感覺接受器和骨骼肌反應的訊息，它可包括動作的協調性（手眼協調或眼腳協調）、身體的姿勢和平衡感、身體形象（例如畫出自己的身體）、左右概念、方位概念（上、下、前、後）、連續動作……等等。

(三) 神經動作（neuromotor）

指神經和肌肉系統的整合，它可包括動作的反應時間（例如聽到哨音，立刻跳起來，碰觸目標）、動作的速度（例如20秒內可以跑完100公尺）。

(四) 動作模式（motion model）

可分為移動性動作模式、非移動性動作模式及操作性動作模式。
1. 移動性動作模式：如走路、跑步、跳躍、滑步、踏跳步等。
2. 非移動性動作模式：如站立、坐下、跪下、碰觸、彎曲、伸直、搖擺、轉身、推、拉等。
3. 操作性動作模式：如擲、接、踢、打擊等。

(五) 活動進行由簡而難

若一開始進行較難的教學活動，只會減低幼兒的學習興趣，活動應該由簡而難，讓幼兒可以接受體能活動的挑戰。

(六) 動作的分段學習

將學習之動作分段學習後，統合成完整動作。對幼兒來說，可增加學習的速度及自信心，並減少失敗的挫折感。

(七) 動靜態活動要互相搭配

動態性的活動與靜態性的活動要相互搭配，讓幼兒可以在靜態性的活

動當中，緩和情緒，並稍做休息，以免體力負荷太大。

(八) 活動強度

長時間強度高的活動，對幼兒心肺機能發展是不利的，應避免。短時間高強度活動是可以實施的。

二、教學要素

(一) 考慮教學目標：教師應該要依據課程的教學目標，設計適合幼兒身體動作及體能活動的內容。

(二) 課程的趣味性：同樣的教學目標，在課程變化操作下，可以吸引幼兒的新鮮感及參與能力。

(三) 以多樣化的遊戲活動引導：教學的活動設計應該要以多元活潑的遊戲方式引導，若只是進行活動，沒有趣味性，只會導致幼兒的學習興趣減低。

(四) 依照幼兒的發展能力設計活動：班級中幼兒的發展能力不盡相同，教師應該依據幼兒的能力發展，設計可幫助孩子身體動作發展及體能的活動，以漸進式的引導模式從中引導孩子。

(五) 教學要保持彈性：教學當中，教師應該尊重每位幼兒的表現，依照孩子的能力，進行活動，給予適度的空間，發展個別的能力。

(六) 尊重幼兒的興趣適時鼓勵：教師在進行體能活動時，應該隨時注意孩子的活動情形，並以多讚美、多鼓勵的方式引導幼兒，尊重孩子的興趣與選擇。

(七) 利用音樂提升教學效果：教師可事先準備好相關的音樂，利用音樂引導活動中快節奏、輕快、或是緩慢的身體動作。

(八) 適合幼兒的需要與生活經驗：以生活經驗引導孩子進行體能活動，可以幫助孩子在生活上的活動，更加得心應手。

(九) 給予幼兒新的經驗：教師應該要設計多層面的身體動作及體能活動，讓幼兒可以全方位的增進體能發展，並從新的經驗當中，學習身體

的活動。

(十) 給予幼兒成功的經驗：教學的活動，若一開始進行較難的活動，只會降低幼兒的學習興趣，活動應該由簡而難，讓幼兒可以接受體能活動的挑戰。

(十一) 營造輕鬆愉快的氣氛：教學當中，若只是以強迫的方式，幼兒在壓力下的表現，必然不佳；反之，若能夠營造輕鬆的氣氛，幼兒的表現一定相當好。

(十二) 隨時觀察幼兒的體能適應情況：幼兒是教學活動的主體，教師應該時時注意孩子的體能適應情況，並提供關心與協助。

(十三) 明確的示範動作：藉由教師正確的示範動作，引導幼兒活動，不至於讓孩子在活動當中受傷。

(十四) 簡要清晰且易懂的指導用語。

三、環境／結構要素

(一) 活動進行要考慮季節及時間：在季節與時間的安排上，應以舒適的季節與溫度，進行體能活動，如：早晨、傍晚等，應該避免於夏天的中午進行體能活動。勿長時間在大太陽底下及室內悶熱場地從事體能活動，以免造成幼兒脫水的危險。

(二) 活動進行時的場地：在場地的部分，針對室內或是室外，教師都應該設計適合的體能活動。避免於粗糙、堅硬、易滑之地板，如水泥、磁磚、柏油、磨石等地板進行活動，容易因摔倒而受傷。室內場地應保持通風及減少其他障礙物品。室外場地應於空曠的地方，避免有障礙物、凹洞、斜度高及靠近水溝、水池之處。

(三) 運用合宜的器材：針對幼兒的發展，選擇適合的器材，幼兒才可以在活動當中學習動作上的技巧。

(四) 器材的多樣化：器材的多樣性可以讓幼兒有不同情境的感受，在安全性方面應隨時保持器材的完整與清潔，在操作器材時應給予幼兒正確的使用方法。

（五）隨時注意安全問題：活動場地的安全和防護措施與幼兒本身對於活動安全的認知等，都是教師應隨時注意的。

（六）環境的收拾與整理工作應納為課程的一部分：讓幼兒能夠在固定的模式下結束活動，建立孩子收拾環境器材也是一種活動與習慣的建立。

綜上所述，當我們瞭解幼兒體能活動的教學原則與身體動作對幼兒的重要性之後，幼兒園的教保人員可以秉持這樣的理念與原則，進行身體動作的活動，如此一來，便可以培養幼兒良好的運動習慣，進而達到身心健康的目標。

 伍 幼兒健康領域課程的內涵與實施策略

根據世界衛生組織（World Health Organization, WHO）的定義：健康（health）是生理、心理與社會的整體健全狀態，不只是沒有疾病或殘廢（WHO, 2009）。嬰幼兒期的健康是個體未來健康發展的基礎，因此幼童的健康照護，常被列為國家衛生政策中最重要及優先的部分，尤其是嬰幼兒期的健康（Staton & Harding, 2004）。本章將幼兒健康領域分為下列六個層面探討，包括「衛生習慣」、「健康生活」、「健康飲食」、「安全生活」、「身體動作」及「心理健康」（表2-3），並分述如下：

表2-3　幼兒健康領域的層面與課程的內涵

幼兒健康領域的層面	課程的內涵
衛生習慣	1.認識身體 2.經常徹底的洗手 3.口腔衛生 4.排泄習慣

幼兒健康領域的層面	課程的內涵
健康生活	1.充足睡眠 2.正確姿勢 3.穿衣習慣 4.閱讀習慣 5.收拾整理的習慣
健康飲食	1.均衡飲食 2.用餐習慣 3.用餐禮儀
安全保護	1.水、火、電的安全教育 2.防空、防震 3.人身安全 4.飲食安全 5.藥品及危險物品 6.交通安全 7.室內安全 8.室外安全
身體動作	1.移動性動作模式 2.非移動性動作模式 3.操作性動作模式
心理健康	請參閱第七章。

一、衛生習慣（hygiene habits）

　　腸病毒、感冒和流感等傳染性疾病，都和衛生習慣有關。幼兒面對居住或學習環境的病原危機或全球性的傳染病，養成良好的衛生習慣是最好的預防醫療，可以遠離病原、避免感染疾病。佛德希克·沙德曼（Frederic Saldmann）醫生在《不生病，從洗手開始》一書中亦強調，個人衛生是一種良好的行為，可以讓每個人的身體維持在健康的狀態，而注重個人衛生，最根本守則就是經常徹底的洗手（林雅芬譯，2008）。在此將幼兒階段應注重的衛生習慣分為：「認識身體」、「經常徹底的洗手」、「口腔衛生」及「排泄習慣」。

(一) 認識身體

身體清潔是與人互動的基本禮貌，同時也是預防傳染性疾病的重要工作。建立幼兒身體清潔的觀念，其首要任務是先建立幼兒對自我身體的認識，包括認識身體各部位的名稱、功能及重要性，進而學習尊重身體的自主權與隱私權。適合幼兒階段認識自我身體的課程內涵，舉例如下（駱明潔，2009；陳千蕙、曹瑟宜、魏誌中，2007；陳淑琴、謝明昆、薛婷芳、林佳慧、謝瑩慧、魏美惠，2006；林燕卿，2004；毛萬儀，2002）：

1. 認識身體各部位的名稱及基本功能，並懂得愛惜身體各部位。
2. 能說出五官的感覺，例如掌管視覺的眼睛、掌管嗅覺的鼻子、嘗試味道的口腔、負責聽覺的耳朵，以及讓我們感受冷熱及觸覺的皮膚等等。
3. 體會眼睛、耳朵、牙齒的重要性，並實行眼、耳、鼻、口腔的保健方法。
4. 知道身體清潔、衣著打扮等對整體形象的影響。
5. 會觀察每個人的不同特徵，例如身高、體重、膚色、性別、髮色等。
6. 養成運動流汗後擦乾、更衣，並補充水分之習慣。
7. 能說出身體接觸的感覺，例如遊戲、擁抱、牽手等。
8. 瞭解隱私是一種個人需求，並學習尊重自己與別人的身體自主權及隱私權。
9. 保持身體清潔，包括整體外表的整潔及生殖器官的清潔。
10. 建立正確的身體意象與接受自己的外型。

(二) 經常徹底的洗手

世界衛生組織於2008年首次訂定10月15日為「全球洗手日」（圖2-3），衛生署疾管局表示，根據世界衛生組織數據指出，「用肥皂洗手」降低腹瀉機率高達44%，遠高於其他防治方法，是最簡單、有效的疾病預防法，透過正確的洗手，也可有效避免全球數百萬名5歲以下幼兒，

免於腹瀉及急性呼吸道感染，並有效降低兒童致病與死亡的風險（行政院衛生署疾病管制局全球資訊網，2008；WHO, 2008）。

圖2-3 全球洗手日

　　洗手是提高個人衛生，預防腸病毒、輪狀病毒、感冒及流感等傳染病最簡單及最有效的方法；許多人花錢嘗試各式各樣提高免疫力的偏方，卻忽略了「洗手」這一簡單、有效又能自保的好方法。

1. 什麼時候該洗手？

　　應該洗手的十個時機，見表2-4。

表2-4 應該洗手的十個時機

□如廁後
□進食前
□咳嗽打噴嚏後
□跟寶寶玩前
□摸完寵物後
□處理過排泄物或呼吸道分泌物後
□從外面返回住家或幼兒園時
□處理食物前
□看病前後
□任何時候手部髒時

2. 正確洗手五步驟

為利於瞭解及記憶，行政院衛生署國民健康局將洗手分為「濕、搓、沖、捧、擦」五個步驟，以下一一說明（行政院衛生署國民健康局健康九九衛生教育網，2009）：

(1) 濕：將手淋濕，包含手腕、手掌和手指均要充分淋濕。

(2) 搓：「只用清水洗手是不夠的」，將手擦上肥皂或洗手乳。搓洗時，需包含雙手的手心、手背、指縫間、指腹、虎口、指甲等，各搓洗五次，總共約搓洗20秒以上，才能達到良好的殺菌效果。

(3) 沖：以清水沖洗雙手。

(4) 捧：在洗手前，開水時，手早已污染了水龍頭，所以必須以手捧水沖淋水龍頭。若能使用感應式手龍頭，則可省去此動作。

(5) 擦：將手以擦手紙擦乾，再以擦手紙包著水龍頭關閉，避免剛洗淨的手又碰觸公共物品表面而沾染細菌或病毒。不要與他人共用毛巾或擦手紙。擦手紙應用過即丟。

3. 洗手的注意事項

(1) 去除手部首飾：如手上戴了戒指，會使局部形成一個藏污納垢的特區，難以完全洗淨。

(2) 要使用肥皂：效果比單獨用水洗要好得多。

(3) 時間30秒：全部的洗手時間至少約需30秒，才能達到有效的清潔。

(4) 沖洗乾淨：在整個沖洗過程中，雙手需保持比較向下的姿勢，以避免水逆流回未洗的手肘部位。

(5) 使用擦手紙：最好不要使用毛巾，因毛巾容易潛藏細菌，易將洗淨的雙手沾上細菌。

(6) 指甲需剪短：洗手時也不能忽視容易沾染致病菌的指甲、指尖、指甲縫及指關節等，尤其是指甲縫，必須隨時保持清潔。

(三) 口腔衛生

臨床牙醫師常發現幼兒一口牙已經蛀得差不多，父母卻說反正長恆齒時再注意就好，這個觀念非常不正確。事實上，幼兒乳齒長不好或蛀牙，將會影響恆齒的生長，家長千萬不要掉以輕心。雖然乳齒會被恆齒取代，但仍有咀嚼、發音、美觀等功能，且乳齒需維持恆齒所需空間，如果乳齒蛀牙、缺牙，不只會令幼兒有牙痛、咀嚼不良等問題，乳齒若因蛀牙提早掉光，也會改變恆齒萌發時間及齒列空間（中時健康，2009；駱明潔，2009）。

口腔衛生保健應從小開始，小時候若能照顧好乳齒，就能維持恆齒的健全發展。食物中的醣類，尤其是蔗糖，最容易讓口腔中的細菌產生酸性物質，造成幼兒蛀牙問題。因此，應該培養幼兒少吃甜食、飯後睡前正確的刷牙、定期檢查牙齒等口腔保健習慣；幼兒階段仍需依賴父母清潔牙齒，小朋友有太多蛀牙，正代表父母對小朋友的照顧不夠（中時健康，2009；駱明潔，2009；陳淑姬、周麗婷、林廷華、賴佳菁、黃宜敏、李淑如，2007）。

幼兒在幼兒園有兩、三次用餐機會，幼兒教師應教導、協助幼兒口腔清潔，其教導內涵如下：

1. 教師以身作則，示範正確的刷牙步驟，讓幼兒模仿學習，並落實於日常生活中。
2. 養成飯後刷牙的習慣。
3. 明確告知幼兒使用個人衛生用品的重要性，幼兒的漱口杯、牙刷、牙膏等，應標示幼兒姓名，並教導幼兒辨識，以養成幼兒使用自己個人衛生用品的習慣，降低幼兒相互感染的機會。

(四) 排泄習慣

孩子的日常生活習慣要從小培養，以適應社會的要求。培養幼兒良好的排泄習慣，除了可以維持體內正常的新陳代謝，保持身體健康外，還可讓幼兒學習自我控制及獨立自主的能力，當幼兒能夠不經大人的提醒與協助，有便意或尿意，會自己到廁所、脫下褲子大小便時，就是良好的排

泄習慣的建立時期（駱明潔，2009）。良好的排泄習慣除了可以教導幼兒養成並保持個人衛生外，還可維護環境的整潔。在幼托園所裡的幼兒，基本上大小便多可自理，因此教師在幼兒排泄習慣的教學重點，應包括下列事項：

1. 使用廁所時要先敲門。
2. 使用廁所時一定要關門。
3. 按時如廁、不憋尿。
4. 正確使用廁所，男生使用廁所時：
   (1) 若使用坐式馬桶小便，將馬桶座掀起。
   (2) 小便只脫外褲，內褲不要脫。
   (3) 對準便池小便，不弄髒地面。
5. 女生小便後請指導用衛生紙擦乾淨（由前往後擦）。
6. 上完廁所，要穿好衣褲後才能離開。
7. 如廁後一定要確實沖水、洗手。
8. 使用公共廁所時，先看標示，辨識男女廁所，再進入使用。
9. 多運用實際生活情況教學，並掌握幼兒如廁需求，實施機會訓練。
10. 利用戶外教學時，多指導幼兒辨識自己性別的廁所，並正確使用。

二、健康生活（healthy life）

提升幼兒健康的生活作息，教師可將生活自理項目例如自己穿衣服、扣扣子、物品擺放整齊等規劃於幼兒每日的課程中，使幼兒有時間及機會去練習，進而養成習慣。教師應以身作則，示範正確的步驟，讓幼兒模仿學習，例如：咳嗽掩口鼻、飯前與幼兒一起洗手等。在此將幼兒階段應建立的健康生活作息分為下列五項，包括：「充足睡眠」、「正確姿勢」、「穿衣習慣」、「閱讀習慣」及「收拾整理的習慣」。

（一）充足睡眠

要讓孩子注意力集中、學習的好，一定要讓他睡的飽（潘意鈴，2009；洪蘭，2004）。睡眠是生理調節和人體功能恢復的重要過程，對於幼兒來說，睡眠是影響生長發育的重要因素之一，良好的睡眠品質對於中樞神經系統的發育和成熟十分重要（駱明潔，2009；劉培新，2005；Coon, 1997），更是影響認知學習的關鍵基礎，因此睡眠品質的好壞直接影響幼兒身心的發育。

一般而言，幼兒在不同年齡層所需要的睡眠時間不同，若年齡越小，睡眠時間的需要量越多，3～6歲學齡前幼兒每天晚上平均所需的睡眠時間為11～12個小時，不得少於9小時（駱明潔，2009；李宛蓉譯，2007；趙志恆譯，2007；羅孝穗，2005；黃美湄，2004；崔鮮泉譯，2002）。幼兒的活動量大，體力消耗多，適當的休息及睡眠是非常重要的，特別是午餐後，讓幼兒躺下睡午覺約1.5～2個小時，可以讓幼兒恢復精神與體力（陳淑琴等，2006）。教師在培養幼兒睡眠習慣的教學重點，應包括下列事項：

1. 撥放清音樂協助幼兒入睡。
2. 睡前上廁所。
3. 準備睡眠環境。
4. 避免劇烈活動。
5. 定時午睡時間。
6. 起床自行整理寢具。

（二）正確姿勢

姿勢會影響幼兒的生長發育及體態，幼兒骨骼中膠原纖維的含量高於磷酸鈣，所以其骨骼具有彈性、較為柔軟、可塑性高，但容易變形（蘇雪月、莊順發、鍾麗琴、戴瑄、沈賈堯，2007；駱明潔，2007；陳瑩玲，2004），因此照顧者或幼兒園教師應該特別注意幼兒的姿勢是否正確。從小培養幼兒正確的坐姿、站立、行走、閱讀及提物時的正確姿勢，是非常重要的。

(三) 穿衣習慣

幼兒穿脫衣物的教導與身體成長發育有密切關係，當孩子能自己穿脫衣物時，表示他逐漸可以脫離照顧者的幫助邁向獨立，教師可從孩子如何自己貼魔鬼氈、拉拉鍊、扣鈕扣及繫鞋帶等的技巧，看出其精細動作發展的成熟度。在幼托園所裡，教師在教導幼兒穿衣習慣的教學重點，應包括下列事項（林廷華，2007；陳淑琴等，2006）：

1. 自行穿脫衣服。
2. 讓幼兒自己選擇衣物，可帶給孩子成就感。
3. 知道依氣溫變化增減衣量。
4. 將更換的衣服放置個人書包。
5. 愛惜衣物。
6. 培養物品對稱及邏輯順序的觀念，如衣服正反面、左或右邊褲管。

(四) 閱讀習慣

培養幼兒正確閱讀習慣如下（駱明潔，2009；林廷華，2007；陳淑琴等，2006）：

1. 閱讀書本時，眼睛與書面應保持30公分距離。
2. 避免長時間過度使用眼睛。
3. 選擇適當閱讀環境，例如避免在乘車、走路、光線不足或過強（如太陽底下）的地方閱讀。
4. 不要躺著看書。
5. 閱讀時，光源應由背後或左斜方（慣用右手者）投射過來。

(五) 收拾整理的習慣

良好的收拾習慣是幼兒自我負責的行為，有利於下一次使用物品時的便利，又可避免因不小心踩到而摔跤。教師培養幼兒收拾整理的好習慣，應包括下列事項（施淑娟，2009；陳淑琴等，2006；蔡延治、羅瑩雪、彭淑華，

2000）：

1. 要求幼兒物歸原處、物品擺放整齊、自己的物品放置自己的工作櫃。

2. 會辨識自己的物品。

3. 能接受幼兒做的不好或動作慢。

4. 給幼兒機會多學習、練習，熟能生巧，成為自動自發的習慣。

5. 幼兒不願意做時，怎麼辦？

　　(1) 多讚美鼓勵，少批評。

　　(2) 和幼兒一起做。

　　(3) 先暫停下個活動（例如等幼兒收拾好了，才能出去玩）。

三、健康飲食（healthy eating）

　　開始接觸各類食物的幼兒期，是影響日後飲食習慣的重要關鍵期（謝淑貞，1993）。幼兒期是最適宜培養良好飲食習慣與態度的階段，若幼兒時期養成良好的飲食習慣，除了能幫助健康的成長發育外，對未來長大成人後的健康與營養狀況亦有幫助（蔡淑芳、張琳、郭秀蘭，2007；謝淑貞，1993）。在此將幼兒階段應建立的良好飲食習慣分為：「均衡飲食」、「用餐習慣」及「用餐禮儀」。

(一) 均衡飲食

　　幼兒應該知道均衡飲食包括：從五穀根莖類、蔬菜類、水果類、蛋豆魚肉類、奶類、油糖鹽類等六大類食物中攝取身體所需的營養素，並依據「均衡飲食金字塔」的比例分配原則，以五穀根莖類為主食，攝取大量的蔬菜類和水果類，適量的蛋豆魚肉類和奶類，以及少量的油糖鹽，讓各類食物的營養素在體內發揮獨特的功能，使身體健康並充滿活力（許世忠、鄭兆君、吳裕仁、張鈺珮、王惠姿，2008；孔慶闔、陳慶華、林佳蓉、葉寶華，2006）。

(二) 用餐習慣

利用幼兒進食時間養成良好飲食習慣，教師應明確訂出下列注意事項（黃志成、高嘉慧、沈麗盡、林少雀，2008；李淑美、許淑仁，1989）：

1. 實踐三餐及二次點心的時間規律性。
2. 願意嘗試各種食物。
3. 珍惜食物。
4. 細嚼慢嚥、定時定量。
5. 飯前洗手、飯後刷牙。
6. 少吃垃圾食物。
7. 養成喝白開水的習慣，少喝含糖飲料。
8. 養成每天吃早餐的習慣。
9. 保持愉快的用餐情緒。
10. 不吃掉在桌面或地上的食物。
11. 糾正「邊吃邊玩」的行為。
12. 改善「吃得太慢」的行為。
13. 改善「偏食」的行為。
14. 培養幼兒自行用餐的行為。
15. 和家人一起用餐時，也應採用「公筷母匙」，避免疾病的傳染。
16. 用餐後會整理桌面，並將餐具放好。
17. 飯後不做劇烈運動。

(三) 用餐禮儀

幼兒園教師應針對幼兒的不良飲食行為隨時給予糾正，例如：幼兒進食時，故意吐出、發呆、玩弄食物，打翻不喜歡吃的菜，甚至偷偷倒掉等，如此幼兒才會擁有好的用餐禮儀（黃志成、高嘉慧、沈麗盡、林少雀，2008）。幼兒階段應建立的正確用餐禮儀，舉例如下：

1. 會拿取適量的食物。
2. 用餐時不發出聲音。

3. 不將不喜歡食物放入他人碗內。

4. 用餐時咳嗽或打噴嚏時，用手帕或衛生紙遮住口鼻並立即洗手。

5. 不用手抓取食物。

6. 口內有東西時不應說話，等嚥下再說。

7. 吃飯時不要發出太大的聲響。

8. 取菜時不亂翻攪。

9. 選擇自己面前的飯菜。

四、安全保護（safety life）

　　幼兒教師應明確告知或與幼兒共同訂出生活安全常規，包括水、火、電的安全教育、防空、防震、人身安全、飲食安全、藥品及危險物品、交通安全、室內室外安全，加強幼兒對安全的認知。適合幼兒安全教育的題材（駱明潔，2007；林月琴，2001；張美雲、鄭芳珠、王昭文、王惠姿，2001；曹瑟宜、陳千惠，1999），舉例如下（表2-5）：

表2-5　適合幼兒安全教育的題材

適合幼兒安全教育的題材	實施內容或方式
水、火、電的安全教育	1.瞭解「危險的行為」，如：獨自到溪邊戲水、玩火 2.知道「危險物品」，如：電器用品、瓦斯、滾燙的熱水
防空、防震	1.模擬演習，如：防空演習 2.地震安全教育
人身安全	1.落單或陌生人搭訕時的自我保護 2.路人問路時，可以採取的行動 3.演示當面臨迷路時，可以採取的行動 4.演練上下學時，應注意的安全事項
飲食安全	1.不吃來路不明的食品 2.食用前注意包裝是否密封，無破損、無漏液 3.如果另外盛裝食物時，盛裝的容器要乾燥清潔 4.教導有效日期或保存期限的標示 5.在保存期限內儘速食用完畢

適合幼兒安全教育的題材	實施內容或方式
藥品及危險物品	1.知道危險物品，如：殺蟲劑、清潔劑、刀子、剪刀、藥品等 2.教導幼兒區別能吃與不能吃的東西 3.外用藥不可口服
交通安全	1.乘坐汽車時，不將頭手伸出車外 2.會排隊上下車、不推擠人 3.汽車行進時不可走動 4.在道路行走應遵守交通號誌，走路橋或行人專用道 5.專心走路，在馬路上不奔跑或遊戲
室內安全	1.不在浴室或廚房玩耍 2.在教室內會小心使用美勞工具 3.不打人、不推人、不追逐 4.遵守團體規範及紀律，以確保個人及他人的安全
室外安全	1.行走安全，如：不在走廊奔跑、會小心上下樓梯、不推擠等 2.活動安全，如：對常規活動，養成用安全的方法去從事的好習慣 3.遊戲安全，如：會遵守戶外遊戲規則、使用遊戲器材前能分辨其安全性等

五、身體動作（physical activity）

請參閱本章，壹～肆的部分。

六、心理健康（mental health）

請參閱第七章。

陸 身體動作及幼兒健康領域課程之教案設計

一、身體動作主題網及教案設計

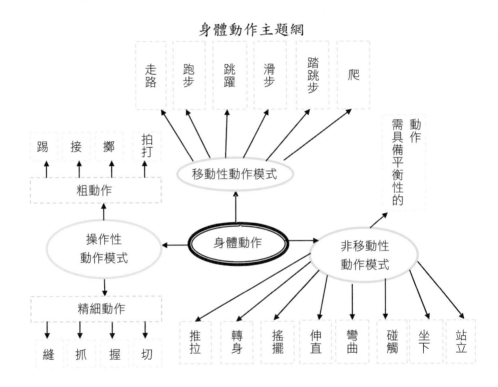

身體動作主題網

目標：

1. 促進穩定、移動、操作等基本身體動作技能的發展，奠定獨立自主的活動能力。

2. 提供身體操控、用具操控、韻律和墊上活動的多元經驗，滿足主動探索的樂趣。

3. 熟練各種動作技能，啟發肢體溝通，並增進合作或團體活動的信心。

4. 精熟並統整身體粗細動作與環境需求的關係，實踐生活自理。

5. 挑戰身體動作的創意展現，培養健康安全以及熱愛活動的習慣。

身體動作教案設計

主題名稱： 大家一起來運動	活動名稱： 我是小小運動員	設計者：駱明潔
活動時間：50分鐘	適用年齡：4～6歲	人數：30人

所需材料	1.軟式躲避球 2.呼拉圈 3.網球 4.乒乓球 5.自製各種運動器材字卡（正面）及圖卡（背面） 6.任務卡（需完成的運動項目） 7.白板
教學目標	1.促進幼兒大肌肉動作發展 2.提供身體操控、用具操控的多元經驗 3.認識各類運動器材 4.培養人際關係的合作、守規矩、守秩序的習慣

	活動內容及過程	時間	教學資源	評量指標
活動過程	一、引起動機 　小朋友今天教室後面掛了好多運動器材的字卡，大家要不要跟著老師一起認識它們呢？那我們來玩一個遊戲，最先完成六項任務的組別就是冠軍隊伍，有小獎品喔！ 二、說明活動步驟與示範 　1.老師會先從紙箱內抽出要完成的任務，兩位小朋友輪流或一起合作將運動用品送至終點，並說出正確名稱後，將字卡帶回即完成任務。 　2.紙箱內的任務卡項目： 　　(1) 接力拍球——兩位小朋友輪流將軟式躲避球以運球的方式送至終點。 　　(2) 網球——兩位小朋友共同以額頭夾住一顆網球，並快速走至終點。 　　(3) 呼拉圈——兩位小朋友一起進入呼拉圈內，快速走至終點。	3分 10分	自製各種運動器材字卡及圖卡 紙箱 自製任務卡 軟式躲避球 網球 呼拉圈	 能認真聽老師說明活動內容 能瞭解紙箱內的六項任務

	活動內容及過程	時間	教學資源	評量指標
活動過程	(4) 乒乓球——兩位小朋友輪流用湯匙將乒乓球送至終點。		乒乓球 湯匙 棒球	
	(5) 棒球——兩位小朋友共同以手臂夾住一顆棒球，並快速走至終點。			
	(6) 橄欖球——兩位小朋友共同以腰部夾住一顆橄欖球，並快速走至終點。		橄欖球	
	3.老師邀請小朋友一起示範上述六項任務。			能主動和老師一起示範
	三、分組 共分5組，每組有6位同學。	2分		
	四、進行活動 1.比賽前每組幼兒先排好隊伍及出場順序。 2.每項任務進行時，2位幼兒一組。 3.小朋友根據老師從紙箱內抽出的任務，一同參與並合作完成。 4.老師從旁協助或提醒小朋友正確的完成每項任務。 5.依據活動進行的時間，可重複6次的任務。	25分		能瞭解身體及用具的操控 認識各類運動器材 能培養互助合作、守規矩、守秩序的精神
	五、討論及分享活動過程的學習與心得 1.複習遊戲時曾使用過的運動用品。 2.請小朋友分享最喜歡的任務項目。 3.請小朋友分享最簡單的任務項目。 4.請小朋友分享最困難的任務項目。 5.請小朋友提供其他有趣的新任務。	10分	白板 運動器材字卡及圖卡	能主動分享團討的內容

二、衛生習慣主題網及教案設計

衛生習慣主題網

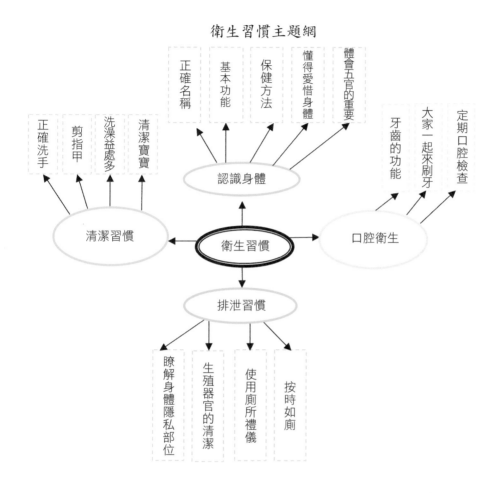

目標：

1. 認識人體各部位的正確名稱及其基本功能，並懂得愛惜身體各部位。

2. 體會牙齒的重要性，列舉並實行口腔的保健方法。

3. 建立日常生活中的各項清潔習慣。

4. 學習正確使用廁所的方法及按時如廁。

衛生習慣教案設計 (一)

主題名稱： 我是清潔寶寶		活動名稱： 大家一起來洗手		設計者：駱明潔
活動時間：30分鐘		適用年齡：3～6歲		人數：30人
所需材料	1.洗手圖示海報 2.肥皂或洗手乳 3.洗手檯 4.擦手紙 5.白板 6.小禮物 7.學習單 8.彩色筆			
教學目標	1.體認洗手的重要性 2.瞭解洗手的正確步驟 3.養成良好的衛生習慣			

	活動內容及過程	時間	教學資源	評量指標
活動過程	一、引起動機 1.小雄生病了，因為他吃飯前及上完廁所後都沒有洗手，所以發燒拉肚子了，要去醫院看病，不能和大家一起上課了。 2.教師說明沒有洗手常常是傳染疾病的一個重要原因，而我們所處的環境中有許多物品大家會共同使用：如玩具、故事書、盪鞦韆、桌子等，這些生活物品看起來不髒，但是細菌或病毒是肉眼看不見的，會讓大家在無形之中將疾病傳來傳去。 3.所以，今天老師要教小朋友正確的洗手方法。 二、發展活動 1.教師先介紹應該洗手的十個時機。 2.教師請小朋友說出洗手的正確五步驟「濕、搓、沖、捧、擦」。 3.在白板上貼上洗手圖示海報，並說明五個步驟的正確實施過程。	5分 20分	布偶小雄 白板 洗手圖示海報	能專心聆聽老師說故事 能瞭解洗手的重要性 能說出洗手的十個時機 能說出洗手的五步驟

	活動內容及過程	時間	教學資源	評量指標
活動過程	4.老師自編一首20秒的洗手歌，當幼兒洗手過程中，進行至「搓」的步驟時開始唱，當歌曲結束時（20秒左右），才可以沖水。		自編20秒的洗手歌	能唱出20秒的洗手歌
	5.邀請小朋友上臺示範給全班同學看。			
	6.實際練習及進行洗手比賽，讓小朋友分組比賽洗手正確性及速度，老師需在旁指導其洗手方式是否正確，正確者才可過關，最快完成的組別可以獲得小獎品。		肥皂或洗手乳洗手檯擦手紙小獎品	能正確的完成洗手五步驟
	三、統整活動			
	1.與家人一起分享洗手歌。	5分		
	2.請在學習單上畫出應該洗手的五種情境。		學習單彩色筆	

衛生習慣教案設計 (二)

主題名稱：我是清潔寶寶	活動名稱：我會自己擦屁股	設計者：駱明潔
活動時間：30分鐘	適用年齡：3～4歲	人數：30人

所需材料	1.洋娃娃 2.衛生紙 3.學習單 4.彩色筆			
教學目標	1.知道如何自己擦屁股 2.瞭解正確的排泄習慣 3.瞭解衛生習慣的實施步驟			
	活動內容及過程	時間	教學資源	評量指標
活動過程	一、引起動機 1.教師攜帶一個洋娃娃（化名小辛），並利用洋娃娃與教師自己對演布偶劇，假裝洋娃娃有一個困擾要詢問老師，就是洋娃娃每次身上都有難聞臭臭的味道出現，許多小朋友都不喜歡	5分	洋娃娃	能專心聆聽老師說的故事

	活動內容及過程	時間	教學資源	評量指標
活動過程	接近她，原因是她上完廁所都不會擦屁股，所以常常臭臭的。 2.所以，今天老師要教小朋友正確的擦屁股方法。 二、發展活動 1.教師告訴小朋友應該如何擦屁股。 2.實際以衛生紙擦拭洋娃娃的屁股作示範，教導「由前往後擦拭」的正確步驟。 3.最後讓洋娃娃感謝老師的教導作為結束。 4.教師叮嚀小朋友回家自己擦拭的方向要對，衛生紙使用的張數要足夠，並且注意要將屁屁擦乾淨，免得在小褲褲留下臭臭的便便。 5.上完廁所後要記得洗手喔！ 6.我們來複習洗手歌。 7.邀請小朋友以洋娃娃為對象，上臺示範給全班同學看。 三、統整活動 1.請幼兒說出使用廁所時應注意的禮儀。 2.在學習單上畫出使用廁所時應注意的禮儀。	20分 5分	洋娃娃 衛生紙 洗手歌 洋娃娃 衛生紙 學習單 彩色筆	能瞭解正確排泄習慣的重要性 知道如何自己擦屁股 能唱出20秒的洗手歌 能正確做出擦屁股的動作

三、健康飲食主題網及教案設計

六大類食物主題網

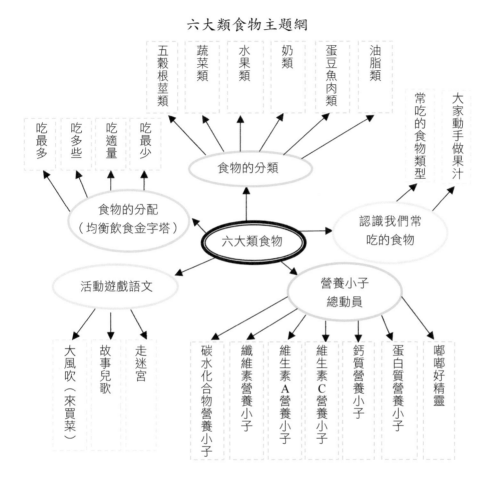

目標：

1.認識六大類食物的種類與營養價值。

2.瞭解食物的功能。

3.建立分類的能力。

4.增進邏輯思考推理的能力。

5.學習多和少的比較概念。

6.培養敏銳的觀察力。

健康飲食教案設計 (一)

主題名稱： 健康飲食 GO!GO!GO!	活動名稱： 六大類食物 (1)	設計者：施素蓁老師
活動時間：45分鐘	適用年齡：4～6歲	人數：30人

所需材料	1.均衡王國金國王（健康飲食教學光碟） 2.學習單 3.剪刀、膠水、彩色筆 4.六大類食物拼圖 5.飲食金字塔海報 6.健康詩海報
教學目標	1.認識六大類食物。 2.瞭解每個營養小子都各有不同的功能。 3.瞭解各類食物對身體的功能。 4.能舉出六大類食物的種類。

	活動內容及過程	時間	教學資源	評量指標
活動過程	一、引起動機 　1.小朋友今天有沒有吃早餐啊？ 　2.如果小朋友沒有吃早餐會怎麼樣？ 　3.肚子餓的話該怎麼辦啊？ 　4.那要吃哪些東西啊？（今天想吃餅乾就吃餅乾，想喝汽水就喝汽水好嗎？） 　5.告訴小朋友在這個世界上有一個地方叫做均衡王國，老師現在就要帶領著大家認識這個王國囉！ 二、發展活動 　1.看影片──均衡王國金國王（健康飲食教學影片）。 　2.健康詩教唸（健康詩海報） 　　(1) 老師先唸一遍。 　　(2) 請小朋友跟著老師一起唸（可多重複幾次）。 　　(3) 請小朋友自己挑戰（老師從旁輔助小朋友唸健康詩）。 　3.複習影片介紹──飲食金字塔圖，告訴幼兒哪些是吃最多，哪些可以多吃些、吃適量、吃最少。	5分 15分 10分 5分	 健康飲食教學光碟 健康詩海報 飲食金字塔海報	能說出六大類食物的項目 能專心看影片 能瞭解怎麼吃最健康 能說出六大類食物的正確名稱

	活動內容及過程	時間	教學資源	評量指標
活動過程	4.介紹六大類食物，並準備六大類食物拼圖讓3～5位小朋友上臺拼拼圖，且拼完拼圖要說出正確名稱。	5分	六大類食物拼圖	能將六大類食物貼在正確的位置上
	三、統整活動 1.請小朋友在學習單上先幫金國王著色，讓他穿著美麗的衣服出場，著色完成後，再將六大類食物貼在正確的位子上。	5分	學習單 彩色筆 剪刀 膠水	

健康飲食教案設計（二）

主題名稱： 健康飲食 GO!GO!GO!	活動名稱： 六大類食物（2）	設計者：施素蓁老師	
活動時間：50分鐘	適用年齡：4～6歲	人數：30人	
所需材料	1.均衡王國金國王（漫畫書） 2.各類食物圖卡 3.學習單 4.六大類食物海報 5.健康詩海報 6.飲食金字塔海報		
教學目標	1.認識六大類食物的營養價值。 2.體驗自己動手做果汁的樂趣。 3.培養敏銳的觀察力。 4.增進邏輯思考推理的能力。 5.建立分類的能力。		

	活動內容及過程	時間	教學資源	評量指標
活動過程	一、引起動機 1.複習健康詩。 2.複習六大類食物有哪些。 3.複習飲食金字塔（吃最多、吃多些、吃適量、吃最少）	5分	健康詩海報 六大類食物海報 飲食金字塔海報	能唸出健康詩 能知道六大類食物的分類 能瞭解哪些食物吃最多、哪些食物吃最少

	活動內容及過程	時間	教學資源	評量指標
活動過程	二、發展活動			
	1.說故事──均衡王國金國王（漫畫）。	15分		能專心聆聽老師說故事
	2.大風吹（來買菜）	25分	均衡王國金國王（漫畫書） 各類食物的圖卡	
	（1）由教師說明遊戲規則及口令（類似一般大風吹的遊戲，只是將「大風吹，吹什麼，吹有……的人」改為「來買菜，買什麼，買五穀根莖類的食物」等口令）。			能專心聆聽老師講解遊戲規則
	（2）選出一位小朋友當顧客，老師將實務圖卡（例如：青菜、牛肉、蛋、牛奶……）發給其他坐在位子上的小朋友，並提醒小朋友記住自己的食物圖卡。			能瞭解遊戲規則 能知道食物的分類
	（3）當顧客說「來買菜」、「買什麼」、「買完了」，所有離座的小朋友包括當顧客的小朋友，都要趕快搶一個座位坐下。			
	（4）遊戲進行中，教師可適時收回全部的食物圖卡，洗牌再發下，重新進行此遊戲。			
	三、統整活動			
	1.每個小朋友都非常的厲害，都瞭解每種食物的種類及營養，那回家有一個作業就是──請自己動手做果汁，跟家人一起做果汁來喝，小朋友自己動手將果汁完成並請家人一同分享。	5分		
	2.請完成走迷宮的學習單。		學習單	能完成學習單的迷宮遊戲

參考書目

中文部分

中時健康（2009）。**醫師提醒父母注意幼兒乳牙保健避免蛀牙**。檢索日期：
　　2009.09.26。取自 World Wide Web：http://health.chinatimes.com/contents.
　　aspx?cid=1,10&id=4359

孔慶聞、陳慶華、林佳蓉、葉寶華（2006）。**嬰幼兒營養與膳食**。臺北：永大。

毛萬儀（2002）。**幼兒性教育**。臺北：啟英文化。

水心蓓（2003）。從動作教育的觀點論幼兒運動遊戲的教學編排與創新。**國立臺
　　北師範學院學報**，16（1），253-272。

王佩玲（1995）。**幼兒發展評量與輔導**。臺北：心理。

王淑惠、王資惠、林息勇、唐紀絜、倪麗娟、許世忠、楊佳璋、賈璟祺、顏世
　　慧、簡言軒（2004）。**幼兒生理學**。臺中：華格那。

王惠姿譯（2006）。Pica, R.（1997）原著。*0-8歲嬰幼兒肢體動作經驗與教學*。
　　臺北：華騰。

行政院衛生署疾病管制局全球資訊網（2008）。**疾管局響應「國際洗手日」，呼
　　籲全民「用肥皂洗手」預防疾病**。檢索日期：2009.09.26。取自 World Wide
　　Web：http://www.cdc.gov.tw/ct.asp?xItem=19424&ctNode=220&mp=1

行政院衛生署國民健康局健康九九衛生教育網（2009）。洗手步驟圖。檢索日
　　期：2009.09.26。取自 World Wide Web：http://www.health99.doh.gov.tw/
　　educZone/edu_detail.aspx?Catid=11485

李宛蓉譯（2007）。Epstein, L. J.（2005）原著。**哈佛醫生的優質睡眠全書**（*The
　　Harvard Medical School guide to a good night's sleep*）。臺北：商周。

李淑美、許淑仁（1989）。**幼兒期——營養‧生活‧疾病**。臺北：合記。

卓加貞譯（2004）。Sandra, R. C.（2002）原著。**幼兒體能教學**（*The joy of
　　movement in early childhood*）。臺北：光佑。

林月琴（2001）。Baby be careful!——危險訊息的判斷。**幼教資訊**，*122*，2-8。

林廷華（2007）。為幼兒的健康把關。**幼教資訊幼兒營養健康**，*202*，12-15。

林風南（2007）。**幼兒體能與遊戲**。臺北：五南。

林惠雅（2003）。**兒童遊戲課程：動作技能與社會能力發展**。臺北：心理。

林雅芬譯（2008）。Saldmann, F.（2007）原著。**不生病，從洗手開始**。臺北：商周。

林翠湄、王雪貞、歐姿秀、謝瑩慧譯（1999）。Hendrick, J.（1993）原著。**幼兒全人教育**（*The whole child-Developmental education for the early years*）。臺北：心理。

林燕卿（2004）。**幼兒性教育**。臺北：幼獅文化。

施淑娟（2009）。**內政部兒童局全國保母資訊網－孩子的玩具**。檢索日期：2009.10.09。取自 World Wide Web：http://cbinursery.ntcn.edu.tw/viewdetial.php?Edit=manual&ID=7

洪蘭（2004）。**讓孩子的大腦動起來**。臺北：信誼。

洪蘭譯（2006）。Johnson, M. H.（1997）原著。**發展的認知神經科學**（*Developmental Cognitive Neuroscience*）。臺北：信誼。

崔鮮泉譯（2002）。Allen, K. E., & Marotz, L. R.（1999）原著。**幼兒發展概貌－受孕至八歲兒童的發展**（*Developmental Profiles Pre-Birth Through Eight*）。臺北：洪葉。

康惠琹主編（2005）。**幼兒體能**（再版）。臺北：啟英。

張美雲、鄭芳珠、王昭文、王惠姿（2001）。臺中市幼兒園安全教育內容實施現況之探討。**醫護科技學刊**，3（1），19-36。

張媚、陳季員、陳彰惠、葉莉莉、劉向援、黃秀華（1997）。**人類發展之概念與實務**。臺北：華杏。

張翠娥（1998）。**幼兒教材教法**。臺北：心理。

張慧芝譯（2001）。Papalia, D. E., Olds, S. W., & Feldman, R. D.（2001）原著。**人類發展：兒童心理學**（*Human Development*）。臺北：桂冠。

曹瑟宜、陳千惠（1999）。**幼兒安全教育**。臺北：啟英。

許世忠、鄭兆君、吳裕仁、張鈺珮、王惠姿（2008）。**幼兒餐點設計與營養**。臺北：華都。

陳千蕙、曹瑟宜、魏誌中（2007）。**幼兒教保課程設計——理論與實務**。臺北：群英。

陳淑姬、周麗婷、林廷華、賴佳菁、黃宜敏、李淑如（2007）。**嬰幼兒健康照**

護。臺北：華杏。

陳淑琴、謝明昆、薛婷芳、林佳慧、謝瑩慧、魏美惠（2006）。**幼兒課程與教學**
　　——理論與實務。臺北：偉華。

陳瑩玲（2004）。**實用幼兒生理學**。臺北：華杏。

陳錦慧（2006）。幼兒體能教學研究——以一位幼兒教師與一位體能老師教學觀
　　察為例。**課程與教學**，23（8），111-118。

黃永寬（2007）。幼兒運動遊戲課程實施概況之探討。**輔仁大學體育學刊**，6，
　　137-149。

黃志成、高嘉慧、沈麗盡、林少雀（2008）。**嬰幼兒保育概論**。臺北：揚智。

黃美湄（2004）。寶寶睡飽了嗎？**學前教育**，27（8），2-16。

黃慧真譯（1994）。Olds, S. W., & Papalia, D. E.（1992）原著。**兒童發展**（*Child
　　Development*）。臺北：桂冠。

葉淑儀、楊淞丞、吳雅玲、蘇秀枝、黃文娟、莊美齡合譯（2005）。Wardle,
　　F.（2005）原著。**幼兒教育概論**（*Introduction to early childhood education: A
　　multidimensional approach to child-centered care and learning*）。臺北：華騰。

趙志恆譯（2007）。Owens, J. A., & Mindell, J. A.原著（2005）。**讓孩子一夜好
　　眠的10個妙招**（*Take charge of your child's sleep: the all-in-one resource for
　　solving sleep problems in kids and teens*）。臺北：城邦。

劉培新編著（2005）。**幼兒生理學**。臺北：群英。

潘意鈴（2009）。**臺中市學齡前幼兒睡眠品質與學習注意力之相關研究**。國立臺
　　中教育大學幼兒教育學系碩士班（未出版）。

蔡延治、羅瑩雪、彭淑華（2000）。**嬰幼兒保育實務**。臺北：永大。

蔡淑芳、張琳、郭秀蘭（2007）。**新營養師精華－營養學**。臺北：匯華。

盧美貴（2005）。**幼兒教育概論**。臺北：五南。

駱明潔（2007）。**嬰幼兒安全與急救**。臺北：新學林。

駱明潔（2009）。**嬰幼兒衛生保健**。臺北：新學林。

謝淑貞（1993）。**學齡前子女家庭中與食物營養有關的親子溝通之研究**。國立臺
　　灣師範大學家政教育研究所碩士論文，未出版，臺北。

羅孝穗（2005）。**從此天天睡好覺**。臺北：如何。

蘇秀枝、謝瑩慧、張瓊云、楊曉苓、巫素貞、陳文玲、黃慧齡合譯（2007）。

Hendrick, J., & Weissman, P.（2006）原著。**幼兒全人教育**（*The whole child: developmental education for the early years*）。臺北：華騰。

蘇建文、林美珍、程小危（1998）。**發展心理學**。臺北：心理。

蘇雪月、莊順發、鍾麗琴、戴瑄、沈貫堯（2007）。**幼兒生理學**。臺北：華杏。

英文部分

Coon, D. (1997). *Essentials of Psychology: Exploration and Application*. Pacific Grove CA: Brooks/Cole.

Goodway, J. D., & Smith, D. W. (2005). Keeping all children healthy: challenges to leading an active lifestyle for preschool children qualifying for at-risk programs. *Fam Community Health*, 28(2):142-155.

Goodway, J. D., & Rudisill, M. E. (1996). Influence of a motor skill intervention program on perceived competence of at-risk African American preschoolers. *Adapted Physical Activity Quarterly*, 13(3), 288-300.

Hammond, J. M., Brodie, D. A., & Bundred, P. E. (1997). Exercise on prescription: guidelines for health professionals. *Health Promotion International*, 12(1), 33-41.

Kennedy, A. (1997). Exercise and heart disease: cardiac findings in fatal cycle accidents. *British Journal of Sports Medicine*, 31(4), 328-331.

Mayesky, M. (2002). *Creative activities for young children*. Clifton Park, NY: Delmar Learning.

Schickedanz, J. A., Schickedanz, D. I., Forsyth, P. D., & Forsyth, G. A. (2001). *Understanding children and adolescents*. 4th Edition. Boston: Allyn & Bacon.

Staton, D. M., & Harding, M. H. (2004). Protecting Child Health Worldwide. Implementation is the biggest challenge slowing efforts to reduce childhood morbidity and mortality in developing countries. *Pediatric Annals*, 33(10), 647-655.

Warburton, D. E. R., Nicol, C. W., & Bredin, S. S. D. (2006). Health benefits of physical activity: The evidence. *Canadian Medical Association Journal*, 174(6), 801-809.

World Health Organization (WHO) (1948). *WHO definition of Health*. Retrieved

September 17, 2009. From the World Wide Web: http://www.who.int/about/
definition/en/print.html

World Health Organization (WHO) (2008). *Global Handwashing Day.* Retrieved
September 26, 2009. From the World Wide Web:http://www.who.int/gpsc/
events/2008/15_10_08/en/

第 3 章

幼兒認知領域：
數學理論篇

阮淑宜

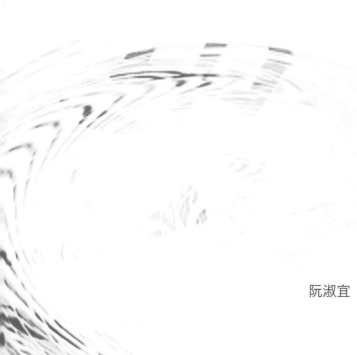

壹 前言

幼兒數學是家長非常關心與重視的學習領域，坊間出版兒童數學教材種類之多就是例證之一。基於家園同心，親師合作的理念，數學教育在幼兒園所素來受到高度的重視。從政策層面而言，我國教育部數次頒布與修訂的〈幼兒園課程標準〉與〈幼兒園課程綱要〉（草案），一向將數學列為幼兒園課程六種領域之一。從比較幼兒教育層面來說，美國國家數學教師協會（National Council of Teachers of Mathematics, NCTM）在2000年正式將學齡前幼兒階段納入學校數學標準與原則之中（NCTM, 2000），接著在2002年，NCTM與美國幼教協會（NAEYC）共同發表關於幼兒數學的聯合聲明。兩個專業團體在聲明中，指出「為3至6歲兒童提供高品質、具挑戰性以及可行的數學教育是未來兒童學習數學重要的基礎」（NAEYC, 2002）。

闡述幼兒發展的許多理論中，以皮亞傑「認知發展學派」對幼兒學習數學的心理特徵說明豐富，因此對幼兒數學教育貢獻顯著。例如：美國的高瞻課程、卡蜜·迪汎思課程等幼教課程模式，正是以認知發展理論為基礎所發展出來的著名課程模式（簡楚瑛，2005）。亦即，幼兒教師引導孩子進行數學領域的學習，必須活用皮亞傑「認知發展學派」理論。美國Charlesworth（2006）指出5歲到7歲是「轉換期」，值得老師需格外細心觀察。回應幼托整合政策，幼兒教師選擇數學學習活動，當以感覺動作期、前運思期和轉換期這三個階段孩子的認知發展特徵作為評估孩子的重要參考。

本章分為理論篇及實務篇。理論篇的重點包括：臺灣幼兒園數學領域教學型態之概況回顧、數學教育的本質、幼兒數學領域的教育目標及實施原則。實務篇部分介紹以「特別的日子」為主題教學的例子和以「四季」為主題的兩個教案，反應統整式課程強調「連結」的原則。

我國幼兒園數學教學型態

　　筆者多年觀察幼兒園課程，可發現近年來幼兒數學教材隨著課程模式的轉型，呈現多樣化現象。基本上，分為三種型態：（一）重視數學學科結構的近似分科教學型態；（二）強調連結其他領域（橫向連結）的統整式課程（例如：單元教學、主題活動、方案等模式）；（三）雙向統合教學型態。

　　第一種重視數學學科結構的近似分科教學型態，與多數人熟悉的九年一貫課程實施前的國小教學科教學方式類似。例如：選用某種坊間教材，以「數學遊戲本」、「學習單」等稱呼紙筆練習。教材組織採螺旋式，包含數學的幾大領域（數、量、幾何圖形與空間、時間、邏輯與關係等）。這種教學型態常受到如下的批評：如教育部原定發布的幼兒園課程大綱，明確指出「學校不宜排固定的時間上數學課，而應將數學內容融在主題中一併進行」（林淑玲等，2000）。但是，幼兒園所選用某坊間套裝兒童數學教材為「輔助教材」的現象目前仍常見。

　　第二種強調連結其他領域（橫向連結）的統整式課程，由於大單元活動設計曾經是臺灣課程模式的主流，因此公立幼兒園實施這種教學型態為主。其次，近年又受到統整課程理論的影響，越來越多幼兒園所採用主題來發展課程。如本章實務篇的兩個教案：「特別的日子」和「四季」。

　　第二種教學型態有哪些不足之處呢？首先，職場裡的現任幼兒教師的專長與興趣比較集中在語文、藝術（音樂、美勞、律動與舞蹈）等方面，幼兒教師對數學方面相對地較不熟悉。當一個主題結束時，老師使用「六大領域活動檢核表」，可能發現原來在這一個主題進行期間，數學領域的學習活動比較少。例如：以臺中市某國小附設幼兒園為例，一個學期所進行的二十四個活動中，以包含語文領域的學習活動最多達十九個，包含數學領域的學習活動則五個。（參考本章實務篇以「特別的日子」為主題的統整課程）

　　周淑惠（1999）指出兩種設計統整式的方式：（一）以數學內容為單元

主題；（二）以其他領域為單元主題。但是，在幼兒園所以數學內容為主題的課程設計，目前較少。臺灣師大特殊教育中心自92學年度開始進行學前資優幼兒數學領域課程設計（游建弘，2005），其中數學組以「形形色色——變形蟲、圖表會說話」、「節慶——壓歲錢怎麼花？」等主題，發展出數學領域的學習活動相對豐富的統整取向課程。與自然科學、健康等領域結合帶出數學領域的學習活動，則是目前較可行的課程發展方向。實務篇介紹的「四季」，是以數學內容為單元主題。

　　從實務面觀察，統整課程數學領域的缺失是老師進行的數學概念較無系統，老師尚未以「幼兒數學領域概念網絡圖」（圖3-1）檢核一學期的數學學習活動。推論這種現象，與老師的職前專業養成課程有關。筆者從師資培育機構的角度探討。因應學前幼兒發展與學習的特質，目前幼兒教保模式大多強調以遊戲為主，幼教系課程模式則以統整取向的課程為優先（例如：開設「幼兒園統整課程研究」、「幼兒園課程模式研究」等科目）。其次，目前在幼兒教師的職前養成階段，幼兒保育學系課程以教保知能為主，幼兒教育學系課程素來則較重視擔任4～8歲幼兒老師的專業

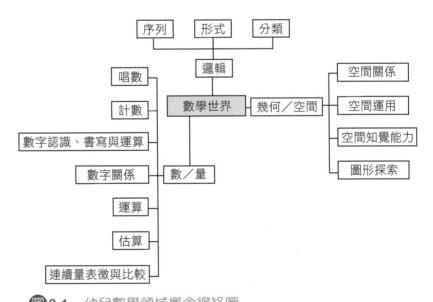

圖3-1　幼兒數學領域概念網絡圖

引自幼兒教材教法——**統整性課程取向**，周淑惠，2002。

知能。前述幼教（保）學系課程規劃符合為學如同金字塔，先求廣博再求專精的理念。期望幼兒教師應廣泛涉獵語文、數學、音樂及體能各學識領域，並熟知適合幼兒之教材教法，方能因應各學科領域的教學（陳品華等，2004）。筆者認為老師以「幼兒數學領域概念網絡圖」檢核一學期（年）的數學學習活動的專業表現，現階段有待倡導與鼓勵。

第三種雙向統合教學型態，正是努力統合「廣博」和「專精」兩個方向所發展出來的。國內現階段，實地擔任幼兒數學教學的老師，既被要求能夠橫向連結六大領域，實施「統整課程設計」的能力；又被期望具備縱向能力，針對單一學科充分具備「數學內容與概念的知識」。亦即，教學現場的老師受到兩股相反理念的牽引。課程和兒童發展領域的學者多強調統整取向的課程；數學學科專家或數學教育領域的學者，多提醒幼兒教師要具備縱向能力，針對數學領域較深入研讀，以求充分具備該領域的概念。學院派理論與實務的落差，經由行動研究，汐農幼兒園的「數學教室與學校課程系統圖」和「汐農數學教學架構圖」（圖3-2）說明該園進行「非正式課程」，達成有系統的數學學習之目標；另一方面進行「正式課程」的單元教學和主題活動，達到數學連結其他領域的目標。

以臺北縣汐農幼兒園93年度行動研究報告的資料為例：

> 「原以為只要在課程中融入與數學相關的活動，就能教好數學，所以教師在進行課程時，總是依據現有的數學教材、教具，隨機的帶入活動中。」

這段說明，老師在橫向連結幼兒園的六大領域，配合主題選擇數學活動，努力落實統整課程的理念。

> 「參加生活數學研討會之後，瞭解到數學是具有其邏輯與系統的，隨機或放任的教學是無法讓兒童學習到系統的數學概念。」

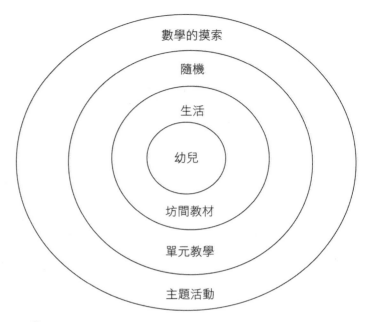

 3-2　汐農數學教學架構圖

從汐農數學教學架構圖看到以同心圓的方式，說明幼兒生活在數學世界裡。其中，實務工作者提到不能捨棄坊間教材的原因，筆者認為這是彌補第二種強調連結其他領域（橫向連結）的統整式課程數學領域之不足。老師採用「幼兒數學領域概念網絡圖」，檢核一學期（年）的數學學習活動的情形未蔚然成風。

本節特別先回顧臺灣幼兒園數學領域教學型態之概況，釐清影響幼兒園數學領域教學活動編選的兩大因素：數學概念本身的系統（縱向）和課程大綱中各領域的連結（橫向）。

參　數學的本質

關於數學是什麼？觀點非常多。筆者從數學發展史、NCTM的定義、認知歷程理論等觀點說明。

首先從文化人類學的觀點來討論數學，對於已經離開學校的成人，可能聯想到微積分、拓撲學等專門數學的難度，於是認為數學只是少數人需要學習的內容，「數學」因此容易被視為是最不普及的專門知識。另一方面，回顧數學發展史，先民為了解決日常生活的問題，發展出幾何學、算術（代數），例如：耕地的測量、貨物的重量、商品的單價等。所以，人人活在數學的世界裡，數學其實與日常生活密切相關。

數學到底是什麼？筆者引用數學家史英對人類數學學習史的比喻。「人類之能夠學會數學，就好像鳥類之能夠飛行，乃是歷經千年的演化。」美國心理學家Gardner提出的多元智能理論已經為人熟知，並且逐漸運用於幼兒教育場域。數學屬於多元智能理論中的「數理—邏輯智能」（logical-mathematic intelligence）。智能既有八種之多，每個孩子各有不同的優勢能力，即使「數理—邏輯智能」不是其優勢能力，正因為人類學習數學這門古老的知識已經非常悠久，其實數學已經融入幼兒的日常生活，幼兒已經在生活情境中一邊學習一邊應用「基礎數學」。鳥類飛行需要技巧，同樣地，人類學習數學需要「認知歷程技巧」：包括（一）蒐集訊息能力；（二）分析整理訊息能力；（三）解決問題能力；（四）解決類似能力的遷移能力（柯華葳，2008）。也就是說，「數學是認知領域的飛行」，所以幼兒數學教育是幫助孩子發展蒐集、分析、整理、解決問題與類化等能力。

由美國國家數學教師協會（NCTM）在1990年代提出的文件——學校數學課程與評鑑標準（Curriculum and Standards for School Mathematics）中強調數學的本質，來說明幼兒所學習的數學是什麼？經由學者周淑惠、王慧敏等學者的翻譯和介紹，影響了我國的數學教育。NCTM提出的前四項標準為：（一）數學就是解決問題（mathematics as problem solving）；（二）數學就是溝通（mathematics as communication）；（三）數學就是推理（mathematics as reasoning）；（四）數學就是連結（mathematical as connection）。

柳嘉玲（2007）根據建構論，指出適合幼兒的數學教育，兼具數學內容與數學程序能力的培養，以具體操作經驗為學習的起點，提升幼兒於具

體（操作層次）、半具體（視像層次）與抽象（符號層次）之間關係轉換，建構數學解題能力，然後運用解題能力，連結各學習領域，運用數學能力來解決或說明日常生活的問題。

綜合上述論點，歸納幼兒數學的特色：

一、數學與自然科學同屬於教保課程中的認知領域，認知歷程技能則是學習數學的關鍵。

二、幼兒階段的數學特別強調連結，課程設計必須是統整的。

肆 幼兒數學教育的實施內容

數學是什麼？幼兒階段適合學習哪些數學內容？以下討論我國與美國幼兒數學教育的實施內容。我國教育部曾經頒布與修訂〈幼兒園課程標準〉與〈幼兒園課程綱要〉，最近則研訂幼托整合後的教保課程綱要。以下比較上述數學課程的主要變革。

根據教育部於民國76年頒訂的〈幼兒園課程標準〉（朱敬先，2004），數學的學習內容包含：

一、數與量

（一）物體數、量、形之比較；比較物體的大小、多少、長短、輕重、厚薄、高低等。

（二）物體的單位名稱。

（三）順數和倒數。

（四）質量：同等數量、物品，形狀改變時數量不變。

（五）阿拉伯數字之辨認。

（六）結合與分解。

二、幾何與空間

(一)認識基本圖型：如正方形、三角形等。
(二)認識方位：如上下、前後、中間、左右等。

三、時間概念

(一)對時間感興趣與關注。
(二)由星期日至六的正確說法。

根據教育部於民國89年發表〈幼兒園課程綱要〉的研訂報告（林淑玲等，2000），數學領域的學習包含三大主題：數與量、圖形與空間、連結。其中「連結」（connection）這個學習主題受到「美國數學教師協會」的影響，然後，「連結」說明數學課程要以幼兒生活為主，數學課程發展必須是統整的。

學習主題「連結」包含下列子項目：

1. 體驗生活中與數學相關的情境。
2. 體驗數學與其他領域之間有所連結。
3. 運用數學活動來解決或說明日常生活的問題。
4. 尊重他人解決數學問題的不同想法。

美國國家數學教師協會（NCTM），參考以研究結果為基礎所訂定的數學標準，建議幼兒到小學二年級（3～8歲）階段適合學習的數學內容如下：1.數字和運算；2.代數；3.幾何學；4.測量；5.解決問題和6.數據分析與機率。（蘇靖媛，2008）。

根據〈幼兒園教保活動與課程綱要〉認知領域的報告（柯華葳，2008），建議數學與自然科學合併為認知領域。其中數學的學習包含三大項目：1.數與量；2.圖形與空間；3.時間。隨著時代的變遷，由課程標準到課程綱要，一則表示教師專業自主能力提升，一則提醒教師對於數學教育的實施內容必須有完整的視野。綜合上述我國與美國對於幼兒數學領

域教材之演變，數學課程的內容已經加廣與加深。總結上述論點，筆者認為學者周淑惠（1999，頁p.45）提出的「幼兒數學領域概念網絡圖」（圖3-2）頗具參考價值。幼教現場的老師再斟酌加上「時間概念」，例如：時間字彙、節慶（屬於文化時間概念）和時間的測量等。筆者建議根據這一架構，以檢核表方式省思一學期的單元教學或主題活動中所連結的數學領域活動，既可減少對坊間教材的依賴，又可增進老師的專業自主能力。

伍 幼兒數學教育的目標

學者周淑惠（1999）指出，幼兒數學教育的目標包括 (一) 激發幼兒對數學的興趣（態度與情意目標）；(二) 促進幼兒對數學概念的理解（認知目標）；(三) 促進推理與解決問題之運用能力（認知目標）；(四) 培養完整幼兒。教育部幼兒園課程綱要研究小組指出，幼兒數學領域目標有四項（林淑玲等，2000）：

1. 經驗生活中與數、量、形有關的概念。

2. 發展以數學為溝通和解決日常生活問題的能力。

3. 培養與他人合作解決數學問題的能力。

4. 培養主動參與數學活動的興趣。

大陸學者林嘉綏、李丹玲（1999）針對幼兒數學學習領域的目標，列出以下五項：

1. 幫助幼兒獲取初步的數學知識和技能。

2. 發展幼兒思維能力。

3. 培養幼兒對數學活動的興趣和良好的學習習慣。

4. 啟蒙幼兒的數學能力，使幼兒在原有基礎上獲得不同程度的數學領域發展。

5. 促進幼兒的推理與解決問題的能力。

美國國家數學教師協會指出以下五個目標，學生們將能獲得數學能力：

1. 學生必須擁有和數學的文化、歷史、科學演化有關的各式經驗，瞭解數學與其他學科間的關聯。
2. 數學課程應著重在讓孩子們於使用數學的能力方面變得有信心。
3. 讓學生們變成有建設力的公民，讓他們學習變成能解決問題的人。
4. 讓孩子們學習與人進行數學上的交流。
5. 學生應學習數學的推理。

綜觀上述學者們的觀點，我們釐清幼兒數學教育的主要目標不只在增長幼兒數學的知識，更重要的是在培養「數學想想——喜愛思考」的態度，培養幼兒對於知識探索的熱忱及對學習的興趣，幼兒從認知歷程中提升建設力、思考力、問題解決能力等。

陸 幼兒數學領域的實施設計原則

九年一貫課程實施後，小學數學課程非常重視「布題」，回應美國數學教育家Charleworth的觀點。所謂布題，就是呈現相關情境與資訊，鼓勵學生解題。「數學學習著重於解題的能力，解題活動可以促進幼兒數學概念的發展。」Charleworth（2005）建議在統整課程模式下進行數學領域的活動，採取下列所述數學教育活動實施六步驟。幼兒教師根據主題，找出能夠和主題連結的數學活動。規劃數學活動以前需考慮下列項目：（一）評估幼兒的程度；（二）設定學習目標；（三）如何達到學習目標；（四）教材的選擇；（五）實際教學；（六）學習成效的評量（柳賢、陳英娥、陳彥廷、柳嘉玲譯，2006）。

本章的第二部分是實務篇：教案，介紹三種常見的學習活動設計格式，一律簡稱教案。例如：介紹「特別的日子」為主題教學的例子，佐證理論部分所提的，統整式課程務必強調「連結」的原則。同時，以數學遊戲「妙妙撲克牌」為例，設計幼兒喜愛的認知類團體遊戲。亦即所選用的教案示例有三種：第一種是15～30分鐘的數學活動，老師可選擇和班

上進行主題相關的數學活動。第二種是以數學為主題，例如：「妙妙撲克牌」，一系列玩撲克牌學習數學。第三種是統整性教案，第一個主題是「特別的日子」，本章只摘錄其中的主題網，與一則以數學領域為主的活動（活動22：我的生肖）和該主題的「六大領域檢核表」。第二個教案主題是「四季」，包括：幼兒數學領域網絡圖、六大領域檢核表、五個活動設計及學習單。

　　國內學者引進美國河濱街教育學院的「課程開發輪」（圖3-3），以及周淑惠（1999）倡導數學領域應該採用統整性課程設計（圖3-4），同時提供兩種方式：第一種以數學內容為單元主題，第二種以其他領域為單元主題。

圖3-3　美國河濱街「課程開發輪」

簡楚瑛（2003）。**幼教課程模式──理論取向與實務經驗**。第2版。臺北：心理。

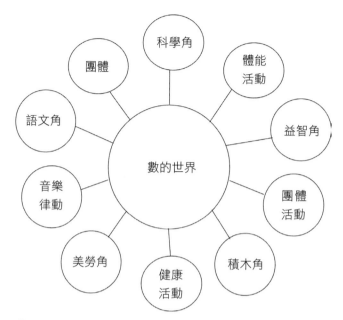

圖3-4 以數學為主題的統整式課程開發圖

周淑惠（1999）。**幼兒數學新論──教材教法**。臺北：心理

　　教案示例有三種：第一種是數學活動，老師可選擇和班上進行主題相關的數學活動。第二種是以數學為主題，例如：「妙妙撲克牌」，一系列玩撲克牌學習數學。第三種是統整性教案，主題是「特別的日子」。

第一種教案：數學活動

　　說明：下列是七個數學活動一覽表，列出其數學領域概念，及其所能連結的相關領域。

編號	活動名稱	數學領域概念	相關領域
1	我會分分看	1.分類 2.計數 3.記錄的方法	社會
2	大風吹，吹什麼？	數字認識	語文
3	單腳、雙腳，跳跳跳	數字認識	健康─體能活動
4	千變萬化	幾何─圖形探索	藝術

編號	活動名稱	數學領域概念	相關領域
5	超級彈珠臺	1.計數 2.運算	
6	我的一天	時間	語文
7	七隻小羊	空間一方位	語文

例一

教案設計者：張馨云、鄭莉君	活動名稱：我會分分看
實施對象年齡：5～6歲	幼兒人數：8人
活動目標： 讓幼兒從實際的操作中，學習分類計數的概念	教學領域：數學（分分看）

活動內容及過程	時間	所需資源	評量	備註
一、準備活動 　　1.老師事先準備數種物品，每種物品數量不超過20個。例如：10支鉛筆、20根棉花棒、5個布娃娃……等。 　　2.物品的數量計數單數張。	1-2分鐘	老師準備的各項物品		向幼兒強調方法沒有對錯，要完成同一件事情有很多方法可以使用
二、引起動機 　　小猴子上街買了很多東西，但是不小心跌了一大跤，東西都撒了一地混在一起了，現在他把這些東西都裝在箱子裡帶來了，想請各位小朋友幫幫他，算算看東西有沒有少？	5分鐘	猴子手偶一隻	幼兒願意幫小猴子計算東西	
三、發展活動 　　1.跟幼兒一起看小猴子買了哪些東西後，請幼兒分成兩組開始自行討論計數。 　　2.請幼兒公布並請分享小組的計算方法。	20分鐘	老師準備的各項物品	幼兒可以用自己的方法分類物品	

活動內容及過程	時間	所需資源	評量	備註
3.老師拿一張紙給幼兒，引導用畫記的方法，讓幼兒再嘗試計數。 ⑴準備一張標明各項物品的計數單。 ⑵每從盒子中拿出一樣東西，就在計數單上劃一記號。 ⑶盒子裡的東西拿完後，重新記錄計數單上各種物品的數量。 4.跟幼兒討論用劃記的方法與之前有什麼差別。 5.引導幼兒用合成的技巧計算物品總數。例如：5個圓圈串成一枝貢丸串。 6.老師介紹一個臺灣常用的正字計數方法。		計數單兩張		
四、綜合活動 1.拿出另兩箱事先準備好的物品，請幼兒再試一次。 2.看是否與正確答案相吻合，及計數過程的感想。	15分鐘	老師準備的各項物品計數單兩張		

例二

教案設計者：張馨云、鄭莉君		活動名稱：大風吹，吹什麼？		
實施對象年齡：5～6歲		幼兒人數：30人		
活動目標： 讓幼兒從遊戲中學習到數字1到10的順序及大小關係		教學領域：數學（比大小）		
活動內容及過程	時間	所需資源	評量	備註
一、準備活動 1.準備紙蘋果20個 2.1到10的數字格一張 3.1到10的數字卡10張 4.1到10的頭套3組共30個 5.手指謠一首	5分鐘			

活動內容及過程	時間	所需資源	評量	備註
二、引起動機 　1.先帶幼兒唸一首從1數到10的 　　手指謠 　2.問幼兒有沒有發現這裡面有什 　　麼順序？引出是從1數到10。	10分鐘		幼兒能跟著 老師一起唱 手指謠並做 動作	
三、發展活動 　1.鄭老師跟張老師在放假的時候 　　一起去摘蘋果，但是不知道誰 　　摘的多，請小朋友幫我們數數 　　看，誰摘的比較多呢？ 　2.輪流請兩位幼兒上臺來摘蘋 　　果，然後比比看大小。	20分鐘	幼兒能跟著 老師一起唱 手指謠並做 動作 幼兒能正確 將數字還有 蘋果數量相 對應	幼兒能正確 將數字還有 蘋果數量相 對應 幼兒能正確 知道1到10 數字的大小 關係。	
四、綜合活動【數字大風吹】 　1.請幼兒拿著椅子跟老師到戶外 　　去。 　2.請幼兒每個人頭上帶著1到10 　　的頭套之後（共會有3組1到10 　　的頭套），將30張椅子排成一 　　個圓圈。 　3.老師請幼兒坐好之後，再複習 　　幾次數字的大小跟順序。老 　　師先示範一次，例如：「大 　　風吹，吹什麼？吹比7小的數 　　字！」 　4.這時戴著比7小的數字頭套的 　　幼兒就要換位置，沒有坐到位 　　置的人，就當下一個發號施令 　　的人。 　5.請一位幼兒自願當第一個示範 　　的人，抽掉他的椅子。 　6.遊戲開始。		幼兒能正確 知道1到10 數字的大小 關係。		
五、結束活動 　1.遊戲結束後再以引起動機的手 　　指謠，讓幼兒複習跟恢復秩 　　序。				

例三

教案設計者：王筱如	活動名稱：單腳、雙腳，跳跳跳
實施對象年齡：5～6歲	幼兒人數：20人
活動目標： 1.培養幼兒學習簡單的數字概念，以1到10為主的數字概念。 2.培養幼兒認識單數、雙數的概念。 3.培養幼兒以幾何圖形畫出遊戲使用的格子。 4.培養幼兒學習單腳站立，並跳躍的能力。 5.增進幼兒肢體平衡的協調性。 6.培養幼兒學習遵守遊戲規則及建立幼兒的成就感。	教學領域：數學（單數與雙數）

活動內容及過程	時間	所需資源	評量	備註
一、準備活動 　1.準備跳房子的畫法。 　2.製作早期孩子玩跳房子的PPT及影片。	1-2分鐘			跳房子的畫法參見教案
二、引起動機 　1.以圖片或PPT讓幼兒先觀察畫面中的小朋友在玩什麼遊戲。 　2.請幼兒猜猜看畫面中的小朋友正在進行什麼樣的遊戲。 　3.老師說明跳房子這項遊戲是早期孩子在物資匱乏時期，經常遊戲的團體遊戲。	5分鐘	自製跳房子影片	能觀察出影片中進行何種遊戲	
三、發展活動 　1.與幼兒討論這個遊戲該如何玩？老師將幼兒所提到的玩法，寫在白板或黑板上，並請幼兒到臺前示範。 　2.老師待幼兒將玩法示範後，提示幼兒畫面中的小朋友如何進行遊戲，並與幼兒討論畫面中有哪些數字及特色。如：幼兒可能會說有1到9的數字，或是小朋友使用單腳或雙腳跳躍等。	15分鐘	能說出遊戲中出現哪些數字	能說出遊戲的玩法	

活動內容及過程	時間	所需資源	評量	備註
3.老師以實際的物體來示範真正的玩法，如：在紙上或用塑膠地墊畫出格子或圓圈來代表跳房子的格子（格子可以讓幼兒自由設計），並講解玩法。當講解玩法時，老師與幼兒討論哪些數字是單數和雙數，並告訴幼兒當數字輪到單數時，幼兒必須以單腳跳躍；而當幼兒輪到雙數時，幼兒才能使用雙腳跳躍，直到幼兒跳到格子最後一格，才算是過關。		全開壁報紙或巧拼墊	能使用單腳站立 能運用單腳跳躍 能分辨出哪些數字是單數或雙數	
四、結束活動【跳房子遊戲】 1.讓幼兒到戶外，請幼兒依人數分組，進行遊戲。 2.讓幼兒自行設計格子的樣式，但需依單腳與雙腳原理設計格子，並讓幼兒在格子內填上數字1到9，讓對方挑戰。	20分鐘		能利用幾何圖形設計跳房子的格子 能正確寫出1～9數字	

跳房子的畫法

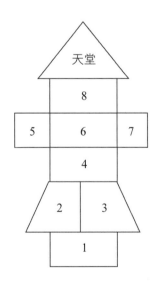
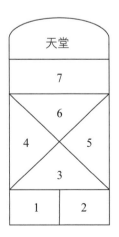

例四

教案設計者：王筱如	活動名稱：千變萬化
實施對象年齡：5～6歲	幼兒人數：20人
活動目標： 1.培養幼兒在七巧板中找出相同及不同的形狀，並説出其異同點，以建立幼兒分類的概念。 2.培養幼兒認識基本平面圖形的概念，如：三角形、正方形、平行四邊形。 3.培養幼兒建立面積的對稱概念。 4.培養幼兒利用七巧板的形狀，組合出不同圖案。 5.培養幼兒激發多元化的思考能力。 6.培養幼兒具有觀察、分析、判斷能力。 7.培養幼兒的耐性與專注力。	教學領域：數學（幾何圖形）

活動內容及過程	時間	所需資源	評量	備註
一、準備活動 　1.準備七巧板一個。 　2.準備20張已經畫好16格子的厚紙板。	1-2分鐘			七巧板製作流程參見附錄一
二、引起動機 　1.先拿出七巧板與幼兒討論這項教具是否有玩過或見過。 　2.與幼兒討論七巧板的玩法，待幼兒大多數都説出自己的想法後，老師向幼兒説明七巧板的名稱由來及正確玩法。	5分鐘	七巧板	幼兒能説出七巧板的玩法	
三、發展活動 　1.邀請幼兒一起製作七巧板，老師首先發給每位幼兒已經畫好格子（16個正方形的格子）的厚紙板。	20分鐘	厚紙板 色筆	能運用不同顏色設計出不同於他人的七巧板	

活動內容及過程	時間	所需資源	評量	備註
2.邀請幼兒一起製作七巧板，製作方式參照附錄一，並請幼兒為不同圖形塗上喜歡的顏色。 3.當幼兒製作完成後，請幼兒依照線條及形狀使用剪刀剪下。 4.當幼兒依序剪下各類形狀後，請幼兒先找出相同的形狀，如： △ ▱ □ 5.請幼兒説出不同圖形的異同點。如：三角形有三個邊邊，三個尖尖的點。平行四邊形和正方形，一樣有四個邊，四個點，但是摸起來不一樣。		剪刀	能使用剪刀剪下七巧板的形狀 能找出相同的圖形 能説出□○△的異同點 能使用相同的形狀拼出對稱的圖形	
三、綜合活動 1.老師拿出事先準備好的圖形卡，讓幼兒利用自製的七巧板進行拼圖遊戲。 2.當幼兒成功完成後，幼兒可自行與其他幼兒交換圖形卡。	15分鐘	圖形卡	能使用七巧板形狀，組合出不同圖案	圖形卡可參考附錄二

附錄一、七巧板圖案

例五

教案設計者：郭姿妤	活動名稱：超級彈珠臺
實施對象年齡：5～6歲	幼兒人數：20人
活動目標： 1.認識彈珠的各種玩法。 2.瞭解計分的方式。 3.培養加法計算能力。 4.學習創造出計分表格。 5.養成輪流的好習慣。	教學領域：數學（加法）

活動內容及過程	時間	所需資源	評量	備註
一、準備活動 　1.準備彈珠臺一座。 　2.彈珠一袋。	1-2分鐘			
二、引起動機 　1.教師在上課的前一天，請小朋友回家問父母有玩過哪些彈珠的遊戲。 　2.利用團討時間請小朋友分享與示範彈珠的小遊戲，可請其他幼兒上前玩玩看。 　3.教師問孩子在夜市裡有沒有看過「彈珠臺」，拿出教師自己做的彈珠臺示範玩法，講解如何計分、計算總得分。	10分鐘		知道兩種以上的彈珠遊戲 知道「彈珠臺」的玩法	
三、發展活動 　1.教師請六位孩子試玩彈珠臺，每打一次彈珠，看彈珠落入哪一個分數區，即在計分表上計分，不限計分方式。 　2.試玩後，讓全班觀察六位孩子的計分方式，最後老師幫孩子歸納出幾種不同的計分方法，例如畫圈圈、畫正字……等。 　3.教師發下圖畫紙讓孩子創作自己的計分表，先設計好的孩子可以排隊玩彈珠臺，並完成計分表。完成的孩子可先至遊戲	20分鐘		玩彈珠小遊戲時，能單手彈彈珠 能說出兩種不同的計分方式 能設計出自己的計分表	

活動內容及過程	時間	所需資源	評量	備註
區玩彈珠的小遊戲。			能創造新的彈珠遊戲玩法 能排隊輪流玩彈珠臺	
四、綜合活動 　1.全班皆完成計分表後，教師請每位孩子分享他的計分表與計分方式。 　2.每位孩子分享時，教師帶領全班孩子一起檢查其計分是否正確。 　3.教師在白板上記錄每位孩子的得分，找出今天最高得分者或與孩子一起統計不同得分的人數。	10分鐘	計分表	能正確計算出總得分	

例六

教案設計者：王筱如	活動名稱：我的一天
實施對象年齡：5～6歲	幼兒人數：20人
活動目標： 1.培養幼兒認識一天的時間。 2.培養幼兒能從指針及分針的變化明白時間的進行。	教學領域：數學（時間概念）

活動內容及過程	時間	所需資源	評量	備註
一、準備活動 　1.繪本《小豬淘兒的一天》一本 　2.大時鐘一個 　3.情境圖卡×5	1-2分鐘			

活動內容及過程	時間	所需資源	評量	備註
二、引起動機 　與孩子共讀《小豬淘兒的一天》，並與孩子討論小豬淘兒一天做哪些事情，藉此讓幼兒逐漸瞭解時間的概念，如：小豬淘兒每天早上六點起床。	10分鐘	《小豬淘兒的一天》	幼兒能說出小豬淘兒一天的生活作息	
三、發展活動 　1.與孩子討論每天的生活作息時間，如：幾點起床、幾點到學校、幾點吃午飯等。藉由真實的生活作息，引導幼兒瞭解時間概念。	25分鐘	大時鐘	幼兒能回答自己的生活作息時間	
2.與孩子討論如何知道「時間」，並與孩子討論可能需要哪些工具，幼兒可能會說：「手錶、時鐘、電子錶……等。」			能知道兩種以上計時的工具	
3.拿出預備的大時鐘，請幼兒觀察看看時鐘上有哪些東西。幼兒可能說：「有1～12的數字符號、一個短短的針、一個長長的針。」			能觀察到時鐘上有哪些特徵	
4.請幾位幼兒到臺前實際操作當轉動時鐘齒輪時，會有什麼樣的變化。			能發現時鐘轉動時，分針與時針的變化	
5.告訴幼兒「短短的針」代表時間中的時針，走一格表示時間過了1個小時，而「長長的針」代表分針，走一格表示時間過了5分鐘。			能瞭解分針與時針所代表的意思	
四、結束活動 　1.老師示範每個時間的樣子，如：下午一點，將時針與分針轉到一點的位置。	10分鐘	大時鐘	幼兒能知道一天有12個小時	

活動內容及過程	時間	所需資源	評量	備註
2.拿出情境圖卡，請幼兒依照自己的生活作息時間順序排列。		情境圖卡	能知道時間的順序	

例七

教案設計者：王筱如	活動名稱：七隻小羊
實施對象年齡：5～6歲	幼兒人數：20人
活動目標： 1.培養幼兒學習空間方位，瞭解上、下、裡、外等概念。 2.培養幼兒簡單的數數概念。	教學領域：數學（方位）

活動內容及過程	時間	所需資源	評量	備註
一、準備活動 　1.《七隻小羊》繪本 　2.情境圖片全開 　3.紙箱一個	1-2分鐘			
二、引起動機 　與孩子共讀《七隻小羊》繪本，引導幼兒瞭解七隻小羊為躲避危險，分別躲在房子中的哪些位置。	10分鐘	《七隻小羊》繪本	能正確數出有幾隻小羊	
三、發展活動 　1.請幼兒共同扮演羊媽媽來尋找為躲避危險的小羊們。 　2.當幼兒找到小羊時，可能會：「小羊在桌子底下、小羊在時鐘裡面。」	15分鐘	情境圖片	能正確找出小羊躲藏的位置 能正確說出小羊在房子中的方位，如：上面、下面、裡面、外面	
四、綜合活動 　1.藉由紙箱的空間，統整幼兒對於方位的概念。 　2.實際擺放物品在紙箱的上、下、裡、外等四處，讓幼兒清楚觀察到空間方位的概念。	5分鐘			

第二種教案：是以數學內容為主題

例如：「妙妙撲克牌」，一系列玩撲克牌學習數學概念。牌卡活動進行時的相關領域，包括語文、人際等。

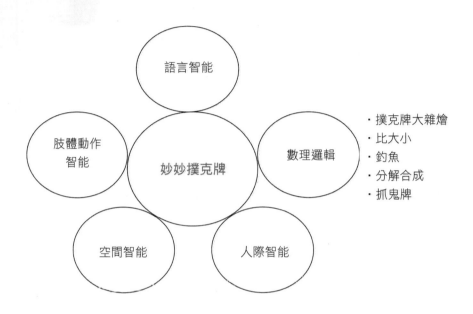

· 撲克牌大雜燴
· 比大小
· 釣魚
· 分解合成
· 抓鬼牌

設計者：林美華		主題：妙妙撲克牌　　活動一：撲克牌 — 大雜燴	
學習領域		語文智能、空間智能、人際智能、內省智能、邏輯智能	
活動目標		1.認識各種不同顏色、形狀的撲克牌。 2.能說明如何將四色撲克牌分類。 3.知道學習洗牌、發牌、抽牌、翻牌。	
教學流程		活動內容	教學準備及資源
準備階段	引起動機	老師運用洗牌、發牌、抽牌、翻牌自編故事和手偶對話。讓孩子也參與尋找四色撲克牌的行列，一起來認識「撲克牌大雜燴」。	撲克牌 教師自編故事 手偶
	團體討論	1.討論將四色牌取名：如依圖案形狀分別叫：愛心、黑桃、鑽石、梅花，只要小朋友能辨識即可。 2.學習如何洗牌、發牌、抽牌、翻牌和整理分類。	撲克牌 分類盤

教學流程		活動內容	教學準備及資源
發展階段	團體活動／分組活動	1.運用手偶請一組的小朋友介紹自己抽牌的結果，讓小朋友聽手偶的指示找出該色撲克牌，如我最喜歡漂亮的「鑽石」。 2.請每組一位小老師，依著洗牌、發牌、抽牌、翻牌的過程，運用肢體活動、模仿或想像，扮演說出他最想要的牌色，如我最有「愛心」。大家就將「愛心牌」翻開，集中於分類盤。 3.每組發下一盒撲克牌，讓孩子分組玩撲克牌，輪流扮演小老師，享受自己當主角的滋味。 4.待每組的孩子都能熟練表達時，可以加入音樂，讓孩子能依循節奏進行快速的分類與整理。 5.分組比賽，各組將四色牌混合，音樂一停看哪組的分類速度最快、進行的最順利，選出「最佳團隊獎」，予以獎勵獲勝。	撲克牌 分類盤 CD音樂 白板筆 白板
結束階段	分享活動	1.請小朋友分享對「最佳團隊」的看法？和大家有什麼不同？ 2.當每組玩「撲克牌大雜燴」後，亦可回家和弟妹一起玩收拾整理的活動。	將撲克牌置放於益智角
	延伸活動	1.請孩子依分類收拾的空間、邏輯智能觀念，收拾整理圖書角及自己的工作櫃。 2.說一說並分享自己的分類方式與方法，拍照留存做比較。	圖書角 工作櫃 照相機

活動二：撲克牌—比大小

學習領域	語文智能、空間智能、人際智能、內省智能、肢體智能、邏輯智能	
活動目標	1.認識各類撲克牌的大、小數目。 2.可以動動手、動動腦和別人比大小。 3.瞭解大吃小的比賽規則。	
教學流程	活動內容	教學準備及資源
準備階段 引起動機	老師運用洗牌、發牌、抽牌、翻牌，讓孩子參與撲克牌比大小的遊戲，一開始只要比大小，不分顏色，熟練後再分同類比大小。	撲克牌 小朋友

教學流程		活動內容	教學準備及資源
準備階段	團體討論	1.討論玩法,如何比大小?請小朋友訂規則。 2.將愛心、黑桃、鑽石、梅花分類比大小。 3.遊戲競賽方式:哪一組最快完成由小到大的數字接龍。	撲克牌 小組活動
發展階段	團體活動／分組活動	1.讓小朋友發表,依照小朋友討論結果:當「小老師」翻出手中的牌若是5(不限顏色),其他組員必須在「桌長」數到3時即翻牌,依此論輸贏。 2.請依照每組的「小老師」指令,依著洗牌、發牌、抽牌、翻牌的過程,玩分類比大小,如「小老師」說:請拿出「愛心牌」比誰大,此時小朋友需下定決心先拿出一張牌壓住,等到「小老師」說翻開時再翻開,比一比誰最大;反之,亦可比誰最小。 3.每組發下一盒撲克牌,讓孩子分組玩撲克牌,輪流扮演小老師,享受自己當主角的滋味。 4.待每組的孩子手中都贏些許紙牌時,比比看誰的手中贏最多紙牌。 5.比賽結束,各組將混合的四色牌,重新分類整理,再放到「益智角」。	撲克牌 分類盤 CD音樂 白板筆 白板
結束階段	分享活動	1.請小朋友分享自己在比賽中輸贏多少牌? 2.當每組玩過比大小後,亦可回家和弟妹一起玩。	撲克牌
	延伸活動	1.老師可寫出一個數字如3,請小朋友在自己的紙上寫出比3大的數字或比3小的任何數字。 2.認識大於>,和小於<的符號。	白紙 彩色筆 大於>小於<符號表

活動三:撲克牌—釣魚

學習領域		語文智能、空間智能、人際智能、內省智能、肢體智能	
活動目標		1.記憶、分辨不同顏色、形狀的撲克牌放置位置。 2.能實際操作,找出正確的撲克牌數字和形狀配對。 3.知道遊戲規則、按牌理出牌。	
教學流程		活動內容	教學準備及資源
準備階段	引起動機	老師先用20張牌,洗牌、發牌,讓5個孩子參與釣魚(記憶)遊戲,等到熟悉規則時,再請這5位小朋友當「小老師」分組帶領。	撲克牌 小朋友

教學流程		活動內容	教學準備及資源
準備階段	團體討論	1.討論依紅色和黑色分類，一組共26張牌，5人玩，小老師排好26張牌的位置後，由小老師開始每次左、右手同時翻牌，若不是同色、同數字即再蓋下，依此類推，看誰最先翻到同色和同數字的紙牌，即先吃下，最後看誰贏最多，記憶最強。 2.可分男生組和女生組比賽，哪一組最先收牌即贏。	撲克牌
發展階段	團體活動／分組活動	1.男、女生組各選一位小老師，依著洗牌、發牌排列整齊。 2.由小老師開始翻牌，遇左、右手數字不同時，即把牌蓋回原位，繼續由隔壁的小朋友輪流翻牌。 3.遇到左、右手相同數字即收起，最後看誰最多，記憶力強。 4.男女生可分組比賽哪一組最先完成。 5.熟悉後可增加難度，需翻出同色、同數字才可拿起，視為自己的戰績。	撲克牌 CD音樂
結束階段	分享活動	1.請小朋友分享記憶中最好吃的東西或玩具、寵物等。 2.可畫出撲克牌的數字內容和位置。	撲克牌 圖畫紙、彩色筆
	延伸活動	1.記憶人名或走迷宮、尋寶遊戲等，看誰最快闖關成功。 2.將幾樣東西（1～6種）蓋在絲巾下，讓小朋友看10秒後蓋起，請小朋友說一說裡面的東西（按物品置放位置的順序一一說出）。	名字卡 迷宮圖、尋寶圖 絲巾 6種教室用品

活動四：撲克牌一分解合成

學習領域		語文智能、空間智能、人際智能、內省智能、肢體智能	
活動目標		1.認識10以內的撲克牌數字。 2.可以撲克牌變化10以內的數字組合。 3.會將抽到的兩張牌做合成，並說出數字總和。	
教學流程		活動內容	教學準備及資源
準備階段	引起動機	老師先用撲克牌介紹1～10的數字，再請問小朋友，兩個好朋友相加等於10，有幾種組合。	撲克牌 小朋友
	團體討論	1.討論將四色牌分色做分解合成的介紹。 2.學習如何1對1數數。	撲克牌 分類盤

教學流程		活動內容	教學準備及資源
發展階段	團體活動／分組活動	1.選出小老師將撲克牌分色洗牌後，蓋於地板上依釣魚方式翻牌，翻出的牌，若不是合起來為10的，即蓋回原位。 2.剛開始只要一色牌即可，後來再加入兩色。 3.小老師拿著數字牌，請小朋友將抽出的兩張牌，做1對1數數的加總。 4.小老師拿出兩張數字牌，請小朋友拿出相同的積木數做加一加的合成動作。 5.可分男生組、女生組做比賽。	撲克牌 CD音樂 白板筆 白板
結束階段	分享活動	1.請小朋友分享對10以內的不同顏色積木，做分解與說明。 2.分男生組和女生組說明，分享不同排法與說明。	撲克牌 紅、藍積木
	延伸活動	1.10塊錢以內的代幣交易及買賣遊戲。 2.說一說大賣場的DM中，比較哪些價錢貴，哪些價錢便宜。 3.將DM中的物品和價錢，依低至高排序貼出。	賣場DM 圖畫紙 膠水 代幣 買賣遊戲物品

活動五：撲克牌—抓鬼牌

學習領域		語文智能、空間智能、人際智能、內省智能、肢體智能	
活動目標		1.認識撲克牌中紅、黑色的鬼牌形狀及內容。 2.知道如何製造陷阱或避開陷阱抓鬼牌。 3.會遵守遊戲規則。	
教學流程		活動內容	教學準備及資源
準備階段	引起動機	老師運用洗牌、發牌、抽牌、翻牌和孩子現場互動玩抓鬼牌遊戲，並請小朋友勿驚聲尖叫。	撲克牌 小朋友
	團體討論	1.討論如何將四色牌和鬼牌穿插製造陷阱。 2.學習遵守遊戲規則。 3.討論抽到鬼牌如何處置。	撲克牌
發展階段	團體活動／分組活動	1.可兩人一組，但必須多組撲克牌才有足夠的鬼牌。 2.選出小老師洗牌，製造鬼牌陷阱，小朋友依序抽牌。 3.抽到鬼牌的小朋友需OUT。 4.可輪流當小老師，製造鬼牌陷阱。	撲克牌 分類盤 CD音樂 白板筆 白板

教學流程		活動內容	教學準備及資源
準備階段	團體討論	5.分組比賽,各組將四色牌混合,音樂一停,看哪組抽中鬼牌的人數多即輸。 6.抽中的鬼牌需重新再洗牌回去,並補充新牌,由小老師自行斟酌判定。	
結束階段	分享活動	1.請小朋友分享如何避免抽到鬼牌的技巧。 2.如何展開手中的牌不會掉落。 3.當每組玩後可計數論輸贏,再看哪組成績優。	撲克牌
	延伸活動	1.畫一畫鬼牌中的圖等內容。 2.用一張圖畫紙做8張牌,其中一張做鬼牌,帶回家和爸媽一起玩,隔日做分享。	圖畫紙 蠟筆 剪刀 鬼牌

各自依自己的方法分類、排序。

瞧！大家通力合作完成大雜燴的分類。

釣魚（記憶），翻一翻，記起來，
耶！我找到了。

分組比賽，男生女生，誰速度快？
記憶強？

比比看，誰最大？有人還在考慮！

女生組－還在找兩手相加等於 10。

男生組—我找到兩手相加等於
10 了。好強喔！

好！請告訴小老師，這兩張相加是
多少？

哎呀！是鬼牌嗎？

第三種教案是統整性

　　主題是「特別的日子」，這個主題很受歡迎，以節慶為學習經驗的起
點，結合生活，共有二十四個教學活動設計，可以進行整個一學期。以下
摘錄主題網、六大領域活動檢核表與其中一個活動設計。

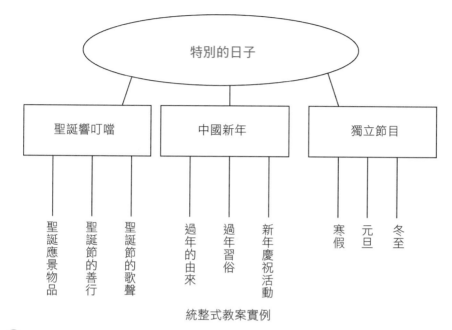

統整式教案實例

圖 3-5 「特別的日子」的主題網

「特別的日子」六大領域活動檢核表

活動名稱 ＼ 領域	語文	數學	常識	工作	音樂	遊戲
1.繽紛聖誕樹				◎	◎	
2.我的聖誕襪	◎			◎		
3.聖誕歌曲大聲唱					◎	◎
4.我會寫信	◎	◎	◎			
5.聖誕祝福	◎			◎		
6.我是聖誕老公公	◎		◎			
7.「衣」起送溫暖			◎	◎		
8.報佳音合唱團	◎		◎		◎	
9.千變萬化雪人秀	◎			◎		
10.甜蜜薑餅屋	◎			◎		
11.冬至湯圓樂	◎	◎		◎		
12.農曆不相同				◎		
13.元旦來了	◎	◎		◎		

活動名稱 ＼ 領域	語文	數學	常識	工作	音樂	遊戲
14.許願小卡	◎			◎		
15.喜年來	◎			◎		◎
16.除舊布新小幫手	◎			◎		
17.吉祥話春聯	◎			◎		◎
18.吉祥水餃	◎			◎		
19.年貨大街	◎					◎
20.火鍋熱呼呼			◎			◎
21.見紅大吉	◎	◎		◎		
22.我的生肖	◎	◎	◎			◎
23.民俗公園樂悠遊	◎		◎			
24.我的充實寒假	◎		◎			◎
小　計	19	5	8	14	3	7

活動22：我的生肖

教案設計者：林雅如、黃玲伶、陳俊祺　　　　　　　幼兒人數：30人

壹、活動目標

　　1. 瞭解十二生肖的由來。

　　2. 知道十二生肖的順序（序數的概念）。

　　3. 體驗牌卡遊戲的樂趣。

　　4. 認識十二種動物的名稱和動物外表或行動特徵。

貳、教學準備：十二生肖撲克牌、十二生肖故事繪本、律動「十二生肖真有趣」的歌詞大字報。

參、活動流程

　　◎引起動機

　　　老師講述十二生肖的故事。

　　◎分享與討論

　　　「小朋友，你們的生肖排第幾？」（由提問觀察評估幼兒對於十二生肖順序的瞭解）。

　　◎發展活動

1. 律動——十二生肖真有趣

　　「十二生肖真有趣！小小老鼠排第一。大牛後面大老虎，兔子跳
　　阿龍飛舞。長蛇爬啊馬羊追，猴子瘦呀公雞肥。小狗小狗汪汪
　　叫，小豬小豬快快跑。」

2. 牌卡遊戲——動物心臟病

　　方法：四人一組，依照順序翻牌並且依序唸出十二生肖，如果唸
　　出的動物和翻出的牌相同，每個人要將手伸出來蓋牌，速度最慢
　　的人就輸了。（這個牌卡遊戲過程很激烈，老師可以減緩進行的
　　速度）

肆、觀察與評量

　　1. 能夠說出十二生肖的由來。

　　2. 能夠知道十二生肖的順序（序數的概念）。

　　3. 能夠瞭解十二生肖的由來。

　　4. 知道生肖的總數是12個（基數的概念）。

　　5. 體驗牌卡遊戲的樂趣。

伍、包含領域：語文、數學、常識、遊戲。

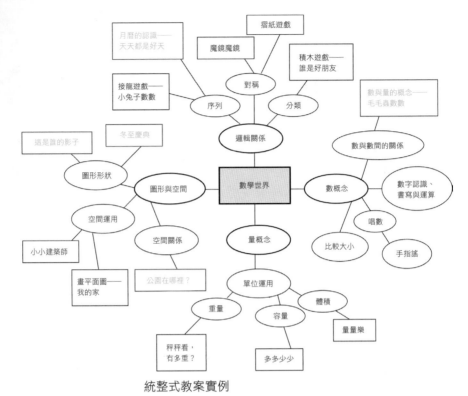

統整式教案實例

📖3-6 「四季」的幼兒數學領域網絡圖（主題網）

「四季」六大領域活動檢核表

活動名稱＼領域	語文	數學	常識	工作	音樂	遊戲
1.數數看與量量看		◎				
2.天天都是好天		◎		◎		
3.這是誰的影子	◎	◎	◎	◎		
4.公園在哪裡？	◎	◎				
5.冬至慶典	◎	◎	◎			
小　計	3	5	3	2		

活動設計一

活動設計 — 數數看與量量看					
教案名稱	毛毛蟲數數	教導班級	小象班	設計者	黃妍綾
教材來源	自行設計	授課地點	本班教室	指導者	謝瑩慧教授
教導時間	○月○日	學生人數	20人	授課者	黃妍綾

學生經驗分析	教學目標	幼兒園 課程標準	總 教 學 時 間
1.學生能唱數。 2.學生能順暢地數出數 　字1至30。	1.學生能唱數1～50。 2.學生能專心聽故事。 3.學生能聽懂故事內容，並回 　答問題。 4.學生能藉由扳手指數數，知 　道一對一的對應關係。 5.學生能清楚幾個與第幾個的 　不同。 6.培養學生勇於回答問題的精 　神。	1.數學、認知 2.情意 3.語文、認知 4.數學、認知 5.數學、認知 6.情意	70分鐘

教導流程			
活動目標	師生活動及時間	教學資源	教學時間
	一、準備活動 　　老師準備：繪本、學習單 　　學生準備：教具箱（含水果圖片） 二、發展活動 （一）引起動機 【活動一】展示書籍 展示書籍，引發幼兒學習數與量概念的興趣。 （二）導入主題		3分鐘
學生能專 心聽故事	【活動二】聽故事中學數數 1.老師講述《好餓的毛毛蟲》的故事，並邊講 　邊引導幼兒數數（星期一吃了1個蘋果，星期 　二吃了2個梨子，星期三吃了3個李子，星期 　四吃了4個草莓，星期五吃了5個橘子），讓 　幼兒在聽故事時，對數與量的認知有進一步 　的發展。	繪本	9分鐘

活動目標	師生活動及時間	教學資源	教學時間
學生能聽懂故事內容，並回答問題 學生能藉由扳手指數數，知道一對一的對應關係	【活動三】故事回顧 1.聽完故事後進行回顧，老師提問（毛毛蟲找哪些東西來吃？星期一吃什麼、吃幾個？） 2.帶領幼兒再次數數，可藉由扳手指頭幫助幼兒數「一共有幾個」，讓孩子有對應關係的概念。 3.承上活動，請幼兒拿出教具箱，以毛毛蟲故事帶入，請小朋友幫他摘水果。 4.老師提問（毛毛蟲想吃3顆蘋果，請小朋友幫忙毛毛蟲摘，毛毛蟲想吃4顆草莓……，以此類推，繼續詢問。）		18分鐘
學生能清楚幾個與第幾個的不同	【活動四】幾個VS第幾個 1.藉由上述活動，幼兒已學習「共有幾個」的概念，接下來導入「第幾個」概念。 2.詢問幼兒故事內容，導入「第幾天」毛毛蟲「吃了幾個」之概念，並從比較中引出量的概念。 　問題大綱：(1) 毛毛蟲星期幾吃了1顆蘋果？ 　　　　　　(2) 毛毛蟲第幾天吃了3個李子？ 　　　　　　(3) 毛毛蟲星期四吃了幾個草莓？ 　　　　　　(4) 一個星期共有幾天？ 　　　　　　(5) 毛毛蟲吃的數目有何改變，變多還是變少？ 3.請幼兒拿出繡有數字的手套，從扳手指中告訴幼兒「第幾個」概念，同時讓幼兒認識數字。 4.釐清「幾個與第幾個」的概念，讓幼兒清楚兩者之間的不同。		20分鐘
培養學生勇於回答問題的精神	三、綜合活動 【活動五】水果數一數 1.請小朋友將教具箱的水果小圖卡拿出來，並詢問幼兒，冬季有何種水果。 2.老師請幼兒將冬季水果分類出來，並以故事敘述的方式（老師想跟大家分享水果，帶了3個芭樂、6個蓮霧和9個水蜜桃，請小朋友拿出水果圖卡，並且幫老師算算看，老師總共帶了幾個水果），給予幼兒情境，增加生活化的數數感覺。	教具箱	18分鐘

活動目標	師生活動及時間	教學資源	教學時間
學生能唱數1～50	3.老師再請幼兒輪流出題，讓大家都能融入活動中，讓幼兒從當小老師中獲得成就感。 4.每次出題與排列完成，皆請大家一起將東西數一次，並邊數邊唱數，以讓較為不懂的幼兒有再一次練習的機會。 【活動六】學習單 1.老師初步講解如何寫學習單，再請其回家完成。 2.讓幼兒於課後和家長一同完成學習單，並加強其數和量的概念。	學習單	2分鐘
評量方式	1.透過活動，瞭解孩子對此單元的認識程度。 2.透過活動，觀察與記錄幼兒的狀況和參與度。		

好想吃冬天的水果

學習單

數一數圈出來

一、小朋友，毛毛蟲想送6個棗子給螞蟻，請幫毛毛蟲圈出6個棗子。

二、毛毛蟲買了7個哈密瓜，可是第3個壞掉了，小朋友，請幫毛毛蟲把3個圈出來。

三、毛毛蟲邀請好朋友到家裡玩，他們一共吃了32個橘子和10個水蜜桃，小朋友，圈完後請算一算他們一共吃掉多少個水果。

家長簽章：_____

老師評量：_____

活動設計二

活動設計 — 天天都是好天					
教案名稱	天天都是好天	教導班級	大班	設計者	魏以昕
教材來源	自行設計	授課地點	教室	指導者	謝瑩慧教授
教導時間	○月○日	學生人數	20人	授課者	魏以昕

學生經驗分析	教學目標	幼兒園課程標準	總教學時間
1.知道數字的前後順序。 2.知道一年有12個月。	1.知道自己的生日。 2.認識月曆的結構和星期。 3.培養使用當季自然素材創作的能力。 4.培養與人分享的精神。 5.能完成學習單。	1.認知 2.認知 3.認知 4.情意 5.認知	90分鐘

教導流程			
活動目標	師生活動及時間	教學資源	教學時間
	一、準備活動 老師準備：較大的月曆、圖畫紙、學習單、活動教具（用當季自然素材做好的大型月曆） 學生準備：每人攜帶一份月曆、上次課程採集的自然植物、彩色筆或蠟筆、白膠 二、發展活動 （一）引起動機 【活動一】我的生日		
知道自己的生日	1.請小朋友說說看自己的生日是幾月幾日？ 2.教師展示日曆和月曆，也請學生拿出日曆和月曆。 3.教師示範如何查月曆，再請小朋友練習翻閱找尋自己的生日。 （二）導入主題	較大的月曆	10分鐘
知道月曆的結構和星期	【活動二】認識月曆的結構和星期 1.教師講解從星期日的開始到星期六的結束，連續七天，我們叫它一星期。	較大的月曆	30分鐘

活動目標	師生活動及時間	教學資源	教學時間
能使用當季自然素材創作的能力	2.教師講解每個月份的天數，例如：有些月份是30天，而有些是31天。 3.教師說明每個月天數為何不同，例如：二月只有28天，三月則有31天。 4.教師出簡單題目讓小朋友練習，例如：整個七月份，海綿寶寶都住在蟹老闆家，請問海綿寶寶在蟹老闆家住了幾天？ 【活動三】做出獨一無二的月曆 1.教師拿出做好的月曆給小朋友看。 2.請小朋友分成七組。 3.請小朋友用自然植物做一個2009年4月～12月之後的月曆。	自然植物、色筆或蠟筆、圖畫紙、白膠、活動教具	30分鐘
培養與人分享的精神	三、綜合活動： 【活動四】分享做好的月曆 請孩子分享： 1.你做的月曆是幾月份呢？ 2.你用了哪些自然素材？		10分鐘
能完成學習單	【活動五】「生日快樂」學習單 1.請小朋友調查家人的生日，記錄在學習單上。 2.比較出今年家人是誰先過生日。 3.如果有家人快要過生日了，再討論要怎樣為他慶祝。 4.老師總結。	學習單	10分鐘
評量方式	透過學習單能正確的查閱月曆		
補充教材	無		
參考資料	http://dns.skes.tnc.edu.tw/ict/design/102/102.html		

爺爺的生日是＿＿＿＿月＿＿＿＿日

奶奶的生日是＿＿＿＿月＿＿＿＿日

爸爸的生日是＿＿＿＿月＿＿＿＿日

媽媽的生日是＿＿＿＿月＿＿＿＿日

（　　　）的生日是＿＿＿＿月＿＿＿＿日

（　　　）的生日是＿＿＿＿月＿＿＿＿日

（　　　）的生日是＿＿＿＿月＿＿＿＿日

生日順序：（　　）＞（　　）＞（　　）＞（　　）＞（　　）
　　　　　＞（　　）

活動設計三

活動設計 — 這是誰的影子					
教案名稱	這是誰的影子	教導班級	大班	設計者	林詩婷
教材來源	自行設計	授課地點	小象班	指導者	謝瑩慧教授
教導時間	○月○日	學生人數	20人	授課者	林詩婷

學生經驗分析	教學目標	幼兒園課程標準	總教學時間
1.學生已有基本圖形之概念（圓形、正方形、長方形、三角形）。 2.學生已有數的概念。 3.學生知道冬季蔬果。	1.認識基本圖形。 2.認識水果的橫切面與縱切面圖形。 3.學習用奶油刀切水果。 4.培養觀察力。 5.培養尊重他人的精神。	1.數學、認知 2.數學、認知 3.技能 4.情意 5.情意	60分鐘

教導流程			
活動目標	師生活動及時間	教學資源	教學時間
	一、準備活動 老師準備：圖形海報、圖卡、奶油刀x10、塑膠盤x20、抹布x5、胡蘿蔔x2、洋蔥x2、大蒜x5、水彩顏料、水彩用具、設計好的8k圖畫紙、砧板x5 學生準備：冬季蔬果一至兩種（如：柳丁、馬鈴薯、葡萄柚、皇帝豆……）、裝蔬果的塑膠盤x1、工作圍裙 二、發展活動 （一）引起動機		
認識基本圖形	【活動一】複習基本圖形 1.展示圖形海報，為孩子複習圓形、正方形、長方形、橢圓形等四種形狀。	圖形海報、圖卡	5分鐘

活動目標	師生活動及時間	教學資源	教學時間
認識水果的橫切面與縱切面圖形	（二）導入主題 【活動二】認識橫切面與縱切面 1.將胡蘿蔔展示，讓孩子看看其特殊之處。 2.讓孩子猜猜，若把胡蘿蔔用不同方向切開時，會是什麼形狀。 3.將胡蘿蔔分別用縱、橫兩種切法切開，讓孩子觀察。 4.再展示洋蔥與大蒜。步驟同上。 5.將切好的蔬果放在塑膠盤中，共分成五份。	奶油刀 x 1、塑膠盤 x 5、胡蘿蔔x2、洋蔥 x 2、大蒜x5、砧板x1	10分鐘
學習用奶油刀切水果	【活動三】學習奶油刀的使用方式 1.老師展示奶油刀，並示範正確的使用方式。 2.請一位孩子出來示範，其他孩子注意看示範者有無錯誤之處。 3.再次提醒注意事項。 三、綜合活動	奶油刀x1	5分鐘
培養觀察力	【活動四】這是誰的影子 1.展示已設計好的圖畫紙（附件三），說明如何完成之。 ⑴將冬季蔬果用奶油刀切開（縱切或橫切）。 ⑵觀察被切開蔬果的切面是何種形狀，若與圖畫紙上所標明的影子形狀相同，則將此蔬果沾上顏料，並印在符合的影子下方。 2.將【活動二】切好的果五份置於各組。 3.將孩子分成五組，並發下用具、水彩及圖畫紙。每組發放用具數量： ⑴塑膠盤x3（水彩倒於塑膠盤中） ⑵奶油刀x2 ⑶砧板x1 ⑷圖畫紙每人一張	奶油刀x10、塑膠盤x15、抹布x5、水彩顏料、水彩用具、設計好的8k圖畫紙、砧板x5	30分鐘

活動目標	師生活動及時間	教學資源	教學時間
培養尊重他人的精神	4.請孩子將自己帶的蔬果放在各組桌上，開始活動。 【活動五】分享與討論 1.請各組孩子上臺分享其成品（老師引導孩子說出他們用到什麼蔬果，其又是何種形狀）。 2.歸納孩子的分享，再次複習基本圖形，以及圖形與橫切面及縱切面之概念。 3.將孩子的成品布置於教室內。		10分鐘
評量方式	1.透過活動四，能熟練地使用奶油刀。 2.透過活動五，能觀察橫切面與縱切面的圖形，並予以正確配對。		

附件三

這是誰的影子

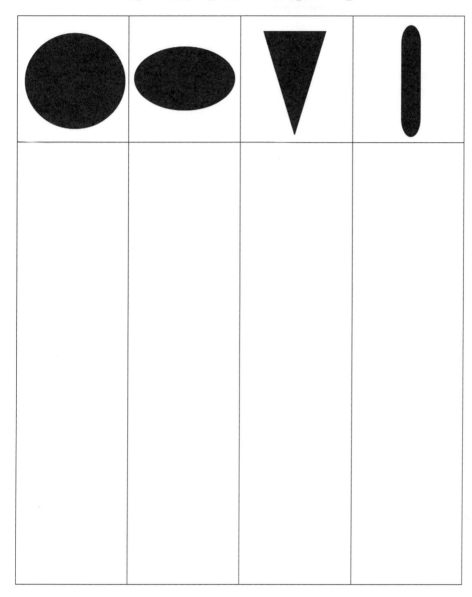

活動設計四

教案名稱	公園在哪裡？	教導班級	大班	設計者	辛海藍
教材來源	自行設計	授課地點	教室	指導者	謝瑩慧教授
教導時間	○月○日	學生人數	20人	授課者	辛海藍

學生經驗分析	教學目標	幼兒園課程標準	總教學時間
1.學生知道四季的變化。 2.學生能數數。 3.學生有基本的空間概念。 4.學生有觀察能力。	1.培養前、後、左、右的空間概念。 2.能將空間概念經由內化後，實際到達目的地。 3.能延伸空間概念並靈活運用。 4.能向他人分享自己的心得。	1.數學邏輯 2.數學邏輯 3.數學邏輯 4.情意、數學邏輯	93分鐘

教導流程			
活動目標	師生活動及時間	教學資源	教學時間
	一、準備活動 老師準備：從學校到公園的地圖、磁鐵數個、學習單、公園的照片數張、擴音器 學生準備：彩色筆 二、發展活動 （一）引起動機 【活動一】照片分享 1.詢問孩子知不知道什麼地方有代表這個季節的植物，並引導孩子提到公園。 2.與小朋友分享公園的照片。 3.告訴幼兒我們要想辦法到公園去欣賞植物。 （二）導入主題	公園的照片數張	3分鐘
培養前、後、左、右的空間概念	【活動二】介紹地圖 1.展示從學校到公園的地圖 ⑴展示從學校到公園的地圖，如（圖一）。 ⑵老師與幼兒合作找到幼兒園的所在地與公園的所在地，並放上磁鐵作記號，如（圖二）。	從學校到公園的地圖、磁鐵數個	15分鐘

活動目標	師生活動及時間	教學資源	教學時間
認識各種地形的特色及位置	(3)教導前、後、左、右的空間概念及數字的概念。 (4)利用立體的人型磁鐵，幫助幼兒清楚行進路徑。 (5)老師幫助幼兒利用不同顏色的筆在地圖上畫出路徑，如（圖三）。 (6)引導幼兒看著地圖，說出從幼兒園到公園的路徑： 老師：「我們現在在這裡（人型磁鐵放於幼兒園大門），應該向哪一邊轉啊？」 幼兒：「向右轉。」 老師：「很好，那麼我們現在一直向前走到交叉路口時，應該向哪一邊轉啊？」 幼兒：「向左轉。」 老師：「兩條街中間的地方叫做『街區』，所以我們向左轉之後，應該走幾個街區呢？」 幼兒：「一個。」 老師：「很好，向前走一個街區之後又碰到交叉路口了，應該向左還是向右轉呢？」 幼兒：「向右轉。」 老師：「好，所以我們向右轉之後，應該向前走幾個街區呢？」 幼兒：「一個。」 老師：「很好，那麼我們來看看公園是在我們的左手邊，還是右手邊呢？」 幼兒：「左邊。」 老師：「很棒喔！這樣我們就到公園了！公園裡有很多很多冬天的植物喔！那我們來想想，是不是有另外一條路可以走呢？」 (7)老師以相同的方式，引導幼兒試著走第二種路徑及回程路徑。		

活動目標	師生活動及時間	教學資源	教學時間
能將空間概念經由內化後，實際到達目的地	【活動三】模擬立體街道 ⑴老師與幼兒合作移動教室的桌椅，成為模擬的街道。 ⑵老師帶領幼兒模擬當天的狀況走一次。		15分鐘
能延伸空間概念並靈活運用	【活動四】實地探險 ⑴帶領小朋友實地從幼兒園徒步走到公園，老師請攜帶擴音器並請幼兒注意交通安全。 ⑵運用課堂上的地圖，一邊走一邊複習。 ⑶在公園裡向幼兒介紹冬天特有的植物，並讓小朋友觀察。 ⑷可讓幼兒比較不同植物的大小、多少、高矮及數量。 ⑸帶領小朋友從公園徒步走回幼兒園。 三、綜合活動： 【活動四】學習單 發下學習單請幼兒完成。 【活動五】分享時間	擴音器	40分鐘
能向他人分享自己的心得	1.請幼兒分享今天戶外教學的心得。 2.老師總結。	學習單	10分鐘 10分鐘
評量方式	1.透過學習單的活動，能瞭解學生的學習成效。		
補充教材	（圖一） 公園 幼兒園		

活動目標	師生活動及時間	教學資源	教學時間
	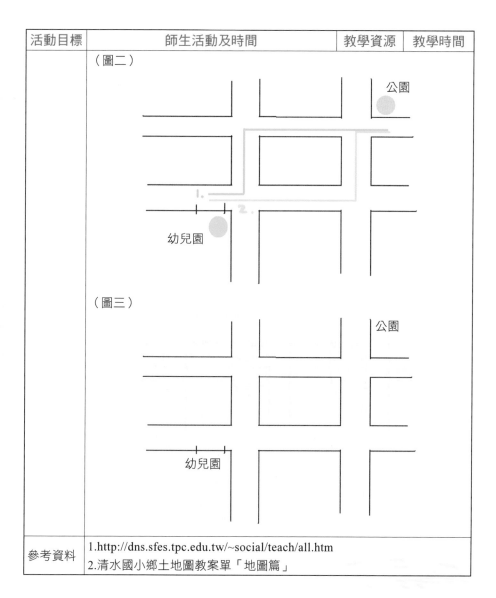		
參考資料	1.http://dns.sfes.tpc.edu.tw/~social/teach/all.htm 2.清水國小鄉土地圖教案單「地圖篇」		

學習單

畫畫看

　　小朋友，今天到公園戶外教學是不是很有趣呢！

那麼小白兔從家裡出發，向右轉走一個街區，再向左轉走兩個街區之後，請問她的左手邊是哪裡呢？＿＿＿＿＿＿＿＿＿＿＿＿＿＿＿＿＿＿＿＿

活動設計五

教案名稱	冬至慶典	教導班級	大班	設計者	陳彥汶
教材來源	自行設計	授課地點	小象班	指導者	謝瑩慧教授
教導時間	12月21日	學生人數	20人	授課者	陳彥汶

學生經驗分析	教學目標	幼兒園 課程標準	總教學時間
1.幼兒知道季節的變化 2.幼兒瞭解重量與液體的單位 3.幼兒知道形狀之概念	1.瞭解臺灣本土習俗 2.瞭解臺灣冬季飲食文化 3.藉由動手操作，內化與運用單位概念、形狀概念 4.能運用雙手製作湯圓	1.社會、情意 2.社會、認知 3.工作、認知 4.工作，技能	90分鐘

教導流程				
活動目標	師生活動及時間		教學資源	教學時間
	一、準備活動 教師準備：糯米粉1,200克至1,500克不等、食用色素6號1小包、玉米粉1包、量杯4個、秤重器4個、篩子4個、冷水、溫熱水、鋼盆4個、盤子4個 學生準備：工作圍裙、頭巾		教師準備製作湯圓之原料	
幼兒知道臺灣冬季飲食習俗	二、發展活動 （一）引起動機 今天是冬至，許多小朋友討論起在家裡吃湯圓的經驗，老師聽到後便與廚房阿姨討論，請廚房阿姨教小朋友們製作湯圓，作為今天的點心。			5分鐘
幼兒能專注聽廚房阿姨講解步驟	（二）導入主題 【活動一】請廚房阿姨講解製作湯圓的步驟及注意事項 (1) 先將過篩後的300克糯米粉與50克的玉米粉混合，再倒在平臺上，在粉的中央開一洞，加約80毫升溫熱水，慢慢將粉和水混合。			15分鐘

活動目標	師生活動及時間	教學資源	教學時間
幼兒能專注聽廚房阿姨講解步驟，有疑問時培養發問的精神	(2) 然後加入40毫升冷水，慢慢搓揉成粉糰狀，直至糯米糰完全不沾手為止。 (3) 將一半的糯米糰加入少許食用色素，均勻搓揉成紅粉糰。 (4) 將兩種糯米團搓揉成長條狀，再分成小粒，搓揉成小圓球形狀就完成啦。 【活動二】小朋友們瞭解步驟後，分成四組團隊，開始進行湯圓的製作。		
幼兒能平和分成團隊，合力製作湯圓	(1) 幼兒使用秤重器測量300克的糯米粉，接著使用篩子將糯米粉篩至鋼盆內，之後加入40克玉米粉，在鋼盆內均勻混合。		50分鐘
幼兒能學習使用秤重器秤重，並內化複習重量的單位	(2) 幼兒合力將鋼盆內的糯米粉倒在平臺上，在中央開圓洞，用量杯測量加入80毫升溫熱水後，慢慢將粉和水混和	糯米粉、玉米粉、秤重器、篩子、鋼盆	
幼兒能使用量杯測量水量，內化複習液體的單位	(3) 幼兒合作再加入40毫升冷水，慢慢將糯米糰搓揉成粉糰狀，到糯米糰完全不沾手為止。 (4) 幼兒們合作將一個糯米糰分成兩半，其中一半的糯米糰加入少許食用色素，均勻搓揉成紅粉糰。	量杯、冷水、溫熱水	
幼兒有完整與分割的概念、幼兒有顏色概念	(5) 幼兒們合作將兩種糯米糰搓揉成長條狀，再分切成小粒，每一個幼兒搓揉15小粒的糯米糰，將其搓成小圓球形狀就完成啦。	食用色素6號盤子	

活動目標	師生活動及時間	教學資源	教學時間
幼兒能數數，並運用小肌肉搓揉湯圓，幼兒有圓形體概念	三、綜合活動 【活動三】 1.當幼兒們完成湯圓的製作後，請幼兒們與廚房阿姨一起討論要如何烹煮湯圓，做出哪幾種口味的湯圓。 2.討論結束後，請廚房阿姨烹煮幼兒們努力製作的湯圓，作為今日的點心慰勞大家。		10分鐘
幼兒能培養民主的討論精神，一起決定班上事務 幼兒能與他人分享心得	3.在吃完湯圓後，可請幼兒分享今日製作湯圓，或品嚐湯圓的心得。		10分鐘
評量方式	藉由讓幼兒實際製作湯圓的過程中，觀察幼兒是否能夠使用量杯測量水的分量，與用秤重器秤重，與他人合作，做出湯圓。		

課程評量檢核表

1. 能順暢的從1數到50 　　　　　　　　　（　）是　（　）否

2. 能正確知道數與數間一對一的對應關係 　（　）是　（　）否

3. 能正確知道數與數間的序列 　　　　　　（　）是　（　）否

4. 能瞭解月曆的結構和星期 　　　　　　　（　）是　（　）否

5. 能使用當季自然素材作為月曆創作 　　　（　）是　（　）否

6. 正確指認4種基本圖形 　　　　　　　　　（　）是　（　）否

7. 能正確使用奶油刀 　　　　　　　　　　（　）是　（　）否

8. 用奶油刀縱切蔬果 　　　　　　　　　　（　）是　（　）否

9. 用奶油刀橫切蔬果 　　　　　　　　　　（　）是　（　）否

10. 能觀察被切開蔬果的剖面形狀 　　　　　（　）是　（　）否

11. 有前、後、左、右的空間概念 （　）是 （　）否

12. 能延伸空間概念並靈活運用 （　）是 （　）否

13. 能正確使用秤重器來秤重，並學會重量的單位 （　）是 （　）否

14. 分享時能尊重他人 （　）是 （　）否

15. 學習到團體間的互助合作精神 （　）是 （　）否

16. 學習到勇於回答問題的精神 （　）是 （　）否

參考書目

中文部分

王慧敏（2004）。幼兒數學領域「連結」概念探討與應用。論文發表於輔英科技大學舉辦「幼兒數學研討會」，高雄縣。

朱敬先（2004）。幼兒教育。臺北：五南。

林淑玲等（2000）。幼兒園課程大綱——研訂報告。臺北：教育部。

林嘉綏、李丹玲著（1999）。幼兒數學教材教法。臺北：五南。

周淑惠（1999）。幼兒數學新論——教材教法。臺北：心理。

周淑惠（2002）。幼兒教材教法——統整性課程取向。臺北：心理。

柯華威（2009）。幼兒園教保活動與課程大綱——認知領域（期末報告）。臺北：教育部。。

柳賢、陳英娥、陳彥廷、柳嘉玲譯（2006）。幼兒數學教材教法。臺北：湯姆生國際出版社。

柳嘉玲（2007）。建構主義取向的幼兒課程與教學——以臺中市愛彌兒幼兒園探索課程為例。第11章建構主義取向的數學探究。臺北：心理。

張宇樑（2004）。幼兒數學教育的思與行。論文發表於亞洲大學舉辦第一屆「健康的幼兒教育學術研討會」，臺中縣。

陳品華等（2004）。幼兒教師數概念教學之研究。國科會專案期中報告。

陳燦豐（2004）。幼兒數學學習教師專業能力之行動研究。教育部補助行動研究

專案。論文發表於市立臺北教育大學舉辦「兒童適性發展之本土專業經營研討會」，臺北市。

簡楚瑛等（2003）。**幼教課程模式——理論取向與實務經驗**（第二版）。臺北：心理。

簡楚瑛（2005）。**幼兒教育課程模式**（第三版）。臺北：心理。

游健弘（2005）。學前資優幼兒數學領域課程設計與教學心得。**資優教育季刊**，95，12-17。

蘇靖媛譯（2008）。**幼兒教育概論**。臺北：洪葉。

英文部分

Copiey, J. (2000). *Child and Mathematics*. National Association for the Education of Young Children, Washington.D.C.

Charlesworth, R. (2005). *Experiences in math for young children.* (5th Ed.) New York: Delmar Learning.

第 4 章

幼兒認知領域：
自然科學篇

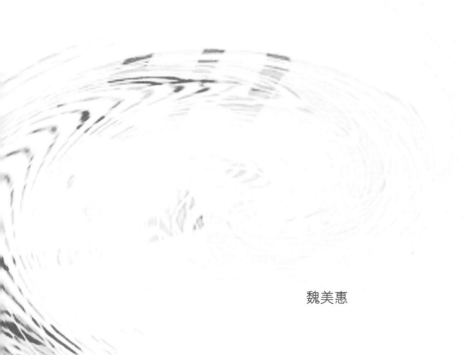

魏美惠

壹 緒論

近年來國內幼教課程深受歐美開放教育理念之影響，強調「遊戲中學習」的觀念。美國學者迦納博士（Gardner, 1983）提出「多元智能觀」（the theory of multiple intelligence），主張孩子具有多種面向的智力潛質，教師必須運用不同的教學技巧，豐富孩子的學習經驗，啟發幼兒多元能力的發展。優質的幼教課程需統整各領域的學習，目前國內多數的幼教園所在規劃幼兒學習課程時，明顯地缺乏與自然領域相關的學習活動，雖然有許多幼兒園宣稱他們有規劃出與自然相關的課程，但審視其活動內容往往只是屬於非常表象的種種綠豆，或是完成坊間所提供與自然實驗相關的半成品而已，無法達到啟發幼兒科學態度，培養幼兒科學精神之學習內涵。

長期以來幼兒自然科學教育一直不受重視，主要原因在於幼兒教師本身對於自然科學缺少自信及專業能力（Gillingham, 1993；辛曼玲，2003），這種現象多少與幼兒教師幾乎清一色是女性教師或是與幼兒教師對自然科學的覺知有關。雖然國內幼教界目前並未加強幼兒自然科學教育，但隨著時代潮流趨勢，幼兒科學教育的實施會是未來幼教界的重點課程之一。可惜的是，多數幼兒教師未能掌握幼兒自然科學教育實施之原則，缺乏科學教育之專業能力，因此讓原本應該是生氣盎然、生動活潑的自然科學活動流於形式、制式化的教學，無法培養幼兒正確的科學態度（周淑惠，2004）。

幼兒先天具備科學精神，皮亞傑的「認知發展論」讓我們瞭解到幼兒知識獲得的途徑需經由實物操作的過程去獲得，而倡導「發現教學法」（discovery learning theory）的美國心理學家布魯納（Bruner & Haste, 1987），也主張幼兒需從實際操作與他人討論、相互合作的過程中建構知識。綜合上述，我們會發現幼兒階段實施科學教育將能達到事半功倍的學習效果，主要原因在於幼兒科學遊戲活動配合了幼兒發展上的需求及他們學習上的興趣，在老師的引導下，幼兒就容易有突出的表現（Gilbert, Osborne & Fensham, 1982；周淑惠，2003；黃意舒，2009）。

賴羿蓉、王為國（2005）指出，科學實驗活動不僅對幼兒的空間、邏

輯數學、肢體動覺及自然觀察等能力有明顯的幫助外，更可因活動時的討論與溝通來提升幼兒的語文、內省及人際智能。在科學活動時幼兒可透過不斷的嘗試，培養正確的科學態度，在團討與分享時可以使幼兒體驗科學的歷程，從中獲得成長。

在教育部公布（2003）的「全國科學教育白皮書」中強調，科學教育應屬於全民教育的一環，教育必須向下札根，如此方能增進國人對於自然的關懷，提升科學素養及科學的創造力。科學能力及科學態度的養成不只可以提升國家的總體競爭力，增進理性思維的同時，也相對提升國人的人文素養。因此，科學教育的實施刻不容緩，且應從小做起（李賢哲、李彥斌，2002）。

本章分為理論篇及實務篇。理論篇的重點在於介紹科學教育的本質，幼兒自然科學教育的意涵、目標及實施原則。同時對於幼兒科學遊戲的意義及重要性加以闡述外，也對幼兒自然科學活動的設計及課程規劃的原則加以論述，包括主題網的設計、活動的規劃、學習單的設計及教案的編寫等等。實務篇部分將以「臺灣的樹」為自然科主題教學的例子，呈現活動課程規劃之流程及教案的內容。同時，以科學遊戲「轉動」為例，設計幼兒科學遊戲活動。

貳 幼兒自然科學教育理論篇

一、科學的本質

認知泰斗皮亞傑（Piaget, 1963）認為幼兒是天生的科學家，他們會對周遭環境及自然生態現象充滿好奇，會不斷的主動探索，去發現自然生命的奧秘。皮亞傑主張幼兒對於知識的獲得並不是被動地接受外在環境的刺激，而是由認知的個體主動建構知識，他認為「知識係透過操作而獲得，經由教師傳授及灌輸的知識僅為知識之表象，是零碎而無系

統的」（杜聲鋒，1989，頁15）。皮氏主張個體智力的增長必須經由同化（assimilation）、順化（accomodation）的過程，去建立一個智力的基模（schema）。「經驗」與「操作」是認知發展的必要條件，幼兒必須在豐富的生活經驗中與周遭的人、事、物直接產生互動，如此才能促進智力的功能運作。皮亞傑對於知識建構的主張獲得國內外多位學者的認同（Duffy & Jonassen, 1992; Von Glaserfeld, 1995; 周淑惠，2003；甄曉蘭、曾志華，1997；魏美惠，2005）。他強調幼兒知識的獲得及能力的增長是一個相當活躍的建構過程，往往需運用實物當媒介從中去建構內在的思維（Piaget, 1977），這種主張符合了幼兒自然科學教育中「動手做科學」的基本精神。毫無疑問，皮亞傑的認知論及其建構的思想，提供我們在實施幼兒自然科學教育時的理論基礎及方向。

科學的本質是什麼？當我們從字義上去解釋「科學」時，它包含合理的假設、有系統的蒐證、有系統的分析資料、歸納出合理的結果，且所獲得的結果可以重複的被驗證。如此說來，科學似乎與我們所處的生活世界有相當的距離。然而，「科學」是生活經驗的累積，是在多變複雜奧秘的現象中，歸納出普遍的法則，且科學真正的價值在於它是否可以運用在日常生活中（黃意舒，2009）。幼兒自然科學教育需掌握科學精神，經由對現象的觀察提出假設，以實驗為途徑，根據事實證據獲得結果，並可以重複驗證其結果。針對國內外學者（周淑惠，2002；黃意舒，2009；陳忠照，2003；Lorbeer & Nelson, 1996）對於科學的內涵，加以整理可定義為：

（一）科學是解決問題的方法。

（二）科學是一種對生活環境進行觀察、研究的實用學科，它是一種生活態度的培養。

（三）科學的內容在於將生活中的種種普遍現象歸納出共同的法則，解釋多變複雜奧秘的現象，以利知識的建立與傳承，使生活更加便捷。

（四）科學是一種成果，也是一種過程，科學具有多元的面貌。

總之，科學不單是一種實驗結果的歸納或成果的展現，科學其實是一種歷程，一種生活態度，科學是以不同面貌及方式呈現在我們日常生活的經驗中。因此，落實幼兒科學教育的方法在於提供直接經驗，掌握「動手

做實驗」的精神，善用隨機經驗，讓科學能融入生活經驗中，培養科學程序能力，引導幼兒主動探索的學習態度（周淑惠，2002）。

二、幼兒自然科學教育之內涵

基本上，幼兒自然科學教育可分為三個主要的方向：第一、幼兒自然生態保育與環境教育，藉由關懷自然生態環境，培養幼兒關心周遭環境，敬畏大自然及自然保育的人文素養；第二、幼兒自然科學遊戲，經由「科學遊戲活動」提升幼兒對科學的基本認知，養成科學程序能力包括觀察、推論及預測等，並培養幼兒不畏繁瑣、面對挫折、勇於嘗試的科學態度（周淑惠，2002）；第三、幼兒自然科主題教學，以自然相關領域為主題，並以「多元智能」（multiple intelligence）為課程設計之藍圖，實施「自然科主題教學」，以增進幼兒對自然領域的認知、情意及技能。以下將針對自然生態保育與環境概念、科學遊戲及自然科主題教學的內涵，逐一加以闡述：

(一) 幼兒自然生態保育與環境教育

電腦資訊媒體及網際網路科技的發達，將我們帶進了世界地球村、全球化的社會，然而我們與自然的關係卻起了相當大的變化；遠古狩獵及農業社會，我們的祖先敬畏天地，與自然的關係是相互依賴的，而在資本主義社會下，人類過度開發，不斷的掠奪自然資源來滿足人類無止境的需求，破壞了自然生態的平衡，於是地球暖化、溫室效應問題日趨嚴重。在進入二十一世紀的今天，人類需共同面對的一大挑戰是如何保護地球，提升人類珍惜自然及環境保護等之自然保育意識就更顯急迫，這些議題將會是這一代教育的重點。

歐美國家對於環境保護的觀念及行動起源得較早，相對地，我國從1980年代後期才開始重視。環境教育，雖然起步較晚，但隨著政府相關單位、民間環保團體的宣導及各個學校團體的配合，國人也漸漸重視生態教育及環境保育的概念（王懋雯，1997）。尤其是臺灣的土地資源有限，在

地窄人稠不利的環境下，國人的環保意識更顯得重要。然而，環境保護及自然生態保育概念的建立需從學前教育開始著手進行，加強對環境保護及生態保育的意識，讓幼兒瞭解並關懷周遭的環境，能用心感受、欣賞並珍惜環境中的事物，讓幼兒清楚的知道人與自然的關係，珍惜自然資源，進而能警覺破壞環境的污染源，保護我們的周遭環境（楊冠政，1997；廖永靜，2000；陳璧瑜，2002）。

環境教育以改善環境為目標，它是一種觀念澄清與價值形成的教育過程（廖敏琪，2004）。國內學者黃瑞琴（1992）指出，幼兒園在實施環境教育時需由幼兒自我情緒感受，擴展至對外界的環境關懷，經由老師的引導讓幼兒主動去探索，藉由周遭特有的環境，如森林、港口、溪流等去建構環保概念，進而省思到人與人之間、人與自然及人己之間的關係。教師需協助幼兒養成儉樸的生活態度，適時引導幼兒環保意識，提升幼兒對於環境事物珍惜及尊重的態度。美國學者Wilson（1993, pp.10-11）指出，幼兒環境教育的概念應包括（引自游雅婷，2006）：

1. 發展幼兒對自然世界的覺知能力，能夠欣賞自然的美麗。
2. 引導幼兒認識自然資源的循環、多樣性及它們之間相互關聯的概念。
3. 激發幼兒欣賞自然的感受能力，並且尊重自然世界的整體性。
4. 提升幼兒對地球的關懷態度，並瞭解各種不同污染對地球的傷害。
5. 讓幼兒體認出人類是自然世界的一部分，人與自然之間共存、相互依賴之關係。
6. 增進幼兒對於保護地球環境的相關知識。

依據教育部（2003）對於環境教育能力指標的內容，包括：第一項是環境覺知與敏感度；第二項是環境概念知識；第三項是環境倫理價值觀與態度；第四項是環境行動技能。以幼兒為例，我們必須建構幼兒的環保概念及對環境的敏覺力，增進幼兒對環境保育的相關知識，讓環境教育、環保概念落實在生活中並深植孩子的內心。教育工作者可以藉由戶外教學、實地參訪、多媒體教學、圖畫書的文字或圖像表達方式等途徑，啟發幼兒

對環境教育的興趣。在老師的引導下，將自然生態保育知識傳達給幼兒，經由情意陶冶將環保意識加以內化，幫助幼兒認識自己的生命與自然環境相互依賴之關係（劉清彥，2006）。

(二) 幼兒自然科學遊戲

綜觀中外古今，遊戲的教育價值無庸置疑。福祿貝爾（Frobel）認為遊戲是人類最純粹、最極致的精神活動之一，情性大師佛洛伊德（Freud）則主張遊戲可以提供情緒出口，具有療傷的效果。杜威（Dewey）指出遊戲是兒童生活的主要活動，強調「寓工作於遊戲」、「從遊戲中學習」的觀念。布魯納（Bruner）則認為遊戲可以提升內在學習動機。遊戲是幼兒認知學習的媒介，遊戲過程可以促進幼兒的認知及情緒發展（Vygotsky, 1978）。

每一位幼兒皆喜愛遊戲，遊戲可以帶來歡樂，遊戲是一種活動，也是一種學習，幼兒可以從遊戲行為中發展各種能力（吳幸玲，2003）。遊戲具有多種特質包括趣味性、主動性、靈活性、多樣性、啟發性、挑戰性等等，能激發幼兒創造思考的能力。鍾聖校（1995）發現遊戲常能製造輕鬆活潑快樂的氣氛，讓孩子學會遵守規則，且透過遊戲，孩子能增加專注力、提高創造活力。兒童在遊戲中學習和生活，也在生活和學習中遊戲。

科學遊戲融入主題課程有助於幼兒對科學之探究，透過老師的引導，幫助幼兒建立起學習的鷹架，從動手製作科學玩具的過程中，提升科學探索之樂趣及學習成效（林方菁，2007）。科學遊戲對幼兒具有相當大的吸引力。科學遊戲是一種利用科學原理，規劃出富有教育意義、好玩有趣的科學活動，過程中能啟發幼兒創造思想及解決問題的能力，增進同儕之間的互動並養成科學態度（周淑惠，2002）。此外，科學遊戲活動讓幼兒運用簡易的科學原理，透由同儕之間的合作學習，增進互動機會，養成合群、負責、分享等正向的學習態度（李茂益，2002；江淑瑩，2006）。

幼兒自然科學的實施應以幼兒生活經驗相關之主題為主，並以「遊戲」的方式設計活動。科學活動之所以必須以遊戲的型態呈現，主要是配合幼兒發展性的需求，使之具有「寓教於樂」的特色。科學探索遊戲不但

能激發幼兒的學習興趣，增進同儕互動及科學認知、情意及技能，是實施幼兒科學教育時的最佳途徑。科學遊戲讓幼兒從「玩」的過程中，培養科學探究之興趣。基本上科學遊戲具有四項特質（陳忠照，2003）：

1. 趣味性：能讓幼兒從玩遊戲的過程中，增加學習的趣味性。
2. 規則性：幼兒在遊戲行為中可建構並增長遊戲規則概念，使之適應團體生活。
3. 創造性：在科學遊戲的過程中，幼兒源源不斷的創意伴隨而生，經由老師的引導可以激發創造思考能力。
4. 分享性：從遊戲中幼兒能彼此分享，從團隊合作中共同達成目標。

幼兒自然科學遊戲活動有既定的學習目標，是一種啟發式的發現學習法，它運用生活中易於取材之材料，融入簡易物理科學原理，讓幼兒實際動手做實驗。幼兒可以從科學實驗操作過程中去發現自然的奧秘，如同魔術般神奇的力量，增進幼兒內在學習動機。當幼兒動手做實驗時，可以發現實驗成功與失敗的竅門，增加觀察、推理及解決問題的能力。此外，由遊戲、動手做實驗的過程中，可以增加印象，加強記憶保留，這比起灌輸式或教條式的學習具有更大的成效（魏美惠，2005；Bruner, 1966）。林堂麗（2003）認為科學遊戲需融入科學原理外，訂立富有彈性的原則，讓幼兒在動手做科學的過程中，去達成幼兒科學教育中認知、情意、技能之目標。總之，科學遊戲除了蘊含科學原理外，同時具有好玩的屬性，總是能引起孩子學習上的興趣，激發他們科學探究之態度與精神。

(三) 幼兒自然科主題教學

皮亞傑的建構論肯定了幼兒遊戲的積極意義，後皮亞傑學派的社會建構論除了肯定幼兒遊戲的價值外，也強調社會文化脈絡對幼兒學習上的重要性。國內學者周淑惠（2002）主張落實幼兒自然科學教育時，應以幼兒生活經驗為導向，必須考量幼兒成長的環境及其社會經驗。她認為教師應儘早實施幼兒自然科學教育，且自然科主題教學需配合幼兒發展，以幼兒深感興趣之主題為主，選擇幼兒易理解之領域為始。在實施幼兒自然科學

教育時應掌握幾個原則：（周淑惠，2002；魏美惠，2005）

1. 教師所設計之自然科學活動應與幼兒生活經驗有關。
2. 幼兒科學活動應讓幼兒有動手做實驗的機會。
3. 幼兒科學教育應是科學知識、科學技能與科學態度並重。
4. 幼兒自然科主題教學，應注重情境布置，豐富孩子的學習經驗。
5. 以多元智力為課程設計之藍圖，營造一個幼兒完整學習的環境。
6. 以遊戲中學習的方式，為實施幼兒自然科學教育的主軸。
7. 幼兒自然科主題活動設計，需具有適切性、趣味性、啟發性及挑戰性。
8. 幼兒自然科主題課程的規劃，需重視活動之間的延續性及統整性。

幼兒是天生的探索家、行動家，他們對周遭的環境、自然現象充滿著好奇。教師在選擇自然科學主題時，需考量到幼兒發展上的適切性、幼兒的生活經驗及其先備知識，同時也需考量幼兒所處的社會情境脈絡，選擇一個適當的主題方可達到事半功倍的效果。教師在規劃主題活動課程時，可以多元智能的八大面向，包括語文智能、數學邏輯智能、音樂智能、空間智能、肢體運動智能、內省智能、人際智能及自然觀察者智能等為藍圖，如此方可豐富孩子的學習經驗，落實幼兒完整學習的目標。教師在實施自然科主題教學時可依循下列幾個程序：

1. 選定幼兒感興趣並與生活經驗相關之自然科主題。
2. 蒐集與主題相關之資料，並配合戶外教學的方式，引發幼兒的學習動機。
3. 主題網的設計（主概念、次概念、次次概念）。
4. 教學活動的規劃（以多元智能為主，設計多元、豐富的學習內容）。
5. 教案的編寫（活動目標、智能面向、所需材料或資源、活動流程包括引起動機、發展性活動及綜合活動、活動所需時間、評量……等等）。
6. 依據各單元活動之內容，設計配合活動之學習單。

7. 以幼兒自然科主題活動為依據，設計幼兒多元智能評量表。

　　主題網設計的主要目的在於提供一個清楚的架構及課程規劃之藍圖，在特定主題下去建構幼兒的知識，擬定學習內容。幼兒自然科主題網的設計並沒有一套既定的標準格式，只要掌握主題網的主概念、次概念、次次概念間的層次感及他們之間的關係即可。有些園所在規劃主題課程時會以幼兒園課程標準的六大學習領域為依據，而有些則以多元智能的八大面向為導向，其主要目的都在確保學習內容的多元及豐富性。幼兒教師可以針對學校課程設計原則，規劃出適合他們的自然科主題學習網絡圖。以下幾個主題網的設計格式（圖4-1～4-3）可供參考。

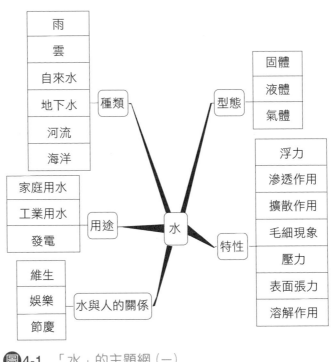

圖4-1 「水」的主題網（一）

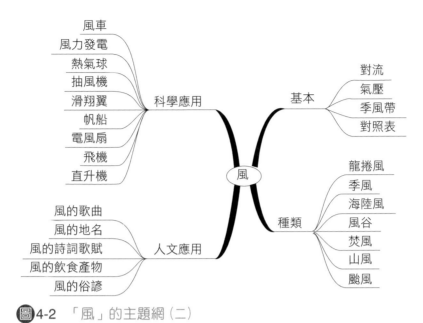

圖4-2 「風」的主題網（二）

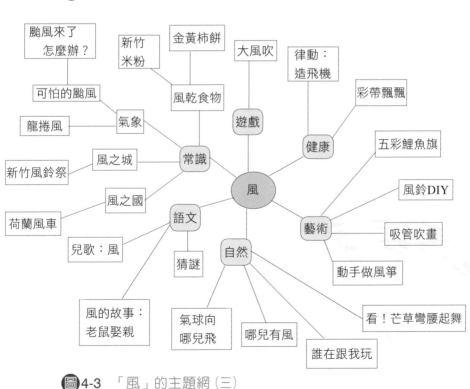

圖4-3 「風」的主題網（三）

第4章 幼兒認知領域：自然科學篇

133

三、幼兒自然科學教育的目標

　　為了因應高度競爭的社會型態，養成優秀的下一代國民，教育部（2003）在「科學教育白皮書」中明確指出，我國科學教育之目標為「使每位國民都能夠樂於學習科學並瞭解科學之用，喜歡科學之奇，欣賞科學之美」。雖然自然科學領域一直不是我國學齡前幼兒的學習重點，然而對幼兒科學教育的重視也在國內逐漸形成共識。我們應重視學齡前的幼兒科學教育，以提升幼兒探究能力、創造力，激發幼兒的好奇心。幼兒自然科學教育之目標並非在於天才兒童之養成，而是要激發幼兒主動探究的學習精神，提升問題解決能力及增進幼兒思考能力。美國學者Bredekamp與Rosegrant（1995）指出，幼兒科學學習目標有三大項（引自賴羿蓉，2008）：

　　(一)激發幼兒對於所處的外在環境及自然現象產生好奇。

　　(二)增加幼兒主動探索世界、解決問題及科學思考的能力。

　　(三)建構幼兒對於日常生活世界裡的相關科學知識。

　　幼兒自然科學目標不在於傳達深奧的科學概念，也不是在檢視或驗證自然科學現象。幼兒自然科學的主要目標在於播下自然科學的種子，期許在陽光的照射及雨水的滋潤下，每粒珍貴的種子都能開花結果。因此，幼兒自然科學教育需掌握遊戲中學習的基本精神，老師如同陽光般引導幼兒探究自然科學，而生動有趣的學習內容如同雨水般滋潤種子。周淑惠（2002）指出，幼兒自然科學的目標包括：1.認知目標（科學知識）：增進幼兒對簡易科學知識的瞭解；2.技能目標（科學的程序）：獲得科學知識的方法與技巧，培養科學程序能力及探究的方法，包括觀察（運用五覺）、推論（樹不動可能沒有風）、預測（烏雲密布可能會下雨）、實驗及溝通（運用語言、文字、圖畫等記錄或表達）；3.情意目標（科學態度）：好奇、探究、謹慎、不畏繁瑣等。此外，國內學者盧美貴、江麗莉等（2003）針對幼兒科學學習領域的目標，也提出她們的看法，包括：

　　1.培養科學探索的興趣與熱忱，養成主動學習的習慣。

　　2.學習科學探究的方法及基本能力，並將所學運用於生活中。

　　3.培養關懷環境、珍惜資源及尊重生命的態度。

4.增加與人溝通、表達及相處能力。

5.培養獨立思考、解決問題的能力，並激發創造潛能。

綜觀上述多位學者之觀點，我們需清楚地瞭解幼兒自然科學教育的主要目標不只在於增長幼兒自然科學的知識，更重要的是在於科學態度的養成，培養幼兒對於知識探索的熱忱及對學習的興趣。換言之，幼兒需從參與自然科學活動的歷程中提升觀察力、思考力、問題解決能力及不畏繁瑣克服困難的挫折容忍力等等。從自然生態環境保護之教育中，幫助幼兒養成關愛自然生態環境，對大自然懷抱感恩之心，並提升幼兒之科學素養及人文精神。

 幼兒自然科學教育實務篇

此部分以實務分享為主分為兩大部分，第一部分以「臺灣的樹」自然科主題教學為例，內容包括主題網的設計、單元活動的規劃、教案的編寫、學習單及主題評量單的設計；第二部分以科學遊戲活動教案實例——以「轉動」為例，提供活動之教案及相關學習單等教學資源，供讀者實施幼兒自然科學教育之參考。

一、自然科學主題活動——以「臺灣的樹」為例

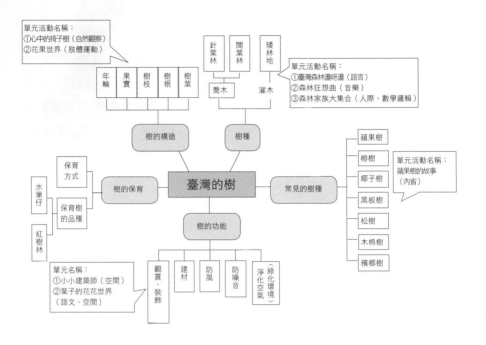

活動名稱：臺灣森林盪呀盪		設計者：邱千綺	
智能面向：語文智能	教學型態：分組型態教學	指導老師：魏美惠	
	適用對象：大班	活動時間：55分鐘	
教學目標	1.能知道臺灣森林的種類。 2.能知道高低位置的概念。 3.能將圖卡黏在正確位置上。 4.能與他人分享學習心得。		

活動目標	活動過程	時間	教學資源
	一、引起動機 1.教師詢問幼兒：有沒有在動物園或爬山的時候看到活潑的小猴子呢？有誰知道小猴子生長在什麼地方？ 2.教師：今天我要介紹一隻小猴子「阿布」，請小朋友拍拍手歡迎牠出場！ 二、發展活動 1.猴子「阿布」在臺灣的家	5分 40分	猴子布偶1隻

活動目標	活動過程	時間	教學資源
能認識臺灣森林種類	介紹臺灣森林的三大種類：針葉林、闊葉林、高山矮林地，依據氣候、葉子形狀，分辨各林地的不同樹種，包含 (1) 高山矮林地：玉山圓柏； (2) 針葉林：鐵杉、臺灣冷杉、玉山箭竹； (3) 闊葉林：構樹、大葉楠、青剛櫟。 2.跟著阿布逛臺灣森林		臺灣森林樹種圖卡
能學習高低位置概念	(1) 老師將樹種圖片放置前方地板，將幼兒分為三組競賽，請各組第一位幼兒向前一步，等待老師口令。		
能學習樹種分類	(2) 老師口令：猴子阿布愛森林，今天牠盪到XX林。		
將圖卡黏在正確位置上	(3) 幼兒依照老師口令，向前尋找樹木圖卡，將圖卡黏在小山上的正確海拔位置，並且回答樹種名稱，方能得分。		魔鬼氈小山
能參與團體活動	(4) 各組幼兒依序輪流競賽。 三、綜合活動	10分	
與他人分享學習心得	1.請幼兒舉手，從介紹的樹種中，選出最喜歡的樹種，並詢問原因。 2.請幼兒分享學習心得。		

活動名稱：森林狂想曲		設計者：張雅雯	
智能面向：音樂智能	教學型態：團體活動	指導老師：魏美惠	
	適用對象：大班	活動時間：40分鐘	
教學目標	1.能認識五種節奏樂器：手鼓、木琴、高低音木魚、雙頭木魚、鈴鼓。 2.能正確的操作節奏樂器。 3.能踴躍參與發表及討論。		

活動目標	活動過程	時間	教學資源
能踴躍參與發表及討論	一、引起動機 1.老師播放「森林狂想曲」的音樂，請幼兒一同欣賞。 2.和幼兒討論在這首歌曲中聽到了哪些動物的聲音（例如：青蛙聲、小鳥聲……等等），以及對這首歌的感覺是什麼。	10分	CD、CD播放器

活動目標	活動過程	時間	教學資源
能安靜聆聽老師的說明	二、發展活動 （獵音高手） 1.和幼兒介紹在「森林狂想曲」這段音樂當中出現的動物有哪些，並且利用圖卡介紹牠們的名稱及聲音特徵。（因為有些動物名稱對於孩子來說比較陌生且困難，所以都採用大分類的方式來介紹）	20分	臺灣森林生物圖卡、CD、節奏代表動物圖卡
能藉由動物的特徵與各種節奏樂器的音色做類比推想	(1)鳥類：撥放兩種鳥類的聲音（老鷹、麻雀），請幼兒聽聽看這兩種的鳥類聲音有什麼特別的感覺？（高亢、快；低沉、慢） (2)蛙類：播放兩種蛙類的聲音（青蛙、蟾蜍），請幼兒聽聽看這兩種的蛙類聲音有什麼特別的感覺？（低沉、快） (3)昆蟲類：播放兩種昆蟲類的聲音（蟬、蟋蟀），請幼兒聽聽看這兩種的昆蟲類聲音有什麼特別的感覺？（高亢、快）		
能仔細聆聽老師的說明 能踴躍參與發表及討論 能說出各種樂器的名稱	2.接下來介紹五種節奏樂器（手鼓、雙頭木魚、木琴、高低音木魚、鈴鼓），分別先讓幼兒聽聽他們的聲音，之後詢問幼兒這五種節奏樂器和剛剛所介紹的五種動物，有哪些所發出來的聲音特色是很像的。 (1)手鼓（低沉、慢）：鳥類。 (2)木琴（高亢、快）：鳥類。 (3)高低音木魚（用刮的方式）（低沉、快）：蛙類。 (4)雙頭木魚（低沉、慢）：蛙類。 (5)鈴鼓（高亢、快）：昆蟲類。		五種節奏樂器
能正確配對圖卡	3.多讓幼兒熟悉這些節奏樂器和動物種類的名稱與聲音特徵，之後進行節奏樂器和圖卡的配對活動。 4.老師發給每一位幼兒一種樂器（準備五種節奏樂器：手鼓、木琴、高低音木魚、雙頭木魚、鈴鼓）。		五種節奏樂器
能仔細聆聽老師的說明	5.老師先教導幼兒樂器正確的敲奏方式，之後讓幼兒們試著敲奏看看。		

活動目標	活動過程	時間	教學資源
能正確的操作節奏樂器	三、綜合活動 1.以圖片配合樂器共同演奏的方式進行。 2.當幼兒看到老師拿出的動物圖片後，拿到那一種樂器的幼兒即可敲擊樂器。 3.可以透過練習節奏樂器之後，搭配「森林狂想曲」這首歌一起演奏。	10分	節奏樂器、CD、CD播放器

活動名稱：森林家族大集合		設計者：張雅雯
智能面向：人際、數學邏輯智能	教學型態：團體活動	指導老師：魏美惠
	適用對象：大班	活動時間：50分鐘

教學目標	1.能踴躍參與發表及討論。 2.能説出圖卡樹種及動物的名稱。 3.能積極參與遊戲並遵守遊戲規則。 4.能認真的完成學習單。

活動目標	活動過程	時間	教學資源
能仔細觀賞影片	一、引起動機 老師播放與臺灣森林或職務相關的影片給幼兒看。	5分	影片、播放器
能踴躍參與發表及討論	二、發展活動 1.先利用圖卡和幼兒複習先前在語文活動中學會的臺灣森林植物的樹種（針葉林、闊葉林、矮林地）和音樂活動所教的臺灣森林中的動物（鳥類、昆蟲類、蛙類……等等）。	30分	圖卡 （教師可自行設計）
能仔細聆聽老師的說明	2.老師向幼兒說明等一會兒要進行一個森林家族大集合的遊戲。		
	(1) 老師發給幼兒可以吊在胸前的吊牌，每一位幼兒會拿到一個吊牌，上面有動植物圖片（針葉林、闊葉林、矮林地；鳥類、昆蟲類、蛙類），一種類別大概有2～3張的吊牌。（例如有三、四種不同的鳥類或針葉林的樹種）		吊牌+海報 （教師可自行設計）
能說出各種不同的吊牌名稱	(2) 可以請幼兒一一站起來介紹自己的名字和吊牌名稱是什麼，讓其他幼兒認識。		
學習與其他幼兒做良好的人際互動	(3) 老師說明遊戲規則：森林家族要進行找好朋友的活動，老師首先會先放一段音樂，幼兒可以在這段音樂時間內找到和自己一樣吊牌的幼兒，經由老師的指令做動作，		

活動目標	活動過程	時間	教學資源
能正確做出老師指令的動作	例如：手牽手蹲下……等等。 (4) 接下來活動進行，可以從相同吊牌延伸各種不同的類別。例如：兩種動物＋一種植物……等等。 三、綜合活動		
能專注完成學習單	1.老師依據活動內容設計學習單。 2.老師發給幼兒這次課堂的學習單，並完成。 （可以邊放森林音樂製造情境）	15分	書面學習單（附件一）

附件一　森林家族大集合學習單

森林家族大集合學習單

幼兒姓名：＿＿＿＿＿＿

◎ 小朋友，請畫下或寫下來剛剛你所拿到的吊牌是什麼？

◎ 在活動中你最喜歡的動植物是什麼？請你把它畫下來或寫下名稱

◎ 還記得你剛剛認識的好朋友嗎？請你畫出他(她)的樣子

活動名稱：蘋果樹的故事		設計者：邱千綺	
智能面向：內省智能	教學型態：團體活動	指導老師：魏美惠	
	適用對象：大班	活動時間：45分鐘	
教學目標	1.能運用肢體模仿與表達。 2.能主動積極參與表演。 3.能有付出與感恩的心。		

活動目標	活動過程	時間	教學資源
能專心聽繪本故事	一、引起動機 1.小朋友有沒有看過蘋果樹呢？ 2.介紹繪本故事《愛心樹》 愛心樹是一顆蘋果樹，它是小男孩最要好的玩伴。隨著小男孩漸漸長大，有了更多的需求，陪伴蘋果樹的時間也變少了，然而蘋果樹依舊無私奉獻了它的果實、樹枝與樹幹⋯⋯。	10分	繪本《愛心樹》 （*The giving tree*）
能運用肢體模仿與表達	二、發展活動 我是一顆蘋果樹（幼兒戲劇表演） 1.老師幫忙分配角色，準備適當的音樂播放，並在一旁提詞，協助幼兒進行表演。 2.老師請數位幼兒當蘋果樹的種子，每位幼兒藏一顆蘋果在衣服內。其他幼兒扮演小園丁，從旁假裝澆水、施肥，幼兒利用肢體模仿種子成長，長了葉子，變成一棵大蘋果樹，結了果實。扮演蘋果樹的幼兒將懷中所藏的蘋果拿出，其他幼兒再從蘋果樹上摘下蘋果。	20分	◎蘋果數顆
能主動積極參與表演	3.老師視幼兒的興趣，讓幼兒輪流扮演不同的角色，並由幼兒取代老師的工作，負責播放音樂及提詞的工作。		
能參與討論及表達自己的意見	三、綜合活動 與幼兒一同討論《愛心樹》的故事 1.在故事中，我們看見蘋果樹送給小男孩哪些身上的東西呢？ 2.如果你是蘋果樹，你會願意將身上的樹枝、樹幹砍下來送別人嗎？為什麼？ 3.蘋果樹為什麼會願意送給小男孩它的果實、樹枝、樹幹？ 4.蘋果樹送給男孩身上的樹枝、樹幹，去幫助男孩之後，有沒有要求男孩也替它做些什麼？	15分	

第 *4* 章 幼兒認知領域：自然科學篇

活動目標	活動過程	時間	教學資源
能說出孝順父母的行為	5.小男孩把蘋果樹送給它的蘋果、樹枝、樹幹拿去做什麼？		
	6.小男孩是否應該對那棵樹好呢？為什麼？這個故事會讓你們想到誰呢？（老師加以引導，讓幼兒能將故事中的蘋果樹與自己爸媽的角色連結）		
學習付出與感恩	7.你們要如何對爸爸媽媽好呢？怎樣表達對爸媽的感謝？		

活動名稱：小小建築師		設計者：張雅雯	
智能面向：空間智能	教學型態：團體活動	指導老師：魏美惠	
	適用對象：大班	活動時間：50分鐘	

教學目標	1.能正確的使用各種工具建構木屋。 2.能有互相合作的精神。 3.能知道建構房子的材料有哪些。

活動目標	活動過程	時間	教學資源
能仔細聆聽老師說故事	一、引起動機 1.老師先以《亨利蓋了一座小木屋》這本繪本，說故事給幼兒聽。 2.藉由繪本的內容，老師可以問幼兒幾個相關的問題，作為發展活動的開頭。	10分	◎繪本
能踴躍參與發表及討論	(1) 日常生活中，幼兒有沒有看到什麼不同種類的屋子？（例如：小木屋、磚屋、樹屋……等等） (2) 如果你想建造一個房子，你需要哪些材料？要怎麼做，才能建造一個堅固的房子？		
	二、發展活動 1.請幼兒想想有什麼樣的材料，可以建造出房屋？	30分	
能專心聽老師的解說	2.老師介紹各種不同的材料所建造出的房子（配合圖卡的形式） (1) 茅草、草→茅草屋　　(3) 木材→木屋 (2) 石板、石頭→石板屋　(4) 磚塊→磚屋 3.老師將全班幼兒分為幾個小組別，進行自己動手建造木屋的活動。		◎圖卡數張

活動目標	活動過程	時間	教學資源
能與其他幼兒良好的互動 能說出自己的想法 能正確的使用各種工具 能專心聆聽其他幼兒的分享	(1) 首先請各個組別一起討論，將共同設計並畫出理想的木屋設計圖，畫在老師提供的設計圖上。 (2) 老師事先和幼兒說明，冰棒棍和木頭的素材要如何黏著及剪裁，以及各種工具的使用方式及注意事項。 (3) 老師發給各個組別適量的冰棒棍及木頭（積木大小）、樹枝等自然素材，利用這些素材建造房屋。 三、綜合活動 請各個組別上臺分享小組的木屋設計圖及成品。	10分	圖畫紙 繪圖工具 冰棒棍 木頭 自然素材 白膠 剪裁工具

活動名稱：葉子的花花世界		設計者：王淑珮	
智能面向：語文、空間智能	教學型態：團體活動	指導老師：魏美惠	
	適用對象：大班	活動時間：55分鐘	
教學目標	1.能正確說出樹的各個部位及功能。 2.能仔細聆聽別人的分享。 3.能正確的使用工具。		

活動目標	活動過程	時間	教學資源
能踴躍發言 能正確說出樹的各個部位及功能 能完整描述出曾看過樹的裝飾品 能認真欣賞圖片 能安靜坐好並仔細聆聽	一、引起動機 1.複習舊經驗 (1) 詢問幼兒樹有哪些部位？ (2) 各個部位的功能是什麼？ (3) 除了防風、水土保持等，樹還有什麼功能呢？ 2.介紹裝飾功能 (1) 詢問幼兒有沒有看過樹或用樹的各部位，所做成的裝飾品。 (2) 利用PPT呈現圖片，介紹樹的各部位所做成的裝飾品或是家具等。 二、發展活動 樹葉的花花世界 1.剛才有提到樹的部位可以做成很多的裝飾品，所以今天要利用樹葉來做成一幅漂亮的畫。可以利用葉子做成蝴蝶、向日葵或是房子等自己想做的東西。	10分 35分	樹的功能 木製裝飾品圖片

活動目標	活動過程	時間	教學資源
能正確的握筆	2.介紹材料：簽字筆、葉子、白膠、蠟筆、毛根、八開圖畫紙、吸管、剪刀。 3.示範講解 (1) 先用黑筆在圖畫紙上畫出想要做的東西，例如花。 (2) 拿適當大小的葉子或是將葉子撕成符合的大小，在背面塗上一些白膠黏在紙上。 (3) 利用毛根或是吸管做裝飾，例如做成花的莖。		
能發揮創意完成作品	(4) 用蠟筆畫上一些圖案豐富畫面。 4.創作時間，請幼兒利用先前蒐集的葉子進行創作。		
能動手清理環境整潔	5.將作品風乾、物品歸位，並整理環境。 三、綜合活動 作品分享：		
能仔細聆聽別人的分享	1.請幼兒分享自己所做的作品及想法。 2.將幼兒作品張貼於教室各角落。	10分	

活動名稱：心中的椅子樹			設計者：王淑珮
智能面向：自然觀察者智能	教學型態：團體活動		指導老師：魏美惠
	適用對象：中、大班		活動時間：40分鐘
教學目標	1.能有分享的心。 2.能遵守遊戲規則。 3.能知道樹的各部位及其功能。		

活動目標	活動過程	時間	教學資源
能專心聆聽故事內容	一、引起動機 繪本欣賞《椅子樹》 巨人埃特的花園裡，長了一棵自私而孤單的怪樹。有一天，埃特發現這棵怪樹長的很像一張椅子，便坐在上面休息。他真心的讚美著這棵樹，使得這棵樹有了重大的轉變……。 二、發展活動 1.團體討論 (1) 巨人埃特的花園裡長了一棵什麼？	10分 20分	繪本《椅子樹》

活動目標	活動過程	時間	教學資源
能正確說出故事中的內容	(2) 它是一棵怎麼樣的樹呢？為什麼？ (3) 巨人對這棵樹做了什麼？那椅子樹開始有什麼不一樣的地方呢？		
能明白故事的寓意 能專心聆聽	(4) 從這個故事中，我們學到哪些東西？ (5) 椅子樹有哪些部位呢？樹枝、葉子、花、果實等。		
會自動舉手回答問題 能遵守遊戲規則	2.利用椅子樹教具，介紹樹的各部位及其功能。 3.利用問答的方式，複習樹的部位及其功能。		椅子樹教具
	三、綜合活動 1.以遊戲的方式加深印象。	10分	椅子樹教具
能在遊戲中獲得學習樂趣	2.以自願或輪流的方式挑選目標幼兒，請目標幼兒選擇其中一個部位，並說出正確名稱後方可參加遊戲。		
能清楚下指令 能遵守指令完成作品	3.先將目標幼兒眼睛蒙上，請其他幼兒給予指示，協助目標幼兒走到黑板前將磁鐵圖卡貼在教具的正確位置上。 4.讓多位幼兒輪流一起完成樹的全貌。		

活動名稱：花果世界			設計者：劉珊吟	
智能面向：肢體運動智能	教學型態：團體活動		指導老師：魏美惠	
	適用對象：大班		活動時間：35分鐘	
教學目標	1.能靈活運用手部肌肉。 2.能說出花種的正確名稱。 3.能參與遊戲並遵守比賽規則。			

活動目標	活動過程	時間	教學資源
能靈活運用手部肌肉跟著做動作	一、引起動機 1.先將海報貼在黑板上，做好情境布置。 2.老師先解說，再帶手指謠——啄木鳥。 (1) 先教幼兒手指謠的動作，也讓幼兒想想怎樣才可以變成一隻啄木鳥。 (2) 老師問：「小朋友，啄木鳥是不是能飛翔到各地去，讓我們變成啄木鳥到森林裡找尋蟲子吃吧!」 (3) 讓幼兒自由在教室飛翔。	10分	手指謠海報「啄木鳥」

活動目標	活動過程	時間	教學資源
能敘述出觀賞森林、花卉及水果的經驗	二、發展活動 1.讓幼兒各自分享曾看過樹木、花卉及水果的經驗，吸引幼兒引起共鳴。 2.介紹臺灣會開花的樹種，不同的花及水果。 3.教師拿出做好的圖卡，先讓幼兒回答看到哪些花，哪些水果，再做介紹。	20分	教師依據幼兒生活經驗設計花及水果的圖卡及字卡
能說出花種的正確名稱	4.依序拿出先前介紹的圖卡，並指著字，要幼兒將花及水果的名稱唸出來。		
能找出正確的字圖卡，並說出名稱	5.再介紹字卡上的字，讓幼兒跟著唸，並且加入圖卡，讓幼兒可以將圖與文字做結合。		
能參與遊戲並遵守比賽規則	6.將不同花的字圖卡散落在地面，教師說出不同花種的特徵，請幼兒舉手搶答，並找出正確的字圖卡，唸出其名稱，並指著字帶著全班幼兒複唸一次。		
能靈活運用手部肌肉跟著做動作	7.將幼兒分成兩組，以競賽方式，兩人兩人一組輪流聽指令，將正確花種的圖及字卡作配對，答對的幼兒即得分。		
	三、綜合活動 遊戲結束後，將秩序掌控好（大白鯊，閉嘴巴），再帶一次手指謠。	5分	手指謠海報「啄木鳥」

多元智能主題學習綜合評量表（幼兒個人評量）

主題名稱：臺灣的樹		班別	太陽班	姓名	
		年齡	（ ˙ ）大班 （ ）中班		
多元智能	評量項目	已達到	發展中	未觀察到	附註
語文	會說出樹木的功用及構造				
	會說出臺灣森林樹種的分類及常見到的樹種				
	會說出觀賞森林、花卉的經驗及保護樹木的方法				
	會說出圖卡上水果、樹種及花卉的名稱				
肢體運動	會跟隨節拍，跟著教師變換手指謠的動作				
	會模仿啄木鳥，靈活運用肢體表現不同動作				

主題名稱：臺灣的樹	班別		太陽班		姓名	
	年齡		（ ˙ ）大班		（ ）中班	

多元智能	評量項目	已達到	發展中	未觀察到	附註
肢體運動	能運用手部肌肉動作，將樹種圖卡黏貼在正確位置				
	能使用各種工具，造出模型房子				
內省	並透過語言、肢體、圖畫……表達所知道的事				
	幼兒能積極參與遊戲並遵守遊戲規則				
	會聽別人說話，表達自己的想法				
	會檢討自己，知道比賽輸給別人的原因				
人際	積極參與團體遊戲，與其他幼兒有良好的互動				
	願意和他人分享自己的工具、素材或作品				
	在活動中愉快參與分配到的工作				
	喜歡參與團體生活，與其他幼兒相處融洽				
自然觀察	能從葉子觀察出樹種的不同				
	能聽聲音分辨出不同的動物名稱				
	會說出臺灣保育植物及生長環境				
	能分辨水果樹種及其所結的果實				
數學邏輯	會找出與水果相同顏色之物品				
	能分辨骰子上的數目進行遊戲				
	能聽老師的指示完成配對遊戲				
	進行遊戲時，能有數目加減的觀念，依老師指示進行遊戲				
音樂	會隨節奏展現韻律的肢體動作				
	會隨音樂展現啄木鳥飛翔的動作				
	能正確操作樂器並知道樂器名稱				
	能配合不同的動物圖卡，敲擊樂器				
空間	利用不同素材，製作房子				
	在教師引導下完成教室情境布置				
	能將樹的圖卡黏於正確位置				
	依照路線進行大富翁遊戲				

檢核者：

二、科學遊戲活動教案實例——以「轉動」為例

活動名稱	圓滾滾	對象	中大班	時間	60分鐘
科學概念	滾動力學			設計者	許婉菁
教學目標	1.認識滾動的特性。 2.培養專注的觀察力。 3.訓練找出變因的察覺能力。 4.培養科學探究的精神。 5.培養與他人分享合作的樂趣。				

活動目標	教學活動內容	時間	評量	多元智能
	一、準備活動 1.材料：不同形狀立體軟積木及各類物體 2.繪本：《圓家族裡的小四方》			
能專心聆聽故事	二、發展活動 1.繪本：為什麼小四方不屬於圓形家族，大家為什麼都不喜歡他，不和他一起玩遊戲呢？後來發生什麼事，讓大家喜歡小四方呢？	15分	大部分幼兒能專心聆聽故事	語文 內省 自然觀察
能說出小四方滾不快 能說出小四方碰到別人時的感覺	2.團討 (1)為什麼大家不喜歡和小四方一起玩溜滑梯？ (2)為什麼大家不喜歡和小四方一起玩碰碰樂的遊戲？	5分 5分	大部分幼兒能說出小四方滾不快 大部分幼兒能說出小四方碰到別人時的不舒服	語文、自然觀察 語文、自然觀察
能主動參與進行實驗並進行分類	3.實驗 (1)什麼物體是會滾動的？ ①利用各種形狀的海綿積木，在地板進行滾動實驗，並進行能滾不能滾的物體分類。 ②請幼兒從教室裡，尋找可滾動的物體進行實驗。 (2)動動腦： ①老師提問：「物體放在地面就會自行滾動嗎？如何能讓物體滾動？」	10分 15分 8分	大部分幼兒能主動參與進行實驗並分類	數學邏輯 自然觀察 自然觀察 語文

活動目標	教學活動內容	時間	評量	多元智能
能觀察到物體滾動需有外力 能主動提供家中物體和同學分享	②再次滾動球體請幼兒觀察及回顧，引導幼兒說出滾動需有外力的協助或是坡度才會產生。 三、綜合活動（延伸活動） 1.想一想，有哪些物體是可以滾動的？（請幼兒從家中找一找，隔天帶到學校試一試） 2.學習單「誰會滾動」：請家長與幼兒找出家中可以滾動的物品，並請家長幫幼兒寫下。	2分	大部分幼兒能說出物體滾動需有外力 大部分幼兒能主動提供家中物體和同學分享	自然觀察 人際互動

活動名稱	動力船		對象	中大班	時間		60分鐘
科學概念	流力、拉力與反作用力				設計者		許婉菁
教學目標	1.認識反作用力。 2.認識生活中反作用力的運用。 3.學會自製簡易動力船。 4.培養勇於嘗試精進的精神。 5.培養創作思考能力。						

活動目標	教學活動內容	時間	評量	多元智能
	一、準備活動 1.道具：自製汽球動力船（氣球吹脹後放到水裡，氣體排出後的反作用力推動船體前進）。 2.水車槳動力船材料：10×20公分大的保麗龍模型船、竹筷子2根；防水厚紙（或過期信用卡）；橡皮筋1條。（以上材料為一人份基本材料） 3.設計船身的材料：色紙、彩色膠帶、竹籤、壓克力顏料……。 二、發展活動 1.引起動機			
能踴躍發表自己的想法	(1) 利用汽球動力船吸引幼兒目光。 (2) 詢問幼兒是什麼力量，讓動力船前進？	5分	大部分幼兒能踴躍發表自己的想法	語文、自然觀察、內省

活動目標	教學活動內容	時間	評量	多元智能
能說出使船前進的方法	2.團討 (1) 詢問幼兒除了汽球的風力能讓動力船移動外，還有什麼方式可以使船前進。	10分	大部分幼兒能說出使船前進的方法	語文、自然觀察
能專心觀察水車槳動力船的操作方式	(2) 老師拿出事先做好的水車槳動力船，鼓勵幼兒說說看水車槳的用處是什麼。	5分	大部分幼兒能專心觀察水車槳動力船的操作方式	自然觀察
	(3) 老師實際操作水車槳動力船給幼兒看。	5分		自然觀察
	(4) 詢問幼兒為什麼水車槳會轉動？（是利用橡皮筋的拉力反轉使槳轉動，藉反作用力使船前進。）	5分		自然觀察 語文
能愉悅的進行創作	3.工作：水車槳動力船創作 (1) 幼兒可利用老師提供的材料：竹籤、色紙、壓克力顏料、彩色膠帶，設計動力船。	20分	大部分幼兒能愉悅的進行創作	
	(2) 在船身兩側各用一根竹筷子固定。 如圖：筷子 ⟷ 船身			肢體動覺
	(3) 將防水厚紙（或過期信用卡）套上1條橡皮筋，用膠帶將橡皮筋固定於卡片上。如圖：			肢體動覺
能按步驟完成水車槳動力船	(4) 將橡皮筋套於船身兩側的竹筷子，即完成水車槳動力船創作。		大部分幼兒能按步驟完成水車槳動力船	肢體動覺
	三、綜合活動：大家來玩水車槳動力船			
能開心的操作水車槳動力船	(1) 將橡皮筋轉緊，放到裝有水的水槽，再鬆開轉緊橡皮筋的手，船就會往前進。	15分	大部分幼兒能開心的操作水車槳動力船	肢體動覺
	(2) 請幼兒試試橡皮筋轉的方向不同，前進的方向會不會也不同。			肢體動覺

備註：當甲物對乙物施力，則甲物本身也同時受到乙物施以相反方向的力，稱為反作用力。反作用力不是單獨存在的，而是有施力才有反作用力。

活動名稱	旋轉的陀螺		對象	中大班	時間	80分鐘
科學概念	平衡、轉動（人力）				設計者	許婉菁
教學目標	1.認識平衡與轉動的關係。 2.認識讓物體轉動的方式。 3.訓練找轉動不順暢的因素。 4.培養專注的學習態度。 5.培養動手做實驗的興趣。					

活動目標	教學活動內容	時間	評量	多元智能
	一、準備活動 材料A：透明水管1條、彈珠10顆、彩色珠1顆。 材料B：不同形狀的紙陀螺、竹籤、鑽子。 材料C：版畫滾筒、棉繩、各色書面紙數張、廣告顏料。 二、發展活動			
能踴躍發表想法	1.引起動機 (1)水管裡有11顆珠子，彩色珠在正中間，老師要把它送給可以想到辦法把它拿出的小朋友。請你們動動腦，該如何拿出來？	10分	大部分幼兒能踴躍發表想法	內省、語文
能說出異於前面想法	(2)老師提出限制條件：不可以把珠子一顆一顆從水管取出，也不可以破壞水管（老師先神祕的秀一段真的可以取出彩色珠的魔術），再請幼兒腦力激盪想一想。	5分	大部分幼兒能說出異於前面想法	語文、數學邏輯
能專注觀察取出彩色珠的過程	(3)真實呈現取出彩色珠的經過（水管兩端相接，讓左邊的5顆彈珠滾到右邊，彩色彈珠則變成在左邊的第一顆，就可輕鬆取出了）。	5分	大部分幼兒能專注觀察取出彩色珠的過程	自然觀察數學邏輯
	(4)說明：彈珠沒有滾出來是因為水管頭尾相接後變成一個圓，彈珠就在用水管圍成的圓裡面滾動，我們稱這樣的狀況叫轉。	5分		自然觀察空間

活動目標	教學活動內容	時間	評量	多元智能
能說出滾動和轉動差異	2.團討 (1) 比較滾動和轉的不同（前者有位移，後者是繞著圓心運動沒有位移）。	10分	大部分幼兒能說出滾動和轉動差異	自然觀察空間
	(2) 生活中有哪些物體會轉？	10分		
能說出讓物體轉動的力量	(3) 讓物體轉動的力量有哪些？	5分	大部分幼兒能說出讓物體轉動的力量	自然觀察語文
	(4) 旋轉陀螺：老師先轉動兩個陀螺，一是轉動軸在中心點；一是轉動軸不在中心點，讓幼兒比較兩者差異，並引導幼兒知道中心點是影響陀螺平衡的因素，而平衡與陀螺的旋轉有關。	5分		自然觀察空間
能樂於創作	3.分組工作：彩色陀螺、向日葵創作		大部分幼兒能樂於創作	內省、空間
	(1) 彩色陀螺	15分		
	①選擇自己要的陀螺形狀並剪下。			肢體動覺
	②利用彩色筆設計陀螺花紋，找出中心點插上竹籤。			
	(2) 向日葵	10分		
	①數位幼兒一起合作，用老師事先綁好棉繩的版畫滾筒，沾廣告顏料在紙上滾出交錯的線條。			肢體動覺、人際互動
	②用吹風機吹乾交錯的線條，利用膠帶捲畫出圓並剪下，做出向日葵的花心。			肢體動覺
	③利用書面紙剪出花瓣、葉子、莖，組成一朵美麗的向日葵。			肢體動覺、空間
	三、綜合活動（延伸活動） 1.比一比誰的陀螺轉最久。 2.將彩色陀螺、向日葵的材料擺於工作角，有興趣的幼兒可自行創作。 3.學習單～我可以轉動喔			

活動名稱	誰的力氣大		對象	中大班	時間	70分鐘
科學概念	衝擊力				設計者	許婉菁
教學目標	1.瞭解坡度與衝擊力的關係。 2.瞭解球體大小與衝擊力的關係。 3.培養專注的觀察力。 4.訓練找出變因的察覺能力。 5.培養科學探究的精神。 6.培養與他人分享合作的樂趣。					

活動目標	教學活動內容	時間	評量	多元智能
	一、準備活動 1.材料：養樂多空瓶10個、木板、長方體海綿積木5個、大小不同的球3顆 二、發展活動			
能主動參與實驗遊戲	1.引起動機：將木板架高形成坡度，進行滾動實驗及分類（以幼兒帶來物體進行實驗）。 2.團討與實驗 延續幼兒提出的想法：有坡度時就不需用手推，也會讓物體往下滾展開實驗。	15分	大部分幼兒能主動參與實驗遊戲	肢體動覺 內省 自然觀察
能利用坡度讓物體向下滾動	實驗（一）：用球體來進行不施力之滾動實驗。 團討（一）：坡度的高低會造成物體滾動有哪些影響（滾下坡時滾得遠近及衝擊力大小）？	5分 5分	大部分幼兒能利用坡度讓物體向下滾動	自然觀察 語文
能說出坡度的高低與衝擊力的關係	實驗（二）：運用不同坡度將球從上而下滾動，並於斜坡下方放置養樂多空瓶進行衝擊力實驗，看瓶子被撞倒的數量與坡度高低是否有關（球同一個，只改變坡度進行實驗）。 團討（二）：除了不同坡度的大小會影響衝擊力，還有其他因素嗎（球體大小改變，坡度不變的情形會如何呢）？	10分 5分	大部分幼兒能說出坡度的高低與衝擊力間的關係	語文、自然觀察、數學邏輯、空間

活動目標	教學活動內容	時間	評量	多元智能
能知道球體大小與衝擊力的關係	實驗（三）：運用不同大小球體進行滾動，測得與衝擊力的關係。	10分	大部分幼兒能説出球體大小與衝擊力的關係	數學邏輯、語文、自然觀察
會做出前滾翻的動作	三、綜合活動（延伸活動） 1.體能：我的身體會滾動（作為下一個活動的前導活動）。	20分	大部分幼兒會前滾翻的動作	肢體動覺

參考書目

中文部分

王懋雯（1997）。**師範學院學生環境行為影響因素之研究**。臺灣師大衛生教育研究所博士論文。

江淑瑩（2006）。**以科學遊戲融入國小四年級學童學習成效之研究**。臺北市立教育大學科學教育研究所碩士論文，未出版，臺北市。

江雅慧（2002）。科學童玩的認知與設計、製作。**國教輔導團雙月刊**，42(2)，2-7。

杜聲鋒（1989）。**皮亞傑及其思想**。臺北市：遠流

李茂益（2002）。**九年一貫生活課程教學設計之行動研究～以「玩具**DIY**」模組為例**。臺中教育大學自然科學教育學系碩士論文。

李賢哲、李彥斌（2002）。以科學過程技能融入動手做工藝教材培養國小學童科學創造力。**科學教育學刊**，第10卷，第4期，341-372。

吳幸玲（2003）。兒童遊戲與發展。臺北市：揚智文化。

林芳菁（2007）。科學遊戲融入幼兒園課程之行動研究。**南臺科技大學學報**，*32*，231-251。

林堂麗（2003）。**科學遊戲融入自然與生活科技課程之行動研究**。國立臺中師範學院自然科學教育研究所碩士論文，未出版，臺中。

周淑惠（2002）。**幼兒教材教法：統整性課程取向**。臺北市：心理。

周淑惠（2003）。**幼兒自然科學概念與思維**。臺北市：心理。

周淑惠（2004）。建構取向之幼兒自然科學教學之歷程性研究。**新竹師院學報，** *19*，61-88。

周淑惠（2006）。**幼兒園課程與教學——探究取向之主題課程**。臺北市：心理。

幸曼玲（2003）。**建構教學的澄清與反省——理論與實務的對話**。屏東市屏東師範學院。

陳忠照（2000）。圓一個快樂童年的夢——親子科學遊戲的實施。**國民教育，** 40(5)，26-32。

陳忠照（2003）。**科學遊戲創意教學：致盛鮮師*vs*至聖先師**。臺北市：心理。

陳璧瑜（2002）：**國小學生環境覺知學習之探討—以二年級為例**。國立臺北師範學院數理教育研究所碩士論文。

郭美汝（2007）。**自然生態類圖畫書的內容分析－以小綠芽獎得獎作品為例**。國立臺東大學兒童文學研究所碩士論文。

國科會科教處（2003）。**科學教育白皮書**。臺北：國科會。

教育部（2003）。**全國科學教育白皮書**。臺北市：教育部。

游雅婷（2006）。**幼兒園環境教育指標之發展、執行現況及阻礙因素**。國立東華大學環境政策研究所碩士論文。

黃意舒（2009）。**幼兒自然科學**。臺北：華騰

黃瑞琴（1992）。**幼兒園的遊戲課程**。臺北市：心理。

張櫻花（2006）。**圖畫書教學提升幼兒環境覺知之行動研究**。國立臺北教育大學幼兒教育學系研究所碩士論文。

楊冠政（1997）。**環境教育**。臺北：明文書局。

甄曉蘭、曾志華（1997）。建構教學理念的興起與應用。**國立嘉義師院國民教育研究所國民教育研究學報**。

廖永靜（2000）。親職教育的方案設計：一個團體動力取向。**家庭教育課程與方案論文集**，1-38。

廖敏琪（2004）。**由國小學童參與校外教學探討環境教育之實施成效－以臺北市立動物園為例**。世新大學觀光學研究所碩士論文。

賴羿蓉、王為國主編（2005）。**幼兒科學課程設計——多元智能與學習環境取向**。臺北：高等教育。

賴羿蓉（2008）。幼兒科學教育的理論與實踐　臺北：華騰文化

劉清彥（2006）。萬物有情——圖畫書中的生態價值觀。第十屆兒童文學與兒童語言學術研討會論文集。臺北縣永和市：富春文化，頁401-406。

鍾聖校（1995）：國小自然科教學研究。臺北，五南。

盧美貴、江麗莉等（2003）。我國五歲幼兒基本能力與基本學力指標建構。教育部國教司專案報告。

魏美惠（2005）。近代幼兒教育思潮（第二版）。臺北：心理。

英文部分

Bruner, J., & Haste, J. (Eds), (1987). *Making sense: The childs construction of world*. New York: Routledge.

Bruner, J. (1966). *Towards a theory of instruction*. Cambridge: Harvard University Press.

Duffy, M. T. & Jonassen, D. H. (1992). Constructivism: New Implications for Instructional Technology. In Duffy, M. T. & Jonassen, D. H. (Eds). *Constructivism and the Technology of Instruction: A Conversation*. Hillsdale, New Jersey: Lawrence Erlbaum.

Gardner, H. (1983). *Frames of mind : the theory of multiple intelligences*. New York : Basic Books.

Gilbert, J. K., Osborne, R. J. & Fensham, P. J. (1982). Children's Science and Its Consequences for Teaching. *Science Eduction*, 66(4), 623-633.

Gillingham, M. G. (1993). Effects of question complexity and reader strategies on adults' hypertext comprehension. *Journal of Research on Computing in Education,* 26(1), 1-16.

Lorbeer, G., & Nelson, L.(1996). *Science Activities for Children: Volume 1* (10th ed.), Dubuque, Indiana: William C. Brown Publishers .

Piaget, J. (1963). *The origin of intelligence in children*. New York: Norton.

Piaget, J. (1977). *The development of thought: Equilibrium of cognitive structures*. New York: Viking.

Von Glasersfeld, E. (1995). A constructivist approach to teaching. In L. P. Stefe &

J. Gale (Eds), *Constructivism in education* (pp.3-15). Hillsdale, NJ: Lawrence Erlbaum Associates.

Vygotsky, L. S. (1978). *Mind and society*. Cambridge, MA: Harvard University Press.

第 *4* 章 幼兒認知領域：自然科學篇

第 5 章

幼兒語文領域

林珮伃

壹 幼兒語文學習領域的範疇

　　幼兒語文學習領域的範疇包括聽、說、讀、寫能力的學習，要成為一位能在語文世界隨心所欲溝通的語言使用者，必須同時掌握口說語言（oral language）和書面語言（written language）兩種語言形式（language form），以及接收性語言（receptive language）和表達性語言（expressive language）兩種語言模式（language mode）。

　　聽與讀兩種能力共同的本質即在其接收性的語言模式，在能接收理解他人使用口說或者書面語言表達的意義，說與寫兩種能力共同的本質即在其表達性的語言模式，在能運用口說或者書面語言來表達自己的意念。一般而言，針對0至8歲幼兒教育的重要目標之一，在培養幼兒掌握口說語言和書面語言兩種語言形式，以及接受性語言和表達性語言兩種語言模式，即在培養幼兒聽、說、讀、寫四方面能力。以0至8歲幼兒期語言發展的發展速率而言，口說語言發展速率快速，聽、說的能力展現在先，在5歲以前，幼兒已經能隨心所欲的以口說溝通，掌握充分的口說語言知識，而書面語言發展速率緩慢，讀、寫的能力展現在後，在8、9歲以前，多數幼兒在豐富的書面語言學習環境下，多能夠學會基本的讀、寫技巧，擁有基本的書面語言知識。

　　雖然口說語言和書面語言在幼兒期的發展速率與展現不同，但就4至6歲幼兒的語文學習領域範疇而言，無法單單側重口說語言，捨棄書面語言的學習層面；或者反之，誤以為幼兒自然學會口說溝通，不必側重聽說的培養，只需強化讀、寫的學習，抑或是只重視幼兒的語言表達能力，而忽視幼兒接收性語言能力的培養。事實上，幼兒語文教育應該以適性發展（developmentally appropriate）為原則，就聽、說、讀、寫的範疇來培養幼兒成為有效的語言溝通者。

　　口說語言是語文能力的核心基石，但書面語言並非只是書寫的口說語言，在本質上，口說語言和書面語言有所不同，書面語言的詞彙或語法運用與口說不同，書面語言的使用不像口說語言能依賴表情、動作和使用

語言當下情境（immediate context）來溝通，作者與讀者的溝通只能仰賴嚴謹的書寫語言規則，必須在脫離使用語言的當下情境（decontextualized context）來溝通。Otto（2010）指出兒童要成為有效率的溝通者，必須掌握口說和書面兩種形式的語言知識（linguistic knowledge），口說和書面兩種語言形式的語言知識各分五種層面：語音（phonetic）、語意（semantic）、語法（syntactic）、語形（morphemic）、語用（pragmatic），此五層面的語言知識，在口說與書寫兩種語言形式的使用上，各有所不同；而這些語言知識層面在兒童期的語言發展歷程上，也展現不同的層次（Otto, 2010），就學步兒和3、4歲的幼兒，其五層面的語言知識，展現在「語言使用」的層次，此階段幼兒知道如何使用語言溝通，就3至5歲幼兒，透過非正式的使用口說與書面語言，其五層面的語言知識展現在「後設語言知識」（metalinguistic knowledge）的層次，能有意識地知覺特定的語言特徵，幼兒園大班後期約6歲後的幼兒，其語言知識，展現「能說出後設語言知識」（verbalization of metalinguistic knowledge）的層次，能口說回應有關特定的語言特徵問題或語言概念，因此4至6歲幼兒的語文學習領域範疇，主要含括在「語言使用」層次及「後設語言知識」層次。

當代家庭語文素養（family literacy）的研究顯示，幼兒對於書面語言形式的學習，有些是自然發生在家庭特有的社會文化情境（socio-cultural context）下，並非絕對都始自學校的社會文化情境，家庭特有的文化情境孕育了幼兒的基本讀寫素養（Goodman, 1986; Heath, 1983; Taylor,1983; Taylor & Strickland, 1986; Teale, 1986），因而幼兒園為幼兒所規劃的語文學習領域，也必須涉及家庭語文素養的範疇，強調家庭協同學校促進幼兒讀寫素養發展的角色與功能。

語文學習的重要性

以全人發展（whole-child development）作為幼兒教育目標的觀點，幼兒社會、情緒、智能、美感等每一項發展領域對幼兒都是相當重要的，而每一項發展領域彼此間也都相互影響、彼此關聯，幼兒語文領域的發展學習，關係著幼兒智能發展學習，長久以來兒童發展文獻紛紛指出幼兒的智能與語文能力表現有相當的關聯。一般常見幼兒語言能力不足，造成社會適應不佳及情緒表現不良的實例，而有些研究也顯示擁有成功良好人際互動技能的幼兒，也多半有相當不錯的語文能力表現，甚至幼兒的身體動作發展也和口說語言的發展學習相關。當幼兒的肢體動作能力增進的時候，幼兒隨之擴展感官經驗，也同時擴展了語彙的理解與形式，顯然語文學習的重要性之一，在於語文能力在幼兒整體發展的價值與意義。

幼兒語文學習對人類發展的獨特意義之一，在於語言發展的某些組成能力和發展的敏感期有關，一般而言，人類從出生至10歲，對於語音的掌握最為敏感和有效，對於語法和語形的掌握，從出生至14歲最為敏感有效（Bruner, 1999），因此，0至8歲的幼兒期是人類學習語言的重要階段。事實上，人類對於口說母語的語音、語意、語法、語用知識的掌握，在4、5歲已經達到很高的成人口說程度（Pinker, 1994），0至6歲的嬰幼兒時期，可謂人類發展學習口說語言的黃金時期，任何幼兒園的課程，都必須相當重視幼兒語文領域的學習，尤其營造良好的口說語言學習環境，提供語言刺激足夠、高品質的語言學習環境，是幼教專業工作者的重要任務。

幼兒園課程重視幼兒口說語言學習，不僅是因人類口說語言主要發展與完成的階段在0至6歲，另一原因在於口說語言和書面語言發展的關聯性，當代研究者嘗試澄清口說語言能力在書面語言表現的角色與功能，紛紛指出口說語言對書面語言學習極其重要（McGuinness, 2005），和幼兒期之後書面語言發展關聯的幼兒口語能力包括：詞彙、語法產出與理解、音韻覺識能力（phonemic awareness）、口述表現與覺識（narrative production and awareness）（Loban, 1976; Wells, 1986; Windsor, 1995）。倘若在0至6歲的階段，幼兒園教師不重視這些幼兒口說語言能力，反而強化幼兒能說出後設書面語言知識的能力，實施許多書面語言的直接教導、簿本反覆練習和語文測驗，強化6歲以後孩童展現的書面語言能力，雖然看似幼童發展超前，但實際上違反適性學習的原則。倘若造成極度缺乏口說語言學習環境，則對幼兒長期語文發展實有害無益，專業幼兒教師必須深切體認口說語言及適性的語文活動對幼兒長期語文發展的重要性。

幼兒園提供的書面語言學習層次，在後設語言知識（metalinguistic knowledge）層次，讓幼兒有意識的覺知書面語言的自然情境使用，是重要且適性的語文活動，例如唱唸兒歌時覺知漢字一字一音的規則，能在文字接龍的遊戲中覺知字音的異同，能在聽故事當中，意識到書中使用的語言形式與口說的語言形式有所不同，能在與大人共讀時自然注意發現到漢字組成的部首等等，許多研究指出幼兒常會在這些非正式教導活動，自然獲得書面語言的後設語言知識，而這些後設語言知識在當代西方的讀寫研究是重要研究課題，一般西方學者與研究者多支持後設語言知識在人類長期讀寫發展的重要性（Neuman & Dickinson, 2002），重視0至6歲幼童適性的讀寫素養活動，是西方歐美先進國家目前重要的教育工作。

 幼兒語文教學的理論基礎

專業幼兒教師要能夠提供適性發展的語文課程，必須瞭解幼兒如何獲得口說語言以及如何學會使用書面語言，有關口說與書面語言獲得與學習的研究領域，涉及許多不同學術領域，包括大腦科學、神經心理語言學、認知科學、學習心理學、兒童發展理論、社會心理語言學、社會互動論、建構論、人類學、閱讀心理學、寫作研究、家庭語文研究等不同領域。專述任何語言獲得與學習的理論並非本文的目的，本文僅就影響幼兒語文發展與學習的重要因素，簡略介紹基本的理論觀點，並歸納語文教學的基本原理原則，提供幼兒教師發展語文課程之參考。

一、影響幼兒語文發展學習的重要因素

長期以來，不同的理論學者專家對於影響發展的先天（nature）與後天（nurture）因素，有著許多不同的看法與爭議，有的理論側重在先天因素的解釋，有的側重在後天語文環境的探討，有的專研在個體與環境互動的模式與歷程。近二十年的大腦科學研究，揭發人類大腦運作與發育方式的奧秘，肯定大腦發育受到先天與後天因素的影響，似乎已終止了先天或後天（nature vs. nurture）因素對發展影響的部分爭議，確立了個體與環境互動經驗在人類發展的重要角色。

(一) 先天因素

雖然不同的語言有許多差異，但是獲得不同口說語言發展的速率與階段，在不同的文化，卻呈現全世界一致的共同性（universal）。全世界的2歲學步兒已經開始用音聲語言交談溝通，4歲的時候已經可以掌握複雜的口說語法知識，對於幼兒期如此快速的口說語言發展，理論學者有不同的解釋，其中以天賦論（nativism）的解釋最直接，天賦論強調人類的語言發展是由人類天生的語言天賦機制所預先設定好的。喬姆斯基（Chomsky）專研人類的語法發展系統，指出人類擁有所謂的世界共通文法（universal grammar），即所謂人類語言通用的語言原則、條件、規則系統，人類擁有這樣一套語法系統，得以學習任何不同文化的特定語言。Pinker（1994）的語言本能說建立在喬姆斯基（Chomsky）的理論觀點和大腦科學上，指出語言是來自人類生物性的本能，而非文化的產物。

依照天賦論的觀點，人類擁有所謂的語言獲得機制（language acquisition device, LAD）得以獲得語言，雖然目前仍無法確知LAD的組成，但多數專家同意嬰幼兒獲得口說語言的過程並非由他人直接教導，而是透過天賦的機制在使用語言的過程上主動建構其語言知識（Otto, 2010）。建構論（constructivism）即強調孩童並非像海綿一般吸收周遭的語言，而是主動積極建立對周遭世界的理解，包括語言知識的獲得，而在建構語言的歷程中，孩童測試自己的假說或一套語言如何可以被掌握與使

用的假設，從測試、使用語言的過程中建構語言知識，孩童在獲得語言歷程的主動學習角色備受強調，而以皮亞傑認知發展階段為基礎的認知發展觀點（cognitive developmental perspective），強調人類語言隨著成熟與認知能力的發展而獲得語言，假設符號表徵系統是語言學習發展的基礎與先決條件，從此觀點而言，幼兒教師必須深切體認語言發展與認知發展的密切關係來發展適性的課程。

近三十年來，許多研究者專注在幼兒期的書面語言獲得，發現幼兒期的孩童確實展現對書面文字的主動探索能力，並建構其探索的書面語言知識（Goodman, 1986; Clay, 1982），例如在書面語言運用豐富的環境中，幼兒可能在非正式教導的情境下自然展現書本知識和文字知覺，延用Clay首次使用的讀寫萌發（emergent literacy）一詞，許多研究者確立此幼兒自然萌發展現的書面語言探索能力（Teale & Sulzby, 1986; Neuman & Dickinson, 2002; Hall & Marsh, 2003），雖然多數學者專家專注在後天環境因素對人類書面語言發展的影響，人類在幼兒期的讀寫萌發能力無法被忽視，建構論者極其肯定幼童自然展現對文字符號的興趣與主動探知及運用的過程。

(二) 後天因素

對於人類如何獲得語言的解釋，行為主義與天賦論的解釋極為不同，行為主義論者（behaviorist）強調後天學習環境對語言發展的影響，認為環境中給予語言學習者的回應和增強是主要的影響，語言的獲得是由學習者在被鼓勵的情境下模仿而來，增強的途徑包括給予注意、重複、認可（Puckett & Black, 2001），雖然給予學習者重複、模仿語言的學習情境是可行的教學策略，但不一定是最有效的途徑，由於行為主義無法解釋孩童自創的言語形式，對於人類的語言學習天賦有所貶低，目前探討後天環境的研究者，著重在瞭解支持幼兒主動建構語言知識的各種不同情境，探討在這些情境下成人孩童互動的方式。

維高斯基（1978）首先指出社會互動在語言發展的重要角色，他認為人類高層次的心智功能追溯至社會與文化，語言是個體在社會文化互動中所形塑，語言的獲得是來自於社會互動的溝通情境，互動論者

（interactionist）即強調社會文化互動在語言發展上的主要角色，視語言是個體欲成為社群一分子的過程中，所獲得的溝通能力，語言的功能是互動論者研究的重要課題。Halliday（1975）分析孩童自然溝通情境下語言使用的功能，許多實證研究的觀察也指出嬰幼兒在能以語言表達以前，即覺知語言溝通的意圖及功能，這些研究肯定了語言功能在語言發展學習的重要角色（Otto, 2010）。

　　除了探討語言功能，互動論者專注在社會互動情境要素的探究。Bruner（1983）提出語言獲得支持系統（language acquisition support system, LASS），他指出如聆聽、回應、重複澄清、問問題的對話互動模式，提供了幼兒語言學習發展的支持機會。Cambourne（1995）也提出支持口說語言發展的八項語言學習情境條件：沉浸（immersion）、示範（demonstration）、投入（engagement）、期望（expectation）、責任（responsibility）、近似（approximations）、運用（employment）、回應（response），Cambourne認為在良好的語言學習情境，幼兒沉浸在語言被使用的環境中，幼兒能看到語言使用者示範語言如何在不同情境下用來溝通，幼兒被鼓勵專注在周遭的語言互動中並且投入其互動，幼兒是被期待能溝通的口說者，幼兒自主決定如何回應語言互動，幼兒並不成熟的語言表達可以視為近似成人的言語表達，幼兒需要機會自己運用語言或和他人運用語言，環境中的重要他人需要回應幼兒的語言表達。Bruner和Cambourne提出的支持系統或情境，充分強調環境對於人類語言發展的影響，特別支持社會互動與社會文化情境在語言發展的重要。

　　針對人類幼兒期的讀寫發展，Teale和Sulzby（1986）回顧一世紀以來所持的觀點，指出二十世紀前，人們善意的忽視幼兒時期可能出現的閱讀行為與發展，二十世紀前六十年，一般人認為幼兒時期是正式入小學學習閱讀前的準備時期，入學前的語文能力未受到認可與關注，所持的是一種傳統的閱讀準備觀（reading readiness），1960年代以後，隨著研究者深入語文學習的場域直接觀察幼兒語文的學習，讀寫萌發的觀點逐漸形成。

　　早在1960年代以後，Durkin（1966）率先研究早讀的幼兒，初步探討可能的早讀因素，Clay在其博士論文觀察學前幼兒的讀寫行為，使用

emergent literacy一詞，概括通稱學前幼兒的讀寫素養，其後有更多的語言研究者以人類學者或社會學者的田野調查方式，探究家庭文化場域的人類語文學習歷程，發現人類學習成為社群一分子的歷程中，家庭社會文化情境扮演重要角色。Goodman（1986）提出人類語文素養的源頭（roots of literacy）來自於家庭環境中家人使用語言文字的互動，Taylor（1983）以家庭語文素養為書名，以人種誌（ethnography）的角度潛進家庭場域，探究家庭成員使用語文的情形，深入描繪孩童在所處家庭生活的各種不同情境與活動，以及孩子如何成功學會運用語言文字。Heath（1983）深入美國北卡三個社區，觀察孩童在社經地位不同的家庭生活，發現語言文字使用的明顯差異，確立情境與語文能力發展的關聯。而Taylor和Strickland（1986）提供詳盡的人種誌，紀錄家庭所實施的共讀情形，發現故事時間在家庭與孩童語文發展的重要性，這些人種誌的研究，改變人們看待人類幼兒期語文發展的看法與觀點，人類的語文素養不再被認為是始於某一個時點，人類語文素養的發展，對某些幼兒而言，實際上始於入學前，這些研究顯示家庭與社區是影響幼兒語文素養發展的重要社會文化情境，家庭環境因素對於幼兒期讀寫素養的影響受到許多實證研究的支持。

簡言之，大腦神經發育提供人類語言學習的必要生理基礎，然而使用語言的社會互動環境是語言發展不可或缺的重要條件，影響語言發展的因素包括先天與後天的因素，互動論者的觀點事實上認可了先天與後天交互影響的語言發展本質，幼兒教師必須同時重視兩者對幼兒語言發展與學習的影響。

二、幼兒語文教學原理原則

幼兒教師在深切瞭解幼兒擁有非常驚人的語文學習主導能力的同時，幼兒教師必須清楚自己如何為幼兒強化優質的語文學習環境，提供良好的社會互動，在充分思索如何介入幼兒語文學習活動的同時，幼兒教師必須能將語文學習的主導權還給孩子，讓孩子引領他語文天賦的發展，以下歸納幾項重要的幼兒語文教學原則。

（一）遵循適性發展原則：人類的語文天賦，在幼兒時期展現驚人，循著特定的軌跡發展，幼兒教師必須尊重幼兒語文發展與學習的需求，規劃適性發展的語文學習活動，體認遊玩（play）在語文發展的重要角色，避免重視書寫語言輕忽口說語言，避免重視表達語言輕忽接收語言。

（二）給予幼兒主動使用語言和探索語言的充分機會：幼兒在語言發展的歷程上，扮演主動積極的學習角色，透過實際具體的活動情境，在使用語言的過程中，學習語言與修正自己的語言，幼兒教師必須深切體認幼兒主動積極的角色，提供足夠的機會，讓幼兒啟動探索語言的機制，並發揮符號表徵系統的功能，在有意義的非正式教學活動中建構語言知識。

（三）提供豐富的語文學習環境與材料：幼兒需要良好的學習環境進行語言的探索與建構，良好的環境包括溫暖安全的氣氛、優質的語言示範，和簡單操作多樣化的活動素材，教師必須確保幼兒有足夠的安全感與自信心，並能聽到高品質完整正確的語句，避免提供複雜昂貴的玩具或語言學習機等制式化的活動素材。

（四）提升幼兒語言發展的互動模式，幼兒教師必須清楚如何在與幼兒的互動中提升言談的品質，參考Otto（2010）依循互動論的觀點，列舉能夠提升幼兒語言發展的成人和兒童互動模式，提出幼兒教師提升幼兒言談互動品質的原則如下：

1. 視線直接接觸與共享參照（eye contact and shared reference）：幼兒教師和幼兒互動時，必須注意到與幼兒保持視線的直接接觸，通常必須靠近幼兒面對面說話，確保幼兒視線的接觸，才得以進行成功的溝通。維持共同的參照在談話的行進中，也相當重要，老師必須持續觀察幼兒是否專注在對談者相同的內容上，常常必須以口說言談協助幼兒專注在言談內容的事件或物體上，教師有變化的語調和手勢，也可以有效幫助幼兒維持在共同的言談參照中。

2. 溝通循環（communication loop）：幼兒教師和幼兒言談的過程，是維持在規律重複的互動當中，必須保持在良好的溝通循環中，不斷和幼兒互換說者與聽者的角色，在輪流聽說角色的過程中，

言談的情境與內容創造了某些結構，幫助言談者澄清意義與協商言談的內容，等待幼兒熟悉溝通循環後，教師可以逐漸將維持溝通循環的主控角色交給幼兒。

3. 兒童主導語言（child-directed speech, CDS）：如同媽媽話（motherese）的使用，能提供嬰兒簡化複雜的語言，支持嬰兒的語言發展一般，CDS是成人對幼兒說話的特定語言，能夠支持幼兒語言的理解與發展，這類的語言比較簡短但完整、較少否定起頭、避免複雜句、有較高的音調與誇張的語調、語句部分或全句重複、速度較為和緩，與使用語言當下情境（immediate context）密切關聯，鼓勵幼兒參與言談並隨時澄清幼兒的回應，幼兒教師需要適時使用CDS，可以成功幫助較幼小的幼兒提升語言理解溝通能力。

4. 口說圖像（verbal mapping）：幼兒教師在與孩子互動的時候，常常會有機會示範運用口說，來描述與孩子共同參照的事件、物體或孩童正投入的活動經驗，教師首先要確認視線的直接接觸，並與幼兒維持在共同參照的言談情境中，教師選擇符合幼兒接收語言層次的詞彙，教師並非完全自言自語，而是讓幼兒投入聆聽教師運用詞彙、語法、語形、語用、語音，描述出幼兒活動經驗的圖像，作為幼兒表達的基礎，運用此技巧時，教師需確認幼兒有意識的專注在幼兒本身經歷的相關詞彙與概念。

5. 提問（questioning）：教師經常在與幼兒的言談過程中提問，幼兒教師能在維持溝通循環的過程中，藉由有效提問來提升言談品質，如藉由提問澄清言談內容、瞭解幼兒在言談中涉入的語彙概念清不清楚、讓幼兒重複詞彙或語句的不同表達方式，詢問幼兒新的訊息來加深、加廣言談內容，教師在有效的提問中，實際上也為幼兒示範口說提問的技巧。

6. 語言鷹架（linguistic scaffolding）：幼兒教師隨時可運用維高斯基的近側發展區（zone of proximal development）理念，協助幼兒超越其本身的語言水平表達。首先教師必須瞭解幼兒的語言能力，

在對話中鷹架幼兒的言談，有效提升幼兒語言水平，鷹架策略包括提問（questioning）、擴展（expansion）、重複（repetition）。提問用來引導幼兒維持對話互動，擴展用於引導幼兒加深其詞彙概念、語法結構，而重複用來強化幼兒的語音表現和確認幼兒的詞彙意義。在透過對談鷹架幼兒語言的策略運用中，注意對話的內容符合孩子的溝通水平、意圖與興趣相當重要，這些鷹架策略的運用很接近Whitehurst等人提出（1988）其研究中所運用的對話式閱讀（dialogic reading）技巧，教師也可以刻意有意識地運用這些技巧和幼兒共讀。

7. 語言協商（mediation）：維高斯基（1978）很早就提出語言在文化傳承的重要角色，幼兒教師在孩子遇到社會文化學習課題，無法理解時，可扮演協商的角色，幫助幼兒勝任社會文化的活動或學習課題。比如教師在說一個有很多較深文化意涵的歷史故事時，幼兒教師可以選擇符合幼兒語言程度的詞彙和表達方式，將故事做某種程度的簡化，或甚至等待幼兒已經獲得某些必要的概念後才討論故事的意涵，這些協商的互動，能有效提升幼兒的語言理解。

(五) 重視學習者來自於不同背景的差異，隨著全球化的趨勢，社會日趨多元化發展，幼兒園的幼兒來自於口說語言不同的家庭，幼兒教師規劃語文課程必須重視幼兒來自於不同的背景。Genishi和Dyson（2009）實證描繪不同時間、空間的幼兒所經歷的口說語言和書面語言學習，指出語言學習的差異在多元的社會是一種常態，一元化的語言成就價值與標準化測驗的齊一式要求，只會窄化課程，無法順應此常態差異性的需求，2000年後在美國出版的幼兒語文教學的相關書籍，紛紛重視及擴大對於幼兒語文學習背景差異性的篇幅（Machado, 1999; Jalongo, 2007; Beaty & Pratt, 2007; Wortham, 2010），雖然臺灣社會日趨多元化的發展，與其他國家有所不同，但是幼兒期的差異性，近年隨著全球化等趨勢也有所擴大，在貧富兩極化日趨嚴重、城鄉差距仍然普遍的臺灣社會，家庭與社區的語文環境資源差異性也日漸擴大，幼兒教師必須體認到幼兒來自於不同家庭、社區

差異懸殊的語文學習環境，確實照顧語文學習弱勢以及各種不同背景的幼兒，在課室活動的規劃與課室言談，示範對幼兒差異性的正向態度，創造各種不同機會的語文學習環境，將幼兒學習建立在幼兒第一語言的基礎上，並發展多元學習的學習型課室環境，鼓勵背景相異的幼兒積極共同分享與學習（Otto, 2010）。

肆 幼兒語文學習領域的課程目標

本文依照上述語文教學的原則，參考Morrow（1997）所提出的幼兒表達語言及接收語言的教學目標、Jalongo（2007）針對聽、說、讀、寫給予幼兒教師的指引，以及McGee和Richgels（2004）所提出托兒所、幼兒園幼兒讀寫發展的觀點，統整歸納幼兒在聽、說、讀、寫四項語文學習領域的課程目標如下。

一、聽

Jalongo（2007）指出幼兒的聽力培養有三個層次，第一個層次是聽得到，第二個層次是能專注聽，第三個層次是聽得懂。聽的歷程是主動積極而非被動的，專注聽不代表聽得懂，能正確詮釋音聲語言的歷程需要多項能力與條件的配合，教師必須給孩子時間與良好的經驗強化聽的能力，達到聽得懂的層次，以下提供協助3至5歲幼兒聽領域發展與學習的課程目標：

（一）幼兒能在愉悅的環境與氣氛下，連結所聽到的語言和意義。

（二）幼兒有機會經常聽得到良好的語言示範。

（三）幼兒有機會經常聆聽強調韻律的語言或音樂。

（四）幼兒有機會仔細聆聽區分與比較部分的語音。

（五）幼兒有機會經常練習專注聽的良好習慣。

（六）幼兒有機會經常在正式或非正式對話中，回應自己所聽的內容。

(七) 幼兒有機會主動表達自己聽得懂的語言內容與興趣。

(八) 幼兒有興趣從聽的過程中，正確地詮釋語言的內容。

(九) 幼兒有機會在聽的歷程中，連結自己的經驗來詮釋語言內容。

(十) 幼兒能夠不斷地在有意義的社會活動情境中，聽到新的詞彙與語言用法。

(十一) 幼兒有機會遵循他人的指示，並且以行動確認所理解的指示。

(十二) 幼兒父母要有機會和學校溝通幼兒聽能力的培養，並且在家中持續支持。

二、說

在嬰幼兒的語言發展速率表現上，呈現在某一發展時點上，幼兒能聽得懂的要比能說出的要多，而能模仿所聽到的要比自己能說出的要多，能自己說出的要比完全充分理解的要多（Jalongo, 2007）；也就是說，幼兒所表達的語言不見得是其充分理解的，接納任何語意不清等錯誤的表達是幼兒教師鼓勵幼兒表達的第一步，幼兒教師必須以對話確認幼兒用語的意義，協助幼兒澄清，確實達到溝通的目的。教師對談的方式是營造正向表達環境的關鍵，幼兒教師對談的首要態度是表現有興趣瞭解幼兒，專注聆聽幼兒，運用口說或非口說的方式有禮貌的邀請幼兒說出任何言語，並接納幼兒任何口說的錯誤，再巧妙地協助幼兒達成確實溝通的目的。以下提供教師協助3至5歲幼兒說領域發展與學習的課程目標：

(一) 幼兒能在愉悅的環境與氣氛下，有自信做任何正確或錯誤的口語表達。

(二) 幼兒有機會自我修正自己的語言，並受到鼓勵。

(三) 幼兒任何的語調與口音，能被充分的接納。

(四) 幼兒有機會經常對話，能熟悉溝通的技巧，包括調整用語符合對談者的需求、詮釋並澄清對談者彼此的意義，以肢體動作或口說回應讓對方理解，以及維持溝通的循環等技巧。

(五) 幼兒有機會在各種場合表達與討論，不論在正式討論或非正式

對談中，能瞭解自己被理解的程度，並且有機會能為自己澄清，享受溝通成功的喜悅。

(六)幼兒能使用新的詞彙或語言表達方式來溝通。

(七)幼兒能擴展語法結構的複雜程度。

(八)幼兒能使用完整的句子溝通。

(九)幼兒能在不同的場合運用合宜的音量表達，必要時有機會運用擴音器材。

(十)幼兒有機會使用數學邏輯相關的詞彙。

(十一)幼兒有機會在社會性活動中與他人溝通自己的感受與想法。

(十二)幼兒有機會在解決問題的活動中與他人溝通自己的假設、發現、歸納與預測。

(十三)幼兒有機會運用遊玩材料自導自演，或編說故事。

(十四)幼兒父母要有機會和學校溝通幼兒說能力的培養，並且在家中持續支持。

三、讀

在良好的閱讀培養環境下，幼兒期結束時，8、9歲幼童絕大多數能夠獨立地逐字閱讀，理解符合其認知程度的文本內容；對於5、6歲的幼童而言，學會注音符號的拼音並不一定能理解文本內容，機械式的拼音練習並非閱讀，倘若幼兒誤以為閱讀就是拼音練習，實不利於其長期的閱讀能力與興趣的發展。在臺灣特別強調認知能力超前表現的風氣下，若將獨立逐字閱讀設定為學前教育目標，實是急功近利的做法。要能夠充分掌握一種語言的各種組成能力，並非機械式的拼音技巧可以取代的，幼兒教師必須清楚如何規劃適性的語文活動能力，協助幼兒掌握語言的各種組成能力，避免急功近利的做法。以下提供協助3至5歲幼兒閱讀領域發展與學習的課程目標：

(一)幼兒能在愉悅的環境與氣氛下，對於圖示、標語、標示、文字等探索和詮釋。

(二)幼兒有機會經常接觸正式或非正式的閱讀示範。

(三)幼兒有機會例行地聆聽各種文學素材的朗讀,包括兒歌韻文、傳統故事、繪本、幻想故事、寫實故事,以及資訊書。

(四)幼兒有興趣從聽故事的經驗中,主動詮釋圖片與文本的內容、發展書本知識、模仿閱讀行為、看圖解說故事,並注意文本內容與文字形式的關聯。

(五)幼兒有機會討論自己所理解的文本內容,發展對於故事角色、情節、背景、風格、主題與觀點的認識。

(六)幼兒有機會在聽故事的歷程中連結自己的經驗,來詮釋圖片與文本內容。

(七)幼兒有機會以各種不同的表達方式,在成人朗讀文本故事的同時,共同參與對故事文本的詮釋。

(八)幼兒有興趣主動自己翻閱圖書,享受探究圖片、故事或資訊內容的樂趣。

(九)幼兒有機會運用遊玩材料或文本素材,從事對文本故事的扮演、戲劇或述說。

(十)幼兒能夠在有意義的社會活動情境中,詮釋書面語言,探索文字形式與功能。

(十一)幼兒有機會在對其有意義的社會活動情境中,探索注音和漢字的文字符號形式與結構,並連結文字符號在活動中的意義。

(十二)幼兒父母要有機會和學校溝通幼兒閱讀萌發的培養,並且在家中持續支持。

四、寫

寫作能力並不等於手寫能力,手寫能力的培養需要循序漸進,無法一蹴可幾,8、9歲幼童絕大多數能夠控制手寫肌肉,寫出清楚工整的文字,而3至5歲的幼兒需要各種不同的大、小肌肉活動與手眼協調的工作,得以健全其肢體動作發展,與精細動作技能,並不需要強化手

寫練習寫出工整的字體。幼兒運用各種不同粗細大小的筆，從事符合其發展需求的繪畫活動，即是益於手寫發展的適性活動，繪畫活動是寫作的前身，幼兒先以線條符號表達物體意義，其後才發展以線條代表文字來表達物體意義。Dyson（1989）發現67%的5、6歲幼兒的書寫可以歸類為「藝術符號」（art notes），即對所畫的圖作簡短注解和標題。Jalongo（2007）指出畫圖和書寫的關聯，兩者都需要一種心理動作技能來完成（psychomotor skills），兩者都是符號表徵認知功能的運作，都是一種表達藝術，其符號形式的發展，都是從非約定俗成的個人展現（unconventional）到約定俗成的社會性表現（conventional）。幼兒教師必須瞭解畫圖對於幼兒書寫發展的意義，鼓勵幼兒園小朋友畫圖與書面符號表達，重視幼兒書面形式表達意義的企圖。以下提供教師助長3至5歲幼兒書寫領域發展與學習的課程目標：

（一）幼兒能在愉悅的環境與氣氛下，有自信運用任何書寫符號自由表達。

（二）幼兒有機會經常接觸正式或非正式的書寫示範。

（三）幼兒要有機會經常作有意義的圖示表達，或畫圖。

（四）幼兒有機會口述書寫的意義，由成人作書寫示範，以文字記錄口述內容。

（五）幼兒任何的書面形式表達，能被充分的接納。

（六）幼兒有機會自我修正書寫形式的表達，並受到鼓勵。

（七）幼兒有機會在各種不同的活動中，回應活動經驗或需求，作有意義的書面形式表達，包括大書、小書、海報、廣告單、卡片、地圖、信件等不同書面形式。

（八）幼兒有機會在各種不同的活動中，探索書面形式表達的功能。

（九）幼兒有機會在有意義的社會活動情境中，嘗試手寫經驗，包括描寫與仿寫文字符號，並連結文字形式與意義。

（十）幼兒父母要有機會和學校溝通幼兒書寫能力的培養，並且在家中持續支持。

伍 幼兒語文學習領域的課程實施設計原則

聽、說、讀、寫領域的學習，在不同發展時期，需要不同的課程實施方式，多數語文發展專家，都會同意統整課程的實施方式對於幼兒期語文能力的培養最為恰當。幼兒期不適合以分科實施聽、說、讀、寫活動，幼兒期主要的學習任務在口說語言的發展學習，幼兒期萌發的讀寫能力，萌發於幼兒積極主動投入活用口說與書面語言溝通的活動。幼兒在有意義和有目的的活動情境下，積極使用接收語言及表達語言來增進其語文能力，而統整語文課程的實施，最能滿足幼兒期的語文學習需求。

「全語言」課程實施的規劃方式，在美國興起於1980年代，取代傳統以讀音學習（phonics）和循序教導閱讀技巧的階梯閱讀（basal reading）小學課程。在建構主義的聲浪下，當時循序漸進有系統的閱讀教法備受批評，取而代之的是大量運用文本故事（文學作品）取向的有意義活動。讀音學習（phonics）與閱讀技巧在「全語言」課程是依照孩子的閱讀需求，給予較個別化的有效指導和支持，但自1990年代，研究發現不少「全語言」孩童最終並沒有如「全語言」支持者所聲稱的自然掌握讀寫技巧（Machado, 1999），同時許多學者建議不能小看讀音學習（phonics）與閱讀技巧循序漸進的教導，專家學者也開始提出建議，指出語文教育不能一面倒向「全語言」的教學模式取向，語文教育的實踐必須有所平衡。而於2000年，美國閱讀研究小組（National Reading Panel）指出，至今研究文獻強烈支持外顯直接（explicitly）、有系統的教導兒童掌握語音的學習，能明顯增進兒童的閱讀能力和拼字能力，這樣的語文課程發展觀點與趨勢影響至今，「全語言」（whole language）在美國托兒所階段之後的語文教育現場已經勢微（Wortham, 2010）。

「全語言」取向的課程模式在臺灣幼兒園仍處於推廣與運用的階段，在許多幼兒園嘗試走出傳統教學，發展主題課程的歷程上，「全語言」強調的建構學習理念，以及統整活動規劃方式，很容易和臺灣提倡的主題課程相融合。本文不侷限於「全語言」課程實施的理念，本文傾向社

會互動論的觀點，強調教師的言談互動角色在實質支持幼兒語文發展學習的意涵，也強調語文課程實施的適性原則，提供幼兒遊玩活動，給予幼兒足夠的機會建構語文能力。本文所建議的統整語文課程實施規劃，原則上強調教師在各種學習活動的言談角色，教師透過提升語言發展的互動模式支持幼兒的語文發展，同時強調遊玩在幼兒語文發展的重要性，幼兒有足夠的自主學習機會建構語言能力（Genishi & Fassler, 1999）。依據此兩項實施原則，將在下節建議重要的語文教學策略。

陸　幼兒語文領域的教學策略

依據本文所建議的教學原則以及課程實施設計原則，在3至5歲幼兒園的課室，幼兒從事的語文領域學習活動以及活動方式，並非完全依附在單元主題的活動設計之下，教師可以發展與單元主題無關的語文活動，也並非完全獨立於單元主題的活動之外，教師可以在單元主題課程發展的同時，設計與主題單元相關的語文活動。實際上，當教師清楚自己的語文教學目標與策略，課室的任何單元主題活動在廣義上，都可能協助幼兒接受語言和表達語言的發展。但同樣的活動設計，當教師的語文教學目標與策略不同時，活動的歷程與學習可能相差很大，幼兒教師需要具體的策略來實施幼兒語文學習的活動，達成提升聽、說、讀、寫的教學目標，本文受限於篇幅，統整課程的規劃將在其他章節有所討論，並不在本文探討的範圍，僅提出十項在統整課程課室中與幼兒聽、說、讀、寫能力學習最相關、重要的教學策略。

臺灣許多幼兒園老師擔心自己的大單元或小單元教學活動實施，並非目前倡導的方案教學或主題教學，因此本文超越大單元、小單元、主題、方案的統整課程發展傾向，提出以下十項語文教學策略，國內幼兒教師可以依據這些策略，在任何課程發展傾向不同的課室中進行，提升幼兒語文能力。

一、遊玩活動（play activity）

　　遊玩理念不同的幼兒教師，在課室中實施遊玩的教學策略也會有所不同，尤其在臺灣一般幼教系的課程中，遊玩並非主要的必修專業課程，許多臺灣的幼兒教師對於遊玩的理論與實施概念，相當模糊，在臺灣不同課室所見的幼兒遊玩內容與方式差異性極大，有的成了下課或轉銜時間幼兒自由活動時間，有的配合單元進行固定的分組角落，有的融入統整課程活動，然而這些教師卻都聲稱自己在課程中實施遊玩或角落的策略，一般臺灣幼兒教師不很清楚遊玩策略對於幼兒語文發展的意義，以及在課室實施遊玩活動的語文教學策略要素。

　　自由遊玩活動與語文學習極其相關，在兒童發展研究領域已經探討了半個世紀以上，實證研究或理論都支持遊玩在幼兒語文、認知、社會、情緒、身體發展的重要角色（Zigler, Singer, Bishop-Josef, 2004）。在自由遊玩的活動中，幼兒運用想像力，創造一個好玩有趣的世界，投入其中，或者和他人共同發展遊玩的世界，想盡辦法成為遊玩世界的一分子，不可否認的是，建立或進入遊玩世界，語言是重要的工具，或者可以說，語言成了遊玩世界本身的一部分（Genishi & Dyson, 2010）。在由幼兒創造的遊玩世界，幼兒的自主性極高，幼兒與同儕或成人的社會互動性也極高，幼兒有充分的機會運用其接收語言和表達語言，在遊玩世界完成遊玩的溝通任務，這些在遊玩中幼兒使用接收語言和表達語言的經驗，對於幼兒語文知識的增進扮演了重要的角色。人類的口說語言發展雖然大致上的藍圖已經在演化的過程發展完成了，但是在個體的發展歷程上，必須由個體本身透過自身的經驗完成語言發展的路徑，遊玩活動即提供個體完成此路徑所需的語言經驗。

　　遊玩要成為課室統整課程的一部分，需要藉由遊玩生態的建立著手，許多幼教相關書籍所謂的角落布置或學習環境布置，都有很多的說明，除了遊玩空間的安排，還必須安排有規律性的作息來協助課室遊玩生態的建立。在語文教學策略上的運用，也必須在各個角落或遊玩活動區強化語文學習的素材，各類不同的書籍、紙、筆、海報、語文學習材料等

等，都是充實遊玩生態，促使語言使用行為發生的媒介，課室所進行的單元或主題，也是充實遊玩生態的觸媒，主題單元的活動為幼兒鋪設了遊玩的情境脈絡。

從社會互動論的觀點來說，教師在遊玩活動扮演重要的角色，運用維高斯基近側發展區的原理，第一個重要的角色是觀察記錄幼兒遊玩，瞭解幼兒的語文發展水平，第二個重要的角色是提供有益語文發展的言談互動模式，在本文所歸納的幼兒語文教學原理原則中已經有些說明，第三個是協助幼兒發展主題單元的遊玩情境脈絡，第四個是建立規律的遊玩儀式與清楚的行為界線，維持正向活絡的遊戲生態，益於幼兒接收語言、表達語言的使用。

在幼兒遊玩實施語文教學策略，可謂最能符合本文所歸納的幼兒語文教學原理原則，幼兒教師也能夠有計畫的協助幼兒在遊玩活動中培養聽、說、讀、寫能力，達成本文所述的語文教學目標。

二、團體討論（group discussion）

團體討論可說是一種幼兒園例行的全班級聚會，或類似國外小朋友圍成一個圓圈（circle time）進行全班分享的時間，然而同樣活動，在不同取向的課程，卻呈現相當不同的氣氛與營造方式。臺灣大單元、小單元、方案、主題的統整課程都有所謂團討時間，然而各個教師運用的方式卻很不同，有的是教師主導的上課時間、有的是全班集會時間、有的與說故事不分，有的是主題課程的上課時間、有的是發展主題的討論時間，各自有其在課程上的功能與目的。就語文教學策略而言，團體討論提供幼兒正式口說溝通機會，幼兒需要足夠的語文能力才能順利參與正式的溝通，幼兒的語文學習挑戰，包括聽的專注能力、聽的理解能力、語彙提取的能力、語彙的背景經驗、語法的運用，以及溝通技巧等。在團討實施語文教學策略時，首先幼兒教師必須營造正向溝通氣氛的情境，接納孩子的語言錯誤，鼓勵每位孩子說出自己想法的企圖心，建立一種正向的溝通儀式，並且安排團體溝通者有足夠的視線接觸，座位的安排儘量以圓圈為主，讓孩

子可以接觸彼此的視線溝通，增加溝通的互動機會，去除影響共同參照的情境因素也很重要，同時增加共同參照的情境因素，比如白板、討論主題的實物、大的海報等，也可幫助幼兒在團體討論的過程維持共同參照，並且從教師白板的書面語言示範，探索文字的功能與使用方式。

其次，幼兒教師在團討可善加運用提升幼兒語言發展的語言互動模式，善用合宜的發問技巧，引發幼兒和幼兒彼此間的討論，避免完全是老師與幼兒間的對話。教師可藉由提問澄清與擴展幼兒的表達，並示範專注聆聽的興趣，適時運用口說圖像和協商等互動技巧，並維持正式交談情境的溝通循環。再其次，幼兒教師要能在團討中注意到每位幼兒不同的語言學習需求，提供必要的鷹架，有的幼兒聽理解困難，成為搗蛋鬼、有的總是唱獨腳戲、有的總是他在說、有的絕少發言，針對每位幼兒不同語言學習需求，幼兒教師要幽默有技巧的化解維持團討溝通循環的危機，並從中提升每位幼兒的正式交談能力。

三、小組活動

臺灣不同的幼兒園統整課程取向，其小組活動的進行都不完全一樣，有的是老師將幼兒分組進行單元小組活動、有的是輪流進行單元小組活動、有的是小組上課時間、有的是幼兒自己選擇老師安排的小組活動、有的是幼兒自己計畫的小組活動、有的是在遊戲角落時間進行的方案小組活動，不論何者，就語文教學策略而言，小組活動提供幼兒合作學習的溝通機會。在小組中，幼兒能夠維持在共同的活動或主題單元情境中，進行密集的意見交換與整合，成功的合作學習將挑戰幼兒的認知和社會能力，以及小組成員所需要的溝通能力，因為在合作歷程中，需要彼此協商、分享看法、搜尋資料、解決難題、尋求幫助、共同決定，尊重決議，並付出行動才能完成合作的任務，而這些能力的核心即是幼兒的人際溝通能力。認知與社會發展層次不同的幼兒，需要不同形式的小組活動，就語文教學策略而言，教師的引導重心在合作學習的溝通歷程，而非合作完成的作品，不少老師在小組活動中，太關注在小組活動的成品，而犧牲了孩子可

以增進的人際溝通能力。小組活動的形式諸多，可以有很多變化與創意，就語文教學策略而言，教師除了重視人際口說溝通的核心能力發展，也可以有計畫的達成讀、寫素養的教學目標，規劃幼兒在小組活動中運用書面形式表達。

四、班級方案

　　班級方案活動是適性發展的教學策略，早在將近一百年前，1896年芝加哥大學的實驗學校就已經開始運用方案（Diffily & Sassman, 2002）。Kilpatrick（1918）在Teachers College Record出版〈The Project Method〉一文，他指出方案的教學方式有許多價值，以學生的興趣為基礎，讓學生有機會發揮其主動探究能力，在人際社會關係的建立下自我實現行動，從做中學，達成計畫與目的。有關於方案的益處，在一百年後的今天，仍受多數的教育學者所推崇與倡導，長久以來，英美中小學的一般課程皆鼓勵自發性的個人或小組探究方案。

　　Katz和Chard（2000）界定方案是針對某個主題深入的探究（an in-depth study of a particular topic），並指出孩子們在方案中發展許多知識、技能、態度與感情，包括語文知識與技巧的建立、對語文運用的態度與興趣，很少語文教育專家會否定方案教學作為增進幼兒語文能力的策略。然而如同Diffily和Sassman（2002）所指出的，方案並無法取代一般學習內容的教學，本文視班級方案為幼兒語文課程的一部分，為幼兒語文教學策略之一。

　　方案對孩童整體的發展很有益處，但在課室進行方案要面臨許多挑戰。Diffily和Sassman（2002）指出孩子可能失去興趣，或孩子做的決定不好影響方案的進行，或者探究的方案就是進行不下去，資源不足或專家無法參與等等因素，因此將方案作為語文教學的策略之一，首要在保持方案發展於課程中的彈性，不要侷限在方案發展的紀錄與成果，方案實是孩子有趣的學習歷程展現，而非成人教導成果的展現。

　　在方案中，幼兒發展自己有興趣探究的方案，主動積極運用口說

語言和書面語言。在真實的世界，自我實現完成探究計畫或目的，能充分享受運用語言的樂趣，完成探究的計畫。方案語文教學策略的重點之一，在於重視幼兒如何看待自己運用語文技巧，在自發性方案探究的賦權（empowerment）情境下，幼兒在團體中形塑自己對語文能力與興趣的自我概念。

如同Katz所指出的，好的方案提供真實的生活情境，讓孩童練習他們正在學習的技能，幼兒語文能力與技巧的增進，即來自於其感興趣地在真實情境中練習語文技巧；方案語文教學策略的重點之二，在於協助幼兒運用已有的語文能力，在真實的生活情境中探究。

五、音韻活動

廣義來說，音韻活動包括音樂活動、歌唱、律動、兒歌、注音符號兒歌、文字接龍等，能幫助幼兒掌握聲音的旋律、語調、音調、語音的活動，有計畫的提供幼兒例行的音韻活動，是相當重要的語文教學策略，但是臺灣幼兒教師偏重在主題或方案如火如荼的進行時，常有可能忽略。

音韻活動的安排在不同的課程取向有所不同，例如在華德福的幼兒園，教師每天不斷歌唱，幼兒每天遊玩時也不斷哼歌，晨誦與優律司美的律動更是幼兒園的例行活動，充分顯示其重視音韻活動的程度，經過三年不斷聽唱律動的例行音韻能力薰陶下，幼兒對於音韻覺識的培養，以及歌唱中掌握音韻的經驗，已經奠定幼兒期所需要強化的音韻能力。

臺灣公幼傳統例行的兒歌及晨間律動，和華德福幼兒園的晨誦或優律司美的進行歷程很不一樣，後者引領幼兒的美感，展現較深的精神或心靈層面，但是就語文教學策略而言，都是增進幼兒音韻能力的良好活動。公幼幼兒家庭語文環境刺激不足的可能性較多，教師還可以運用注音符號兒歌、文字接龍遊戲等活動，強化其音韻認知，有利奠定好幼兒所需發展的音韻能力，銜接未來注音符號學習。

六、語文例行活動

　　Morrow（1997）強調例行的語文活動在幼兒語文課程的重要性。臺灣幼兒教師可以運用共讀和畫畫書寫的例行活動策略來增進幼兒語文能力，例行性地讓幼兒有意義地運用書面語言。語文例行活動的策略重點，在於從課室生活的文化儀式建立讀寫文化行為模式，如固定規律地上圖書館看書、借書是一種文化儀式，幼兒在點心後或午餐後進入語文角落或寢室自行翻閱圖書也是一種社會文化儀式，幼兒教師避免將例行語文活動的規劃與主題單元語文活動設計混為一談，儘量將例行活動的作息規律化，讓幼兒每天主動從事這些文化儀式。

　　共讀不限於繪本或團體進行，共讀是提供幼兒接觸各類不同文學素材的機會，接觸的文學素材廣度越大，接觸的書面語言形式也隨之擴大。大團體進行的共讀與小團體或個別進行共讀的益處不同，對於家庭語文刺激不足的幼兒，幼兒教師可以個別進行共讀，小團體在語文角落的共讀比較容易受到忽視，幼兒教師可以有計畫的在角落進行共讀，可以每天讓孩子選擇喜歡共讀的書籍，也可以每週閱讀同一本書，重複閱讀同一本繪本也是重要的幼兒語文教學策略。筆者在線西附幼進行的國小幼兒語文教育改進行動研究，對語文環境刺激較少的幼兒群體實施每週一書，發現成效顯著。日記畫、心情日記、簽到簿都是所謂例行畫畫書寫的活動，少部分輔助以蓋漢字印章的方式，也可增加幼兒運用書面語言的成效，在這些活動中，幼兒會自然經歷塗鴉、具象、描寫、仿寫的歷程，幼兒教師觀察孩子的這些變化，適時給予鼓勵和不同的引導，培養幼兒書寫的興趣與文字運用的經驗，可達成部分讀寫的幼兒語文教學目標。

七、幼兒文學延伸活動

　　幼兒在例行共讀活動接觸各類文學素材，包括韻文、傳統故事、繪本、幻想文學、寫實故事、資訊書，教師可以依照主題單元活動的需要，規劃延伸共讀文學素材的活動，也可以視幼兒在共讀的興趣，發展文學

延伸活動。有關共讀益處的研究在國外已經數十年，其中以詞彙增進受到最多研究支持，然而幼兒教師在共讀時或共讀後，和幼兒討論，則可以提升幼兒的理解能力。教師運用不同認知層次問題和不同認知層次的幼兒討論，可以提升幼兒對文本理解的程度，避免總是提出事實陳述的問題，教師提問的目的不是讓孩子背誦故事情節。

依據幼兒對於文學素材文本的回應行為，包括態度情意、認知概念等，教師可以延伸幼兒對文學文本的回應，發展幼兒文學延伸活動。幼兒教師可以討論故事的六大要素：角色、情結、背景、主題、風格和觀點，一次討論一個重點並做不同的延伸活動，幼兒教師可以和孩子發展延伸的改編故事、大書、小書、故事畫、人物角色的票選、廣告等延伸活動，也可以和戲劇結合作故事文本的角落布偶戲等戲劇延伸。

八、扮演與戲劇

語言本身是幼兒扮演或戲劇的一部分，運用扮演或戲劇的語文教學策略，可以有效提供幼兒使用語言的機會，增進幼兒語文能力。臺灣幼兒教師常忽視的是幼兒自發性的社會扮演遊玩（socio-dramatic play），教師在扮演角落提供幼兒感興趣的素材，幼兒可能自發性的扮家家酒，也可能在單元主題的課室活動背景下，自發性的玩餐廳、新娘子，辦喜酒等等主題的扮演。幼兒得以有機會運用已經學過的語彙，練習不同的語法表達，學習運用語言在扮演中發展想像的人際互動，在自導自演中幼兒增進其語言經驗，提供角落的偶戲臺也可以增進孩子以符號操作意義的機會。

另外，幼兒教師可以運用文學素材，讓幼兒自己演出部分的故事或改編的故事，或以布偶、紙偶、玩偶等道具來演出，這類演出共同約定劇本內容的活動，對於較大的幼兒比較合適。當孩子無法投入此類需要較高認知功能的戲劇活動時，教師可以運用角色扮演回應故事情節，或者讓孩子自由的回應任何印象深刻的故事或簡單的經驗陳述，即興創造劇情對話和背景，自我創作戲劇（Jalongo, 2007），此類創造性戲劇（creative dramatics）在課室的運用，對多數幼兒而言，比較能自由發揮，不會受限

於共同依循的社會性劇本。

九、語言經驗法

Morrow（1997）指出，語言經驗法（language experience approach, LEA）是美國長久以來運用了近半個世紀的一種語文教學策略。「全語言」課室運用不少LEA，強調從真實的經驗中獲得聽、說、讀、寫的經驗，先從學習者生活中的具體實際經驗開始，將經驗帶到課室討論，將討論的口說語言寫出來，再一邊閱讀、一邊共同修改，最後共同完成孩子的經驗故事或體驗描述，作為孩子們閱讀的材料。

運用LEA的年齡層很廣，很多幼兒語文專家推崇，尤其在幼兒的階段，幼兒的語彙增進必須靠實際的經驗建立，幼兒再從聽、說、讀、寫融合的LEA學習活動中，探索語言形式的運用和功能，從團體中學習，可以適合發展差異較大的幼兒，增加同儕間的社會互動學習。

戶外教學參觀即可以增進幼兒課室外的生活經驗，有些幼兒教師會將戶外教學參觀視為自己小時候的遠足活動，所以久久安排一次，勞師動眾，大費周章。實際上，班級老師分批帶小組或只帶有興趣的小朋友走路到附近的商店、牙醫診所、超級市場、五金行、花店、米店等地方，或甚至校園的一個角落去觀察記錄，都是很寶貴的課室外生活經驗增加的方式。當然有一些特定稍遠的參觀，配合主題的發展，是需要的，但是並非唯一必要的，所以教師運用LEA的首要體認是，LEA出發的具體實際經驗並非遠足，甚至如下雨的時候，讓孩子在校園內體驗用不同雨具在校園觀察的體驗，也是運用LEA絕佳的經驗。

運用LEA進行團體分享寫作的時候，教師主要扮演示範寫作與引導討論的角色，在線西行動研究，運用小組活動策略，在下學期大班小組活動，進行寫出當日課程經驗的一句話，讓孩子歷經意見的協商、構句的協商、修辭的協商、文字形式的協商，在老師將孩子決定的一句話寫在白板上的歷程中，孩子充分瞭解口說與書面語言形式的運用與功能，經過一個學期的實施，教師和研究者觀察到孩子對語言形式掌握的進步，一開始無

法進入狀況的孩子，逐漸勝任在討論中意見交換的角色，小組投入討論的熱烈程度與日俱增，孩子們所想要寫的句子也與實際經驗越貼切。

十、家庭語文協同活動

家庭語文素養（family literacy）在英美廣受重視。Morrow（1995）陳述美國家庭語文素養協會（Family Literacy Commission）對於家庭語文素養的界定，指出家庭語文素養含括父母、兒童與家人在家庭與社區運用語言文字等符號的方式，家庭語文素養的涵養有時是自然而然，來自家中的日常生活，可能包括運用繪圖與書寫分享家人的想法、寫紙條或留言溝通、列出購物項目、閱讀電視節目單、透過言談分享故事等等，有的藉由父母引導，有的由父母與兒童自發性地從日常生活使用語言文字的互動。

隨著家庭語文素養受到肯定，美國幼兒語文教育者，紛紛肯定家庭在幼兒語文教育的重要性，提出學校與家庭在幼兒語文教育的協同角色，建議如書袋（book backpack program）的活動，讓幼兒帶書回家請家長共讀，或建立班級圖書館，或家庭交換書籍閱讀，定期舉行家庭語文工作坊，或邀請父母與祖父母進入課室與幼兒一對一共讀（Beaty & Pratt, 2007）等。

臺灣目前很多幼兒園已經實施親子共讀學習單的活動，並讓幼兒畫出對共讀內容的想法，有的帶回親子共學單，請父母和孩童討論主題的學習等，即是運用家庭協同活動的策略，此策略的實施困難在於家長的配合度，教師持續地邀請家長支持幼兒園的語文教育策略與語文教育目標，提供家長在家庭實行語文協同活動，成了幼兒教師的重要語文教學策略。

柒 幼兒語文學習領域的評量

評量泛指在教育上所作的任何判斷，包括教學計畫、孩童的學習、出版的課程等。Jalongo（2007）指出，幼兒語文教育的適性評量策略，

包括觀察（observations）、學習檔案（portfolios）、學習歷程紀錄（documentation）。對幼兒持續的觀察，能幫助幼兒教師瞭解每位幼兒在語文學習上的需求，遊玩策略實施的成效，有賴教師能做好有效的觀察，隨時保持軼事紀錄是幼兒教師重要的工作。

學習檔案評量是在課室有計畫的蒐集幼兒作品，經過整理，能呈現幼兒在某個領域的努力、學習歷程和學習成果，首先必須考慮課程的目標和學習指標來計畫檔案評量。

學習歷程紀錄源起於瑞吉歐，以各種不同的媒材與方式展現幼兒在方案歷程的實證紀錄。Jalongo（2007）歸納此種評量方式的益處，包括強調學習的互動性，提供幼兒完整學習的佐證，呈現複雜學習歷程的整合性，展現幼兒學習與教師教學的成果與成就，有助於教師修正教學滿足幼兒不同的學習需求。

捌 幼兒語文學習領域活動計畫

本文所建議的幼兒語文學習領域活動計畫，隸屬於課室發展的統整課程，歷經主題的選擇、師生腦力激盪課程網路（web），和孩子討論選擇單元活動（unit activities），教師評估選擇合適的單元與可行方案，決定此單元幼兒可能學習的概念與技能或學習歷程，再參考本文所列的語文教學目標，發展該單元中幼兒語文領域的單元學習目標，並調整課程活動的安排，最後教師才能清楚活動設計或方案計畫中，如何運用語文教學策略，提升幼兒語文領域的學習。

依循以上所述統整課程的發展歷程，筆者例舉可能設計的語文活動計畫如下，每個語文活動計畫不限定單一活動，也不限定單次與單天進行。

語文活動計畫一	活動計畫內容	備註
活動單元	家：家中的訪客	
活動名稱	小小觀察家	
活動內容	教師在科學角，布置觀察小動物所需要的材料與設備，引導小朋友討論家中與幼兒園觀察的心得，畫圖表達，並以自己的書寫形式作記錄、比較、推測等表達。	
活動地點	科學角	
參與人數	幼兒自由選取角落，不限定人數。	
活動時間	角落常態性活動，不限定科學角落開放時間。	
材料準備	觀察箱、幼兒觀察紀錄單、空白紙、不同種類的筆、相關書籍、相關海報、經驗圖表與活動訊息、放大鏡。	
幼兒語文學習目標	使用口語和同儕溝通家中與幼兒園觀察的經驗。理解有關螞蟻或蜘蛛的書籍、圖片等資訊，與自己或同儕所觀察的關聯與意義。運用書面符號形式，表達觀察心得。在完成觀察紀錄單的歷程，探索文字形式與功能。	
教學準備	教師準備在角落，先聆聽與觀察幼兒對螞蟻的觀察與紀錄方式，再計畫如何參與幼兒觀察心得的討論，協助幼兒記錄觀察心得，示範文字書寫。準備將觀察紀錄單展示的方式與地點。	
引發動機	團討家中的訪客（小昆蟲等）。請幼兒帶家中的訪客，放置在科學角。	
教師引導	協助幼兒理解觀察紀錄單的書面表達形式。協助幼兒口述觀察，以文字記錄在紀錄單。	
焦點與詞彙	觀察、紀錄、螞蟻、蜘蛛等詞彙	
技巧知識的運用	對於家中拜訪的小動物，觀察互動的經驗與認知。	
教師教學評量	教師自我評估完成活動的狀況。教師評估幼兒達成語文教學目標的情形，提出此常態性活動修正要點，如觀察紀錄單的設計等。	

語文活動計畫二	活動計畫內容	備註
活動單元	家：你家在哪兒？	
活動名稱	拜訪你的家	
活動內容	戶外教學參觀拜訪同儕的家，教師先協助幼兒調查願意接受拜訪的幼兒家庭，做訪客應有的準備，分兩天或三天由一位老師帶領不同小組參觀拜訪，幼兒分享參觀拜訪的經驗，共同寫下不同的拜訪經驗。	
活動地點	團討區、願意接受拜訪的家庭	
參與人數	全班幼兒	
活動時間	角落時間、全班團討時間、小組時間	
材料準備	請教父母訪客應有的準備計畫單、白板、海報紙、照相機、角色扮演頭套	
幼兒語文學習目標	幼兒能愉悅地拜訪同學的家，運用口說語言自行溝通。 幼兒能練習訪客的用語，適切地溝通與提問。 幼兒在拜訪的歷程，能為自己澄清表達不清楚的用語，享受溝通成功的喜悅。 幼兒能愉悅地共同以書面形式表達拜訪經驗，探索文字形式與功能。 幼兒能口述經驗，由教師作書寫示範。	
教學準備	教師準備活動單，請小朋友和父母先在家中討論訪客應有的準備與禮貌。教師在團討分享活動單內容，也請幼兒說說自己的訪客經驗。拜訪以前，教師與孩子角色扮演訪客與主人，教師準備提問的問題。	
引發動機	團討討論訪客應有的準備，白板一一條列，畫成海報。 小組分享去同學家拜訪的經驗。	
教師引導	教師運用語言經驗法。 在角色扮演訪客主人對談，教師示範發問方式與禮貌。 活動結束後，如果小朋友很想邀請小朋友來拜訪，教師可準備協助幼兒進行「邀請你來我家」的方案，從邀請卡、聯繫、準備當小主人，到方案小組合作寫一本「當小主人的一天」插畫故事。	
焦點與詞彙	拜訪時問問題的方式與內容。家屋設備、功能詞彙。	
技巧知識的運用	在自家生活的經驗、訪客的人際互動經驗和請小朋友來家裡玩的經驗。	
教師教學評量	教師自我評估完成活動的狀況。 教師評估幼兒達成語文教學目標的情形，提出課程修正的建議。	

語文活動計畫三	活動計畫內容	備註
活動單元	家：我們家發出的聲音	
方案名稱	家裡的怪聲音	
活動內容	一群小朋友想要探究家裡聽到的聲音，從哪裡來？如何向別人描述這樣的聲音？探究這樣的聲音怎麼發出來？找尋資料，分析聲音震動的方式有什麼不一樣？預測怪聲音的變化，模擬製作發聲物體。	
活動地點	小組活動角落	
參與人數	幼兒自由在團討結束時，自由選擇參與	
活動時間	家庭時間、團討時間、小組時間	
材料準備	幼兒家中觀察聲音的紀錄單、資料蒐集單、歸納探索經驗的海報紙，製作發出聲音的道具單、蒐集製作發聲物的道具用品與蒐集工作分配單。	
幼兒語文學習目標	幼兒在團討時，展現專注聽的良好習慣。 幼兒在小組討論中，能積極表達聽到怪聲音的經驗與回應整合他人對方案製作的意見。 幼兒在製作發聲物體能遵循他人的指示，並且以行動確認所理解的指示，並和成員溝通自己的感受與想法。 幼兒在解決製作發聲物的活動中，與他人溝通自己的假設、發現、歸納與預測。 幼兒能有興趣自己主動翻閱資料探究。 幼兒能在製作發聲物方案的歷程，填寫工作單製作設計圖，愉悅且有自信地運用任何書寫符號自由表達。 幼兒父母能協助幼兒完成家中怪聲音的記錄。	
教學準備	教師準備在團討探討家裡的聲音，瞭解孩子對於家中怪聲音探討的興趣。在小組活動協助幼兒探究怪聲音，協助幼兒完成自己想做的發聲物計畫。	
引發動機	團討討論家中的聲音。 家庭中尋找聲音的聲音觀察記錄活動，幼兒先和家長討論，再請幼兒分享經驗。	
教師引導	對幼兒填寫的聲音觀察記錄感興趣。 運用語言互動模式，提升幼兒語言表達能力，協助幼兒完成方案計畫。	
焦點與詞彙	奇怪等形容詞、聲音的描述詞彙	
技巧知識的運用	與聲音互動的經驗和認知。	
教師教學評量	教師自我評估完成方案的狀況。 教師評估幼兒達成語文教學目標的情形，提出幼兒方案計畫的發展建議。	

語文活動計畫四	活動計畫內容	備註
活動單元	家：你的家、我的家	
方案名稱	有奇妙功能的家屋建造	
活動內容	一群小朋友在例行的語文共讀活動中，讀過不少有關家屋與建造的書，團討過家屋的功能與構造，也看過一些電視節目探討房屋設計，其中許多小朋友對於一本《你的房子、我的房子》很感興趣，嘗試發展建造一棟自己想要的家屋方案。	
活動地點	小組活動角落	
參與人數	幼兒在團討結束時，自由選擇參與	
活動時間	團討分享時間、小組時間	
材料準備	觀察家屋紀錄單、改編《你的房子、我的房子》未來家屋功能計畫單、改編所需紙、筆、膠帶、色筆等材料，建造經驗蒐集單、歸納探索經驗的海報紙、製作家屋道具單、蒐集製作家屋的道具用品與蒐集工作分配單。	
幼兒語文學習目標	幼兒有自信地表達對奇妙家屋功能的期待。 幼兒在正式團討分享當天建造的歷程和成果，有機會能為自己澄清，享受溝通成功的喜悅。 幼兒在小組討論家屋建造時，能使用完整的句子溝通。 幼兒有機會在建造家屋時，使用數學邏輯相關的語彙。 幼兒能運用玩偶在娃娃屋自導自演，或編說故事。 幼兒從聽《你的房子、我的房子》中，主動詮釋圖片與文本，改編有趣的情節，以書面形式表達改編內容。	
教學準備	教師準備在你的家、我的家團討歷程，瞭解幼兒發展家屋方案的興趣。在小組活動協助幼兒探究家屋的建造方案，協助幼兒完成材料的準備。在幼兒解決問題的歷程中，協助幼兒完成自己想做的家屋建造計畫。	
引發動機	玩娃娃屋的經驗分享，引起孩子為玩偶建造家屋的興趣，將娃娃屋放置角落，讓幼兒自由扮演遊玩。	
教師引導	教師引導《你的房子、我的房子》一書的延伸改編，著重在奇妙的家屋功能的創造。在小組活動運用語言互動模式，提升幼兒語言表達能力，協助幼兒完成方案計畫。	
焦點與詞彙	運用《你的房子、我的房子》的書面語言形式、功能的描述詞彙、測量相關的數學邏輯用語。	
技巧知識的運用	家庭生活經驗、拜訪同學、親戚朋友家的經驗、建造的觀察經驗。	
教師教學評量	教師自我評估完成活動的狀況。 教師評估幼兒達成語文教學目標的情形，提出幼兒方案計畫的發展建議。	

Beaty, J. J. & Pratt, L. (2007). *Early literacy in preschool and kindergarten: A multicultural perspective*. (2nd ed.). Columbus, Ohio: Pearson.

Berk, L. E. (2008). *Child Development*. (8th ed.) Boston, MA: Allyn & Bacon.

Bruner, J. (1999). *The Myth of the First Three Years*. New York: Harper Collins.

Bruner, J. (1983). *Child's talk: Learning to use language*. Oxford, UK: Oxford University Press.

Cambourne, B. (1995). Toward an educationally relevant theory of literacy learning: Twenty years of inquiry. *The Reading Teacher*, 49(3), 182-190.

Clay, M. M. (1982). *Observing young readers*. NH: Heinemann.

Durkin (1966). *Children who read early: Two longitudinal studies*. New York: Teachers College Press.

Diffily, D. & Sassman, C. (2002). *Project-Based Learning with Young Chidlren*. NH: Heinemann.

Dyson, A. H. (1989). *"Once-upon-a-time"reconsidered: The developmental dialectic between function and form*. Technical Report No. 36, Berkley, CA: Center for the Study of Writing.

Genishi, C., & Fassler, R. (1999). Oral language in the early childhood classroom: Building on diverse foundations. In C. Seefeldt (ed.), *The early childhood curriculum: Current findings in theory and practice* (pp.54-79). New York: Teachers College Press.

Goodman, Y. (1986). Children coming to know literacy. In W. H. Teale & E. Sulzby (Eds.), *Emergent literacy: Reading and writing* (pp.1-14). Norwood, NJ: Ablex.

Halliday, M. A. (1975). *Learning How to Mean*. New York: Elsevier.

Hall, N. & Marsh, J. (2003). *Handbook of Early Childhood Literacy*. London: Sage.

Heath, S. B. (1983). *Ways with words*. Cambridge, MA: Cambridge University Press.

Jalongo, M. (2007). *Early childhood language arts*. 4th ed., Boston: Pearson.

Katz, L. G., & Chard, S. C. (2000). *Engaging children's minds: The project approach*.

Norwood, N.J. : Ablex.

Kilpatrick, W. H. (1918). The project method. *Teachers College Record*. pp. 1-8.

Loban, W. (1976). *Language development: Kindergarten through grade twelve*. Urbana, IL: National Council of Teachers of English.

Machado, J. M. (1999). *Early childhood experiences in language arts*. Albany: Delmar Publishers.

McGee, L. M. & Richgels, D. J. (2004). *Supporting young readers and writers*. (4th ed.). Upper Saddle Ricver, N. J.: Pearson Education.

McGuinness, D. (2005). *Language development and learning to read*. MIT Press.

Morrow, L. (1997). *Literacy development in the early years*. Boston: Allyn & Bacon.

Morrow, L. M. (Ed.). (1995). *Family literacy: Connections in schools and communities*. Newark, DE: International Reading Association.

Neuman,S. B. & Dickinson, D. K. (Ed.) (2002). *Handbook of Early Literacy Research*. New York: Guilford Press.

Otto, B. (2010). *Language Development in Early Childhood*. (3rd ed.). Columbus, Ohio: Merrill.

Pinker, S. (1994). *The language instinct: How the mind creates language*. New York.

Puckett, M., & Black, J. (2001). *The young child: Development from prebirth through age eight* (3rd ed.). Upper Saddle River, NJ: Pearson.

Taylor, D. (1983). *Family Literacy: Young children learning to read and write*. Exeter, NH: Heinemann.

Taylor, D. & Strickland, D. S. (1986). *Family storybook reading*. Protsmouth, NH: Heinemann.

Teale, W. H. (1986). Home background and young children's literacy development.

Teale, W., & Sulzby, E. (1986). Emergent literacy: Writing and reading. Norwood, NJ: Ablex.

Vygotsky, L. (1978). *Mind in society: The development of higher psychological processes*. Cambridge, MA: Harvard University Press.

Wells, G. (1986). *The meaning makers: Children learning language and using language to learn*. Portsmouth, NH: Heinemann.

Whitehurst, G., Falco, F., Lonigan, C., Fishel, J., Debaryshe, B., Valdez-Menchaca, M., & Caulfield, M. (1988). Accelerating language development through picture book reading. *Developmental Psychology, 24*, 552-559.

Windsor, J. (1995). Language impairment and social competence. In M. Fey, J. Windsor, & S. Warren (Eds.), *Language intervention: Preschool through the elementary years* (Vol. 5, pp. 213-238). Baltimore: Paul H. Brookes.

Wortham, S. C. (2010). *Early childhood curriculum: Developmental bases for learning and teaching.* (5th ed.). Boston: Pearson.

Zigler, E. F. Singer, D. G. & Bishop-Josef, S. J. (2004). *Children's play: The roots of reading.* Washington D. C.: Zero to Three.

第 6 章

幼兒社會領域

謝瑩慧

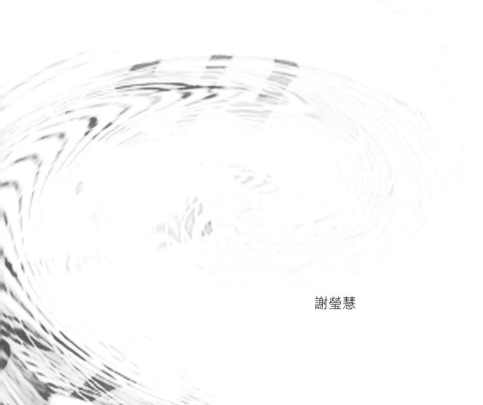

壹 定義

　　社會領域課程主要探討人類的群居生活及生活方式，課程包含多元的學科內容，例如歷史、地理、經濟、政治、人類學、社會學等。另一方面，社會是由人所組成的，與人互動需要社會的技能，而人在互動過程中會形成文化，幼兒透過生活環境中與人的互動而逐漸習得該社會文化。因此，除了社會的知識外，社會領域課程亦提供幼兒獲得成為家庭、學校、社區及社會成功的一分子所需的技能、態度和價值觀（謝瑩慧，2007；NCSS，1989）。社會領域課程廣博豐富的內涵，需要長久而有系統的學習，在幼兒階段首重在發展初步的概念、價值觀、態度及興趣，以奠定幼兒在此領域中長遠的學習基礎（黃富順，2000）。

貳 課程目標和重要性

　　社會領域課程的宗旨，在於幫助幼兒發展能成功參與社區、社會、國家和世界所需的知識、技能和情意態度。幼兒的社會能力是指幼兒能和其環境產生有意義互動的能力，這些環境包含幼兒自己、他人與其生活之周遭環境。社會領域課程之目標，可從下面三方面說明（吳宗立、陳國彥，2002）：

一、知識

　　(一)幫助幼兒發展對社會和人文學科的理解。
　　(二)幫助幼兒瞭解如何滿足個人基本需求。
　　(三)幫助幼兒獲得如何與社區、國家和世界相互依存的知識。
　　(四)幫助幼兒認識社會的制度與功能。
　　(五)幫助幼兒瞭解人類的思想、感情和抱負。

二、技能

(一) 思考技能

透過教師的引導、團體的討論、探究、記錄、圖表、照片的解釋、閱讀等，培養幼兒解釋、分析、歸納、應用等能力。

(二) 行為技能

包含幼兒自信自處、與他人相處、與環境和諧共處等技能。在自信自處方面，幫助幼兒學習獨立自主和生活自理的能力，積極參與學習活動，和發展自動自發的學習行為。在與他人相處方面，幫助幼兒學習如何與他人互動的社會技巧，和遵守行為規範與生活常規。在與環境和諧共處方面，藉由參與人文環境和親近自然環境，與環境中的人事物建立密切的互動關係。

三、態度與價值觀

(一)幫助幼兒發展民主社會的公民素質。

(二)幫助幼兒發展面對他人、不同的群體、文化、種族、宗教和其他差異性的正面態度。

(三)認識幼兒所處文化社會的價值觀，建立幼兒能使用價值觀分析衝突及作判斷之能力。

(四)提供幼兒社會參與和體驗社會生活的機會，並願意對社會貢獻自己的心力。

(五)幫助幼兒瞭解個人與群體的相互作用。

此外，盧美貴（2000）有關5歲幼兒學力指標的研究，指出社會領域應幫助幼兒獲得以下的基本能力：1.自我：自我認識、自尊與自信、自我責任感；2.群己關係：認識他人、基本禮貌、愛與歸屬感、關懷與尊重；3.社會環境：認識環境、愛護環境；4.社會規範：遊戲規則、團體規則。

這些都應作為教師在規劃設計社會科課程的參考。

 理論基礎

社會科的教學目的為幫助幼兒認識人類的群居生活方式和社會組成的構面，並協助幼兒找到自我的定位（郭靜晃，陳正乾譯，1998）。幼兒從出生後即開始面對外界，並從中經驗自己周遭的生活，開始建構對社會的認知，此歷程將由以下環境觀點與社會認知觀點的理論做進一步的探討。

一、環境觀點

先天與後天的學習觀點是心理學一直以來爭論不休的議題，而持環境觀點論者認為個體的行為受到外在環境的影響，因此，個體將因環境的不同而形塑出不同的人格特質（林翠湄等譯，2006）。

(一) 行為學派

行為學派之父Watson曾說，他可將小孩塑造成各種人。因此，環境決定論者相信，只要改變外在環境即能影響幼兒行為的塑造；換言之，透過外界可控制因素，使幼兒在行為或認知上產生持久性的改變，而改變的過程將受制約學習與模仿行為的影響。

Skinner（1953）以動物的實驗來說明行為的獲得，是由於伴隨在行為之後的增強物（reinforcer）會強化原來的動作，而懲罰物（punisher）則為抑制某項行為的產生，以期能減少該行為的出現。因此，經由操作性學習（operant learning）幼兒可發展獨特的經驗（林翠湄等譯，2006）。Skinner以此推論，行為的獲得並非由於內在動力所驅使，而是受到外在環境的刺激、獎賞或懲罰所致。

(二) 社會學習理論

Bandura雖然同意制約學習而來的行為，但更進一步的指出，人類不同於動物的是，在制約的過程中人類將學會思考行為與行為後果之間的關係（張春興，1991）；亦即行為的產生並非線性的關係，主要是由於個體（person）、環境（environment）、行為（behavior）三者的交互作用。

Bandura認為環境會塑造幼兒的人格與行為，且幼兒會選擇他所喜歡的對象經由觀察其行為進而模仿，模仿的行為獲得社會認同而得到滿足（張春興，1991），此為行為產生的基礎。此楷模學習觀點即是中國人所謂的「近朱者赤，近墨者黑」。個體的行為受到周遭人、事、物的影響，且行為的改變是經過個體觀察模仿而來的。

(三) 生態系統觀

Bronfenbrenner（1979）所提出的生態系統觀點指出，個體的發展是被嵌入於一系列的環境之中，在環境中的每個環節都彼此相互牽制、影響著，其中的環境包含了社區、學校、家庭等，任何能與個體產生互動者（林翠湄等譯，2006）。生態系統中分別為：

1. 微系統（microsystem）

指的是以幼兒為中心直接互動的環境，如家庭、托兒所、醫院、社區等。幼兒將受到微系統中的人的影響，但本身的特質也會影響同伴的行為，因此，在微系統中彼此交互影響著。

2. 中間系統（mesosystem）

指的是系統中的人際互動關係，基本上是由小系統所組成的。亦即，家庭與社區間的互動情形是否良好、家長與學校的理念是否一致及幼兒和家庭之間的情感關係，都是中間系統所維持的。換言之，個體與系統的關係互動越密切，越有助於幼兒的發展。

3. 外系統（exosystem）

此系統不直接對個體產生影響，卻間接的影響個體的發展情境。例如，父母工作的環境是否支持育兒，將影響幼兒的托育。

4. 鉅系統（macrosystem）

即為文化的價值觀，此文化或次文化的價值觀將影響整個社會如何教導與對待幼兒。例如，認為閱讀是一切的基礎，該文化的閱讀風氣自然盛行。

綜合上述，幼兒的生活已是社會系統中的一部分，經由與家人、社區、學校等文化的互動過程，一環扣一環形成一條緊密的鏈子。行為學派學者認為環境是塑造幼兒的重要因素，而社會學習的歷程中，幼兒在不斷與環境的交互作用下，逐漸形成符合成人所期待的規範與社會認同，而幼兒生活周遭的人所顯現出的行為將潛移默化的影響幼兒。因此，在社會學習的領域中，環境的塑造與行為的楷模將影響幼兒對社會的認知。

二、社會認知觀點

認知學派認為，學習是由個體主動探索建構出來的。因此，以既有的認知觀點為基礎，所發展出對社會的知覺傾向則為社會認知觀點（張春興，1991）。

(一) 認知發展論

認知學習理論學者認為個體是主動的建構者，經由內在的動機與外在環境的探索形成認知的基礎。因此，社會發展的過程中幼兒對社會的認知狀態將受到發展的影響。

Piaget在「建構論」（constructivism）中強調同化（assimilation）和調適（accommodation）的歷程，即認知發展是主動的歷程，在過程中幼兒會有規則的探索與同化新經驗，並依這些經驗調適自己的認知結構，以組織更為複雜的基模（林翠湄等譯，2006）。

幼兒認知發展有一定的順序，不同階段的兒童對事物的認識和面對問題情境時的思維方式與能力表現大不相同，認知發展分為四個階段：感覺動作期（sensorimotor stage）；前運思期（preoperational stage）；具

體運思期（concrete operational stage）；形式運思期（formal operational stage）。幼兒社會認知學習在Piaget的認知發展觀點中，受限於自我中心的直覺作用、不可逆性及直接推理的影響，因此，社會學習的過程也將因而受到限制。

(二) 社會文化理論

蘇俄心理學家Vygotsky提出「社會文化理論」。理論中指出，人本來就生於整個文化社會體系之中，因此學習與發展皆會受到社會文化的影響，並且無法與社會分割（周淑惠，2006），故在幼兒的成長與學習過程中，認知發展也同樣的受到社會文化脈絡的影響。

Vygotsky並認為經由環境與人際的互動能增進幼兒認知的發展，且幼兒獨自解決問題的實際發展能力，在經由成人或有能力同儕的引導或鼓勵下，將能達到問題解決的潛在發展層次，這段差異的距離即稱為近側發展區（zone of proximal development）。

(三) 歸因論

Heider於1958年提出歸因論（attribution theory），此理論主要在瞭解人對於自己或他人面對某事件時的感受，以及對該事件的發生予以解釋的心理歷程。Heider在歸因論中認為，人類在面對行為的解釋上分為兩種：一是，認為行為是因外在情境因素而導致的結果，又稱為外向歸因（external attribution）；二是，將行為的產生歸咎於個人性格使然，又稱為內向歸因（internal attribution）。Heider認為個體在解釋他人的行為時，多採內向歸因，意即個體對於他人的行為較重視其個人人格因素，對情境的影響容易忽略。從Heider的歸因論中對社會認知發展的影響，可見個體以自己既有的認知解讀自身或他人的行為。換言之，個體依照自己歸因的基模對外界產生回應。社會認知的建構在幼兒逐漸成長的歷程中由簡單到複雜，而歸因的基模也由經驗的提升而變得更加精緻，但精緻而複雜的歸因模式並非無誤，由於歸因只是基於個體對別人或事件的解釋，其推理未必全然符合真實情況（張春興，1991）。

幼兒從家庭出發慢慢的建構對社會的概念。由上述得知，發展狀態將會影響幼兒對社會的詮釋能力，但透過環境的探索、成人或同儕的協助，幼兒將能有效建構對社會的認知，因此，提供豐富的環境和有能力者的引導，都將幫助幼兒的社會認知發展。

肆 實施設計原則

下列說明社會科的教學方法和實施原則：

一、利用日常生活事件和機會教育

社會領域的學習經驗若能與生活化的學習內容做結合，最能引起幼兒的興趣與注意，學習的內容由幼兒的生活出發，這樣的學習較為真切自然，幼兒也較容易將所學轉換到日常生活當中。

教師在教學的過程中把握機會隨機教育，讓生活中的任何事件都能成為教學的一部分。例如，利用用餐時間教導用餐禮儀。幼兒需要教師協助盛飯時，要雙手拿碗並說明自己用餐的量，在使用餐點時要邀請年長的長輩先用餐。教師能舉自己生活中曾被教導過用餐禮儀的例子，或說明用餐禮儀在社交上的重要性。

信手拈來的事件都是重要的生活教育機會，幼兒生活在社會之中，教育也應由生活開始並在生活中落實。如此，教育的功能才能發揮到最完善的程度。

二、統整社會與其他領域的課程

社會的意涵並非分門別類的存在，社會是一個整體的、不可分割的生活型態。因此，教學的過程中也應該將學習的內容統整在一起，讓幼兒能完整的學習。

教學的過程中，社會領域的教學隱藏在每一個互動的關係當中，教師要理解主要學習的概念下，包含了其他領域的學習。例如，幼兒在藝術課程中畫自畫像時，幼兒對自我概念將更有更進一步的瞭解，除了認識自己與別人長相不同外，想法也不相同，因此，在與他人相處時應以同理心站在對方的角度為他人設想。

統整的觀念並非將所有的領域都揉合在一起，教師仍要區分主要學習和次要學習的內容目標。如此，才能達到統整概念的學習效果。

三、提供第一手的經驗

學習在生活中發生，但有些學習需要經驗的歷程才能將學習保留下來。從認知神經科學的角度而言，當幼兒實際操作時大腦神經元中的突觸會進行連結（薛絢譯，2006），因此，第一手的實際操作經驗更能促進學習。

隨著科技時代來臨，資訊的取得較為容易方便，許多孩子擁有豐富的知識，但卻無法將知識活用。社會領域的學習應注重經驗的過程，提供幼兒有動手操作的機會。例如，班級中有新臺灣之子時，教師能安排家長到學校介紹他們的文化、飲食或服裝，並提供幼兒動手創作練習的機會，例如參與節慶食物的準備，幼兒能從中瞭解準備烹煮食物的過程，且經由家長親身的介紹及幼兒實際參與的經驗，幼兒更能體會到文化之間的不同及背後的原因，也能學習尊重不同的文化。

四、鼓勵幼兒互相合作

合作、溝通、協調是目前少子化社會幼兒的重要課題，但即便是成人要與他人維持合作的關係也並不容易，社會領域強調要學習與人相處、尊重他人的意見與學習分享。

合作的意義在於提供幼兒分享、尊重、傾聽與溝通的學習。合作的關係對幼兒而言較為困難的是在尊重他人的意見，由於幼兒常以自我為中心，自我意識較強烈，故在接納他人想法上需要更多的機會學習。例如，

教師可讓幼兒分成小組一起完成一幅畫，或參加體能競賽以兩人三腳的方式，讓幼兒學習配合他人以完成活動。

五、融入社區資源

社會科領域的課程應融合社區的資源，社區的資源包含自然與人文資源兩大類。自然資源又可分為：（一）地理資源，如地形和天然景觀；（二）社會文化資源，如民俗習慣和歷史沿革。人文資源又可分為：（一）有形的，如人力和物力；（二）無形的，如參與感和責任感（謝玉新，1993）。在學習活動中融入社區的資源，不但可以豐富學習的內容，提供幼兒第一手「田野工作」實地探索、觀察和蒐集資料的經驗。此外，也能邀請家長或地方上某領域行業的專家，擔任主題課程中的資源人士參與活動。如此除了可以幫助幼兒認識自己居住的社區環境，進而對社區產生歸屬愛護的情感；另一方面，也經由社區融合的主題活動促進社區與園所的互動。

例如，中部沿海地區每年農曆三月都有媽祖繞境的相關活動，園所可以帶領幼兒參與地方盛事，瞭解祈福繞境的緣由、意義和儀式，讓幼兒感受地方文化的特色。

六、鼓勵幼兒在遊戲中建構知識

幼兒經由遊戲建構對社會的理解和知識。另一方面，不正式的遊戲更能引發幼兒的學習動機，讓他們熱衷於參與學習活動。在進行社會領域活動時，可鼓勵幼兒於戲劇角進行扮演的遊戲。例如在探討「超級市場」時，可隨著主題的進行蒐集相關的物品材料於戲劇角建構一超級市場，讓幼兒在裡面扮演想像的買賣遊戲。透過此遊戲，幼兒可以藉著協商扮演的角色、言語溝通、練習數的運算、計畫書寫購物清單等，建構內化許多的知識概念和技巧。教師也能藉由觀察幼兒遊戲，很清楚的評量瞭解幼兒的學習和發展的情形，作為輔導幼兒和發展課程活動的參考。

內容

　　美國全國社會科委員會（National Commission on Social Studies in the School, 1989）於「在為學前及小學生準備21世紀的社會科課程教學指引（Social Studies for Early Childhood and Elementary School Children: Preparing for the 21st Century）中，將社會科課程分為知識、技巧與態度和價值觀（謝瑩慧，2007）；Spodek 和 Saracho則將社會科課程內容分為歷史、地理、政治、經濟學、社會機構、角色與社會能力的教學（郭靜晃、陳正乾譯，1998）；周淑惠（2002）將社會領域分為當代議題、經濟、歷史和地理。綜合上述，以下將從認知、情意、技能三層面來探討社會科教學內容，但在實際的教學中此三層面常交疊在一起。

一、認知

（一）歷史

　　「歷史」對幼兒而言是抽象的概念，「歷史」的發展是以時間為主軸，故應先瞭解幼兒對時間發展的概念，進而依幼兒的認知狀態帶入歷史的概念以提供幼兒更清楚的歷史脈絡。Piaget認為前運思期階段的幼兒，只關注當下眼前事物靜止的情況而非整個轉換的過程（林美珍，1996）。換言之，幼兒在時間上的概念只針對當下時間所發生的情況，對於事件如何產生的脈絡無法清楚交代；到了具體運思期後幼兒即開始對事件的前因後果有較明確的瞭解，就如同幼兒之間發生衝突，教師在介入處理時，幼兒對整個事件過程的描述也將受到認知發展的成熟狀態而有不同的描述。下列由時間、人類生命、節慶文化等三種方式來介紹歷史的概念（謝瑩慧，2007）：

1. 時間

幼兒教育階段在課程的安排上較有彈性，課程的進行雖能以幼兒當時

的活動情況做時間上調整，但在幼兒園中每天例行的活動能培養幼兒的規律感，也是建立幼兒時間概念的方式，如早上到學校時的點名活動、午餐後的午睡時間、點心後的放學等，教師可藉由固定的作息配合正確的時間名詞，建立幼兒對時間的次序概念。教師可自然的將時間名詞運用在平時與幼兒的對話當中，例如「下星期三我們要到科博館參觀」、「午餐之後要準備睡午覺」等。

教師可在幼兒的角落活動或戶外活動開始前與結束前先做預告，如「遊戲的時間有30分鐘」、「再10分鐘後活動將結束」等。教師最常使用數數的方式提醒幼兒接下來的工作剩下多少時間，例如「數到10要坐在自己的位子上」、「溜3次滑梯要到蹺蹺板處集合」等。時間概念的養成從日常的遊戲中即可培養，教師善用身邊的資源進行教學，非但能貼近幼兒的生活，更能使學習有效遷移。

2. 人類生命

教導幼兒對歷史的瞭解時，應由幼兒自身的經驗出發，從自己、家人到整個文化歷史的發展，經由時間的串連讓幼兒對現在、過去及未來產生連結，此連結就如同座標般的將時間軸與幼兒生活周遭的經驗軸交錯進行引導。如，從幼兒對自己的瞭解開始，在幼兒知道自己的年齡、姓名、家中成員後，請家長協助將幼兒出生後的相關物品或相片帶到學校分享，使幼兒認識自己過去至今的成長歷程。幼兒知道自己是誰之後，也可以從家族圖譜中探索、認識自己和家人的關係，教師可引導幼兒做一份家中的族譜，從實際的操作中瞭解家族的結構並對時間的脈絡更加清楚。另一方面，由對家中長輩以往的生活經驗與現在生活的差異進行比較，教師能帶領幼兒做口述性歷史的研究，以發現時間與事物更替之間的關係。

「變化」是與歷史相關的重要概念，教師可引導幼兒觀察自己的、環境的、社區中的變化，進而瞭解變化是持續進行、不可避免，而且反映了人類的演化、知識的進步和科技的提升。例如，在「我們的社區」主題中，教師能帶幼兒到學校附近走動，看看新蓋的大樓、新開設的店鋪或翻修的柏油路等，讓幼兒感覺到環境中的變化；在介紹「交通工具」時，教師能帶幼兒參觀汽車博物館，幫助幼兒認識交通工具的演進；在討論「休

閒生活」時，邀請家長分享小時候的休閒生活或玩的玩具和遊戲，從中分析休閒遊戲活動型態改變與探討改變的因素（謝瑩慧，2007）。

3. 節慶文化

幼兒園常配合著國內外的節慶舉辦活動，活動的進行過程中教師帶入節慶背後的文化意涵。如此，才能使節慶的意義繼續流傳下去。臺灣的節慶文化皆與當地的生活習慣有著密切的關聯，而臺灣的節慶文化主要分為「傳統慶典」、「民俗慶典」、「原住民慶典」與「新興慶典」（李豐楙，1998；跨藝術交流協會，2009）。「傳統慶典」主要是配合著中國人的「二十四節氣」所制定出的作息，從傳統慶典當中可以瞭解四季的變化與發現大自然的循環，如冬至、春節、元宵節、端午節、中秋節等。這些節日以舊（農）曆為準，每一節日都有著其特殊典故及慶祝方式。在臺灣「民俗慶典」以消災、祈福為主的活動，民俗慶典所呈現出的是當地人民的信仰，即對先人的虔敬之心，如大甲媽祖繞境、三峽清水祖師祭、鹽水蜂炮等。「原住民慶典」是臺灣多元文化的特點，原住民文化的傳承也代表了臺灣所經歷的歷史，藉由不同的文化慶典更能將歷史包裝得更加豐富，如阿美族豐年祭、達悟族船祭、信義布農族打耳祭等。最後的「新興慶典」是近年來休閒育樂的盛行加上各地文化的特色所發展出來的慶典，如石門國際風箏節、三義木雕藝術節、陽明山花季等。

教師在與幼兒討論或舉辦慶祝活動時，應注意不隨意更動學校基本的作息時間，以免破壞幼兒平日之秩序感。在活動過程中，可多強調這些節日的重要意義及傳承的觀念或風俗。如此幼兒除了認識節日外，更能從節日中獲得深層的重要意義。而在活動的過程中，讓幼兒主動參與慶祝活動的計畫工作、討論，更能幫助幼兒學習團體活動中計畫與實行的體驗等（謝瑩慧，2007）。

透過有意義且活潑的節慶活動，幼兒對歷史概念的獲得不僅是對時間概念的瞭解，也能知道自己將參與在歷史之中，並且在自我成長上也能獲益。

（二）地理

地理的教學如只著重地質結構的介紹，就容易忽略幼兒的認知發展以自我為中心向外拓展。發展地理的關係應由幼兒本身出發，再加入對社區的瞭解、鄉鎮的認識、學校周遭環境與國家所在位置；亦即，視幼兒為中心再向外擴展地理位置與環境的認識。下列從方向與位置、地圖、地理與環境三部分，討論認識地理的方法（謝瑩慧，2007）：

1. 方向與位置

我們常會聽到孩子說：「你看！月亮跟著我走耶！」幼兒從自我出發探索生活周遭的一切事物和對地理的認識。教師在引導幼兒瞭解自己和環境、空間的關係時應注意和應用此點，例如，教師可詢問幼兒在教室中的座位鄰近那些物品或區域，教室位在園所的那個位置，且鄰近那些設備。進行校外地勘活動前，教師可以設計方向的活動讓幼兒對方向更熟悉，將教室布置成迷宮，並以簡單的上下、前後、左右等指令說明，讓幼兒實際進行方向的遊戲。換言之，教師應先瞭解幼兒對環境的認識有多少，再提供具體可觀察的活動，協助幼兒獲得方向、位置的概念。

2. 地圖

交通的便利縮短了世界的距離，讓幼兒經常有機會拜訪不同地方，而地圖是認識走訪陌生區域時不可或缺的工具。教師教導學齡前幼兒地圖概念似乎是具挑戰的任務，但地圖早已進駐人們的日常生活中，如家中汽車所使用的衛星導航系統、參訪動物園的路線圖等。因此，在介紹地圖的概念時可由實際的經驗中發展，如安排戶外教學活動時，教師可邀請幼兒一同使用地圖或查詢電子地圖，瞭解景點的所在位置與規劃路線。

教導地圖時有四項關鍵概念：（1）代表（representation），地圖是代表某一地區的圖畫，教師可引導幼兒利用具體的物品（如積木）代表某城市或高山；（2）象徵（symbolization），即地圖上常見的由特定符號用來代表鐵路、學校、機場或河川等，通常這些符號的意義都會標示在地圖的圖例說明中。教師可鼓勵幼兒在繪製學校環境的地圖時，自己創造一些符號；（3）角度（perspective），地圖是鳥瞰地面的概念，教師帶領幼兒從

高處往下看能幫助幼兒認識此概念；(4)比例尺（scale），地圖是依一定的比例縮小繪製的，教師可利用汽車模型、參觀袖珍博物館或小人國，提供幼兒對物體尺寸依一定比率縮小的概念（謝瑩慧，2007）。

3. 地理與環境

教師在平日的教學活動中，可帶領幼兒觀察和記錄當地的天氣與氣候的變化，討論天氣和氣候帶給人們的感覺和它們對景觀、穿著、食物與活動等造成的影響。此外，在室外活動和戶外教學時可介紹幼兒認識所居住的環境和各種地理景觀，例如觀察、觸摸和感受不同的地面，拜訪不同的景點和利用戶外教學或郊遊時觀察比較山、河流、濕地、湖泊等不同的地形。當然地理的概念並非侷限在地理環境上的教導，更重要的是要讓幼兒瞭解人人都有愛護與維持環境的責任。

(三) 經濟學

幼兒每天都觀察到與經濟相關的活動，如購買生活用品、汽車加油與繳學費，因此在日常生活中父母即可培養幼兒經濟和理財的觀念。以下將由生產與提供、消費者教育來談幼兒可認識的經濟學概念（謝瑩慧，2007）：

1. 生產與提供

人類最低層次的需求是生理需求的滿足，教師和幼兒可從討論如何滿足自己的基本需求開始，再討論如何豐富自己其他層面的生活。例如，孩子自己種菜並收成後，如何利用多餘的菜換取不同的物品，以買賣的概念開始發展，使幼兒體驗生產與消費之間的關係。在買賣遊戲的過程中除了讓幼兒體驗供給需求外，亦可討論營收與成本的關係。

在社會上有些人生產貨物，有些人提供服務以滿足人們不同的需求，而人們也必須以金錢或勞力來換取貨物和服務。在進行主題活動時，教師可邀請與主題課程相關各行各業的專家，到班上分享他們的工作內容和他們所提供的貨物或服務。

經濟學中最基本的概念是供不應求。每個人都會有需求和渴望，而往往每個人想要的都會多於需要的。老師可以和幼兒討論，分辨想要的和需

要的物品的差別，以及需求的優先順序，例如玩具與食物、添購衣服的必要性等，因而能善用金錢物資和能源。教師可具體的說明並配合買賣活動的進行，引導幼兒瞭解儲蓄和理財的觀念。例如，在買賣活動中依工作時數計薪，且教師設立銀行提供幼兒儲蓄或借貸，並預告在活動最後幼兒有權力運用自己的錢，進行消費或存入郵局或銀行。

2. 消費者教育

在消費競爭激烈的現代社會，對服務品質、售後服務、產品說明等要求，皆說明了消費不僅僅在於購買物品（謝瑩慧，2007）。教師可藉由課程活動引導幼兒瞭解消費者的權益。如過年時常進行的年貨大街採買活動，教師帶幼兒到附近的傳統市場與超級市場參觀，比較兩種消費環境的不同，以及討論「商家是否開立統一發票？」、「產品成分標示是否清楚？」、「產品是否標示製造日期與有效年限？」等，教師也可在戲劇角鼓勵幼兒進行買賣的想像扮演遊戲。

經濟學的另一個層面即是節約物資和回收再利用。教師可帶幼兒參觀二手家具店，瞭解回收物品再生利用的價值，幼兒也可蒐集家中將要淘汰的物品，在有能力維修的範圍將物品賦予新生命；若無法維修的物品，則可以賣到回收場，或者在園所舉行跳蚤市場以交換、買賣家裡用不著的物品，這些活動還能引發幼兒愛物、惜物的觀念。

經濟學的概念雖以供給與需求作為引導幼兒認識經濟發展的主要學習，但透過實際的活動中，幼兒習得的能力可能包含了數學計算、人際互動、生產過程和理財的價值觀。

(四) 環保

全球暖化等環保議題是每一個人皆需正視的問題，環保也是每個人的責任。維持環境的品質包含了氣候、動植物的保育、水源和土壤保持等。下列將從垃圾分類、節能減碳與環境重建三方面，討論環保教育（謝瑩慧，2007）：

1. 垃圾分類

每個班級都應進行垃圾分類，教師可和幼兒討論垃圾分類的目的和對

環境的影響。我們所製造的垃圾丟到哪裡？垃圾如何處理？垃圾對我們的環境造成什麼影響？為什麼要進行垃圾分類？上述的問題是垃圾分類和垃圾減量的起始點。首先，應讓幼兒瞭解垃圾的處理過程，帶領幼兒參觀社區的垃圾處理場，瞭解垃圾製造的量，以及垃圾的處理方式。在實際參觀完後，教師與幼兒討論垃圾如何減量與垃圾分類，並在班上徹底實施。

2. 節能減碳

環保的活動由幼兒的具體行動開始，教師輔以繪本或影片帶入環境改變對地球的影響，如砍伐樹林對山坡地的影響、工廠驟增對環境的傷害、汽機車排放的氣體對空氣的影響。教師與幼兒討論如何進行節能減碳時，也可設計停水、停電的體驗活動，讓幼兒真切感受資源耗竭的不便，活動時也可討論因應之道，以培養幼兒解決問題的能力。

3. 環境重建

環境保育不僅是維持環境，還需要積極的重建營造，可請幼兒提出重建環境的具體做法，例如可以打掃社區或認養社區公園、栽種植物等方式進行環境的保護。此外，還可由食、衣、住、行、育、樂的層面延伸討論環保的方式，如瞭解當地盛產的蔬果、選擇舒服透氣自然的衣服材質、參觀綠建築與多搭乘大眾交通工具的方式，引導幼兒對環保的重視與實踐。

環境保護只靠幼兒或班級的力量較為薄弱，可配合政府或民間機構的環保活動進行推廣，一方面促進幼兒對環保議題的重視，另一方面也瞭解此議題是整個社會的責任，藉此營造社會互動的關係。

(五) 政治

臺灣是個民主法治的社會，一到選季，不管是地方或全國的選舉，候選人和政黨總是會舉辦各種競選宣傳活動。教師可利用選舉期間讓幼兒觀察選舉活動的進行（如發派宣傳海報、宣傳廣播車、候選人發表政見等），也可和幼兒討論候選人、政黨、競選、投票方式、少數服從多數等民主的意義和內涵。教師在引導時，需注意立場要公正，不要刻意偏袒某黨派或某人。教師也可利用選季進行機會教育，在教室內舉辦小班長或小市長等選舉活動，實際的將選舉過程如：選派適當人選、宣傳、政見發

表、拉票、投票、開計票、公布當選人等做模擬扮演，讓幼兒真正體驗選舉的經驗，瞭解民主法治的真諦（謝瑩慧，2007）。

(六) 機構

Bronfenbrenner（1979）所提出的生態系統觀點指出，個體的發展是被嵌入於一系列的環境之中，在環境中的每個環節都彼此相互牽制、影響著，其中的環境包含了社區、社會機構等任何能與個體產生互動者。幼兒透過與機構的互動所產生的具體生活經驗，便是社會領域課程的教材，所以教師應提供幼兒認識各種機構的機會。先從與幼兒生活密切相關的場域開始，例如學校、醫院、圖書館、文化中心等，再擴大到日常民生相關的場域，如：電力公司、電信局等，或社會福利機構，如育幼院、兒福中心、老人院等，經由對機構的認識除了能幫助幼兒瞭解各機構在社會中的功能，亦能加強幼兒與社會關係的密切連結。

(七) 生涯發展

生涯發展教育應從幼兒園連貫到成人階段，成為教育歷程中不可或缺的一部分，將生涯概念納入現有的學校課程中，一直被認為是協助個人生涯發展的最可行辦法。生涯教育不應只是在傳統的課程外增加一個額外的科目或單元，而應將生涯的理念融入現有的課程中。生涯發展教育主要之目標為幫助幼兒：1.瞭解自己，培養積極、樂觀的態度及良好的品德、價值觀；2.認識各行各業的工作內容；3.認識各種行業所需的一般技能，並學習如何增進自己生涯發展的基本能力；4.尊重自己、他人及各種工作（陳國彥、吳宗立，2002）。

教師可幫助幼兒認識社會上的各行各業，在介紹如超市、醫院、餐廳或交通工具等主題時，可介紹與這些主題有關的職業和人物，或邀請該行業的相關人員到班上和幼兒解說他們的工作內容以及他們對工作的感覺和態度，讓幼兒可以更深入認識各種行業的性質及他們和幼兒日常生活的關係。教師也可準備各行各業的服裝、器具，提供幼兒進行角色扮演。此外，在課程進行過程中，亦能糾正幼兒對工作與性別的刻板印象。例如看

到男廚師在餐廳工作，可以讓幼兒知道烹飪並不是女性的專利，此外也有女性的司機、太空人和科學家等（謝瑩慧，2007）。

　　除此之外，教師更可利用平日生活的機會教育幫助幼兒發展自信心，培養他們成為積極負責的人，讓幼兒協助分擔教室維護的一些責任，如協助準備教材教具、教室環境清掃、照顧教室中的動植物等。如此除了讓幼兒學習一般的技能外，更能讓幼兒對自己所屬的團體產生歸屬感及負責任的態度。

　　最後，學習閱讀、書寫、與人溝通、發展良好人際關係及互動，更是生涯教育中必備的技能與態度。然而這些技能與態度並不能獨立的教授，而是必須與其他課程活動統整在一起（謝瑩慧，2007）。

（八）多元文化（反偏見教育）

　　幼兒很早便能看出人在性別、外貌、身體、能力、種族上的差異，因此幫助幼兒發展反偏見的態度與行為，釐清錯誤的觀念是很重要的。近年來臺灣社會日趨多元化，省籍問題、原住民正名、外籍配偶、新移民子女等已成為重要的議題。此外隨著科技進步帶來的便利，幼兒常有機會透過旅遊、網路、媒體等接觸不同的民族文化。因此，多元文化教育的及早實施，對幼兒而言是非常必要的。多元文化教育包含下列幾個面向：

1. 共依、共存的團體

　　在地球村的世界觀裡，國家與國家間彼此在經濟、貿易等方面皆有互相依賴的關係，而群體生活的人類社會裡，人與人之間相處更是藉由相互協助、支援而得以生存。教師可安排全班或小組共同從事一些工作、活動，讓每個幼兒負責其中一小部分，培養幼兒與同儕互動時，能有同理心、消除歧見並堅持完成工作。經由這些活動，孩子會學習到需要與別人合作互相支持，才能達成目標。

2. 文化的異同

　　文化多樣性的產生是因人類發展出多種解決每天遭遇的挑戰之方式。在大多數的多元文化課程中，教導幼兒認識文化異同的活動是主要基礎（張耀宗譯，2007）。教師可由幼兒最熟悉的家庭文化開始，經由探索幼

兒的家庭生活內容，延伸對其他文化的認識。如與孩子討論家人的背景（客家人、本省人、外省人）、家庭食物（米食、麵食、節慶食物）、家庭語言（臺語、國語、客家語、原住民語）等。透過不同的文化背景介紹，讓幼兒瞭解文化與文化間之相異處，並藉由人們文化表面的相異處探討隱藏於背後的相似處。讓幼兒瞭解沒有人比其他人優秀，每個人都有相同的需求和情感，從中幫助幼兒學習尊重各種文化的存在價值。

3. 刻板印象與歧見行為

有時幼兒在面對差異時，會表現出令人覺得不舒服的行為；另一方面，幼兒生活環境中的有些資訊不自知的引導或暗示，亦會讓幼兒受到錯誤的刻板印象影響（張耀宗、林乃馨譯，2007）。教師除了適時的介入引導外，在課程活動中也可提供機會讓孩子挑戰自己的刻板印象，如邀請男護士、女性消防員、聽障的老師、肢障的運動員、原住民家長到班上與孩子分享。教師也可與幼兒討論繪本、電視卡通、海報等中的文字圖畫，傳達的訊息是否合理，並幫助幼兒瞭解不合理之處，以及刻板印象與歧見行為可能造成的傷害等。

4. 反偏見課程中的節慶活動

節慶可以幫助幼兒認識傳統的文化，許多的課程活動常由節慶延伸而出。然而在近幾年來過度的商業包裝下，許多節慶失去原有的意義，幼兒當然也無法學習到不同文化背景下節慶的意涵。

在以節慶活動作為教導文化的活動時，教師必須先考量此節慶的目的為何，應以有意義、不需過度花費金錢的方式，來讓幼兒瞭解節慶的真實意涵，並讓幼兒在活動中參與節慶的準備。如聖誕節活動中，可讓幼兒瞭解聖誕節為國外感恩、家族團聚的重大節日，與孩子一同製作聖誕節餐點、布置溫馨的環境，並能傳達感恩之意和對別人的關懷。

5. 衝突解決

國際社會中常會出現因種族、宗教信仰的不同，而發生的戰爭和衝突。在臺灣的社會中，也常因為省籍、黨派政見理念不合而有衝突出現，教師可利用這些事件引導幼兒思考，以暴力或激進的方式解決衝突的後果，並討論如何心平氣和的溝通、協調（謝瑩慧，2007）。

㈨ 生命教育

　　人歷經嬰兒、兒童、青少年、青年、中年、老年的階段，以及求學、求職、戀愛、結婚、生子等生命過程，必定想要探討「生命的意義」和「生命的真諦」。「生命教育」的價值在於將學科知識的重要與人的價值和意義之間，做一個連結。每個人在瞭解生命的完整面貌後，對生命的看法會更達觀。因此，生命教育的目的在引導幼兒更重視生命。

　　生命教育內容涵蓋甚廣，其中包含生命意義的領悟與實現（如：瞭解人一生的生命過程）、生命的安全與存續（如：安全、疾病、生死、求生知識）、心智的成長與學習（如：身體功能、個人能力、人際關係、社會互動）、充實的生活與精神生活的開展（如助人、善行、倫理道德）、宗教教育的省思（如：生命的省思、信仰）等（張湘君、葛琦霞，2000）。教師可藉由以生命教育為探討主題的兒童文學繪本，讓幼兒瞭解如兩性平權、生死議題、生命體驗、愛與關懷等觀念；也可藉由幼兒家中有新生命的誕生的機會，探討生命的喜悅，或有寵物死亡的經驗，討論死亡的議題等。教師亦可引導幼兒討論如何幫助他人，例如：在學校舉辦愛心義賣會或跳蚤市場，或利用社會新聞事件（如：地震、水災、偏遠地區貧困兒童、非洲飢民等），與孩子討論他們的感受和如何為這些事件盡一份心力。

二、情意

　　人們的價值觀、信念會受到他們生存的特定社會文化所影響。價值觀、信念與態度是無法單獨教授的科目，教師需配合其他的領域教學，將符合社會所期待的規範與價值傳達給幼兒。

　　「身教」、「境教」雖是潛在課程（黃光雄、楊龍立，2001），卻影響幼兒甚鉅。教師必須以身作則，從己身的行為傳送社會認為真善美的訊息，在平日的言語、行為中表現尊重別人、重視民主、人權、負責任的態度，讓幼兒感受到，並在無形中形成幼兒信念、態度、價值觀之基本基

礎。當然教師也可藉由課程中角色扮演、戲劇、兒童文學的介紹等活動，來傳遞這些信念和價值觀。

除了價值觀外，幼兒的公民道德教育也包含在社會領域課程內，主要在教導幼兒判斷是非對錯的價值觀和道德行為的實踐。在教導社會共同的道德觀點時，教師可利用幼兒生活中常遇到的情境，以開放性的問題和幼兒討論，例如：如果爸爸媽媽不肯買玩具時，可以偷店裡的玩具嗎？偷商店裡的玩具和偷同學的玩具，那種行為較不應該？為什麼？（謝瑩慧，2007）；或與孩子探討隨地亂丟垃圾、破壞公物、新聞事件中的搶劫、傷害別人等行為會為社會、個人帶來的影響。藉由深入的探討，幫助幼兒釐清正確的是非價值觀念。

三、技能

技能學習的內容包含人際互動方式、規則建立、情緒抒發、溝通技巧、團體合作等，幼兒經由社會技能的習得，將有助於與環境和諧的互動。社會領域技能的獲得，由下列四點闡述之：

(一) 同理的能力

現今社會因少子化的關係，幼兒常成為家中成人注意的焦點，家長多以付出的角色與孩子相處，未給孩子有回饋的機會，因此幼兒應學習傾聽別人的需求、有同理心和能體貼別人。教師可以設計小天使和小主人的遊戲，讓幼兒學習照顧別人、傾聽他人的意見和瞭解他人的需求。

(二) 溝通的能力

在活動的過程中常有孩子發生衝突，團體生活中溝通是與人和平相處的重要技能之一，若無法有效溝通班級常規也較不易建立，因此，教師應引導幼兒學習溝通。教師可在衝突發生時介入引導，詢問事件的發生過程，並請幼兒試圖以同理心瞭解對方的感受，並思考如何化解衝突。

（三）解決問題的能力

教師應採取開放態度在幼兒面臨困難時，引導他們發現問題，進而解決問題。例如，詢問幼兒「發生了什麼事？我們一起想想有什麼方法可以解決。」、「有沒有人可以幫忙處理？」、「你已經為事情做了什麼處理？接下來還可以怎麼做。」

（四）人際互動的能力

在團體生活中，幼兒常面臨因必須輪流、分享、等待而造成的衝突情境；另一方面，有關同儕關係的研究也一再強調是否具有這些利社會的行為，是影響幼兒在團體中能否被接受的重要因素（Ladd & Coleman, 1993）。因此，教師應幫助幼兒學習這些利社會的行為和技巧。例如：可安排四、五位幼兒一同使用遊樂器具或工具，讓幼兒有分享輪流的機會，但教師也要注意避免讓過多幼兒輪流，而使等待時間過長。

陸 評量

社會領域課程評量的主要目的，在瞭解幼兒的學習和社會能力發展狀況，以作為教師課程設計、教學省思之依據。教師進行評量宜採過程性的觀點，平日蒐集幼兒的觀察記錄、活動照片、作品等資料，並建置幼兒的學習檔案。此外，也應於每學期期初、期末進行定期的評量，並在期末以總結性的評量檢視幼兒的學習情形（陳國彥、吳宗立，2002）。此外，教學評量可幫助教師發現在社會領域學習上有困難的幼兒，教師可透過評量的資料分析，適時介入輔導幼兒或與家長溝通、協調。因此，評量在社會領域課程中扮演著極重要的角色。為使教學評量能發揮應有的功能，教師在進行評量時可參考下列原則：

一、評量應依據教學目標

教學活動若能事先定下教學目標，並以此作為課程設計之依據，才能清楚明確瞭解是否達到預期的教學效果。例如：在自理能力方面之課程教學，可先定下幼兒能自行處理生活中的例行工作（如穿衣、穿鞋、如廁），或能照顧自己身體的需要（如口渴、飢餓）等具體的活動目標，並依目標設計相關的學習活動，藉由活動的過程及結果進行評量。

二、評量方式應多元化

社會領域課程的學習是師生互動的歷程，除正式課程之外，日常生活中的言行舉止和與他人的互動也包含其中。任何評量方式均有其功能與限制，無法全盤概括。因此，社會領域課程教學評量不能只使用單一的評量方式。教師應依據課程進行的狀況，選擇多元的方式，以客觀、合適的方法瞭解幼兒的學習表現。

教師可根據教學的目標，為每位幼兒蒐集資料和建立個人的學習檔案，檔案的內容可包括教師對幼兒的教室行為觀察、軼事紀錄、幼兒各種作品和學習單、活動照片、幼兒活動參與和與同儕相處的情況等。幼兒學習檔案可以更有系統的幫助教師、家長檢視，瞭解幼兒學習的過程和進步發展的情形。

三、評量應兼顧認知、情意、技能三層面

社會領域課程包含認知、情意、技能之學習內容，雖然情意的評量較認知和技能層面不容易，但態度、價值觀、社會公民應有的素養，亦是社會領域課程中主要傳達給幼兒的概念。因此，教師在評量時需兼顧此三層面：

(一) 認知層面

在學習過程中，透過討論、發表和意見分享，瞭解幼兒對於某概念是否已清楚明白。如幼兒在談起周遭的人時，能否指認出他們的外表特徵、稱謂或描述他們的行為等。

(二) 情意層面

教師平日可多方觀察幼兒在與同儕互動時，是否能懂得接納、分享，並表現出尊重生命、愛惜萬物等良好的社會行為和態度。

(三) 技能層面

藉由觀察幼兒平日生活或作品，瞭解幼兒是否能將學習到的技巧與能力應用得宜。如：觀察幼兒與人互動溝通時所使用的技巧是否合適，幼兒是否能獨自或與人合作完成作品等。

四、評量應兼重學習結果與學習歷程

社會領域課程教學是一種動態的歷程，評量應兼重學習結果與歷程，以作為教師教學與幼兒學習的回饋。在課程進行的過程中，教師宜從平日的教學與日常生活中觀察幼兒學習的狀況。如幼兒在活動過程中發現問題，能嘗試解決問題嗎？倘若不能解決時，是否會請教別人或嘗試不同的方法？而在活動結束後，幼兒是否能統整自己的經驗和發表感想。幼兒對各種型態的活動（如自由遊戲、小組活動、團體活動、戶外教學活動等）的參與度為何？能否在參與的過程中專注進行活動？上述都是教師平日的觀察內容。期末時則整理平日評量，檢視幼兒整學期的學習情形，並做總結，以作為下學期課程設計之參考。

五、評量應重視幼兒的個別差異

由於幼兒身心發展程度不一，教師應將個別之能力發展狀況納入評量的參考，以協助幼兒適性學習。

教案範例

活動一

活動名稱	綠衣天使	教學領域	社會
適用年齡	5～6歲		
活動 目標	1.認識郵差的特徵。 2.瞭解信件的處理過程。 3.能以信件的方式表達自己的想法。		
教學資源	自製郵局相關概念PPT、紙張、畫筆		

活動流程
一、引起動機 （一）老師播放電影「海角七號」的片段，與孩子討論劇中人物「阿嘉」的工作。 （二）老師和孩子討論郵差的服裝，如：郵差先生的穿著和我們有什麼不同，對郵差先生的印象是什麼？以及郵差如何處理信件等問題？並歸納有關郵差的概念。 二、發展活動 （一）幼兒對郵差的工作內容瞭解後，老師問幼兒：「郵差的信件從哪裡來？」從郵差先生的工作內容將話題轉移到「寫信」上，並介紹信件地址撰寫方式與郵票的功能，讓孩子對信件的撰寫方法有初步概念。 （二）幼兒瞭解郵差的工作與信件等相關概念後，教師提供紙張讓孩子利用繪畫或文字練習，寫信給自己的好朋友。 （三）請幼兒進行扮演遊戲，擔任小郵差，將信件經由整理、分類後，送到收信者手中。體驗郵差工作狀況。 三、綜合活動 （一）請幼兒分享自己所收到的信，並介紹內容。 （二）請幼兒討論自己寫信或收到信的感覺。 （三）請幼兒討論體驗扮演小郵差的感覺及想法。 四、延伸活動 （一）可利用社區附近的郵局進行教學參觀，或是請幼兒自己寫一張卡片給家長，並寫好收信人地址、貼上郵票後，帶領幼兒到郵筒投遞。 （二）可與孩子一同進行觀察，每天送信到學校來的郵差，送信來的時間為何？郵差送信來時會進行什麼工作（如掛號時，需蓋章；將分類好的信，丟到信箱內），並討論除此之外，還觀察到什麼。

活動二

活動名稱	我的紋面		教學領域	社會
適用年齡	5～6歲			
活動 目標	1.認識有紋面習俗的族群。 2.瞭解紋面習俗的功能。 3.能激發創造力。 4.能尊重不同的文化。			
教學資源	1.紋面的圖片、人體彩繪蠟筆、顏料。 2.泰雅族太魯閣紋面文化 http://www.dmtip.gov.tw/event/fas/htm/05culture/05culture02.htm			

活動流程

一、引起動機

（一）老師戴著自製的「紋面」面具出現。

（二）老師與幼兒討論面具上的線條，並展示有紋面的圖片給幼兒看。

二、發展活動

（一）老師為小朋友們介紹臺灣原住民中三個族群的「紋面」習俗，並與幼兒討論三個族群的「紋面」線條、圖形不同之處。

（二）老師問幼兒：「為什麼這三個族群臉上有紋面？」，各有什麼功能和意義，並將幼兒的想法記錄下來。

（三）老師說明紋面的起源與歷史。

（四）統整幼兒對「紋面」的瞭解後，請幼兒想像，如果他是泰雅族，必須要紋面時，他會想要的圖案。

（五）利用身體彩繪顏料，讓幼兒體驗在身體或臉部紋面的感覺。

三、綜合活動

（一）請幼兒上臺展示「紋面」身體彩繪的成果。

（二）請幼兒討論在臉上紋面後的感覺。

四、延伸活動

（一）舉辦「原住民體驗活動」。配合學校的大型活動，幼兒設置「紋面」的攤位，為家長與他班幼兒進行臉部彩繪。

（二）可在美勞角放置圖畫紙、蠟筆，讓幼兒進行紋面原住民創意設計，自己設計各種不同的紋面風格。

注意事項	臉部彩繪材料的選擇上，要注意成分及洗滌方式。

活動三

活動名稱	關心我身邊的人	教學領域	社會
適用年齡	5～6歲		
活動目標	1.瞭解視障者的不便。 2.能關心有特殊需要的人。 3能主動協助視障者。		
教學資源	繪本《多娜和綠色的鳥》（飛寶國際文化出版社）、視障者輔助工具圖卡		

一、引起動機

（一）老師介紹《多娜和綠色的鳥》繪本。

（二）藉由繪本介紹，讓幼兒知道視障者如何感受世界。

二、發展活動

（一）老師拿出彩虹、大樹、蛋糕……等圖卡，並請幼兒分享用什麼來感覺這些事物。

（二）老師與幼兒討論視障者，利用什麼方法來感覺世界。

（三）老師利用圖卡讓幼兒認識視障者所需要的輔助工具，如手杖、點字機、導盲犬等。

（四）將幼兒分成「體驗盲人組」與「照顧組」，並將「體驗盲人組」的幼兒眼睛蒙上。

（五）由照顧組幼兒帶領體驗盲人組幼兒在經過布置的教室，進行視障者大體驗，感受視障者看不見的世界，結束後再進行角色互換。（老師事先將教室規劃成讓幼兒體驗的動線，並放上障礙物，並且注意幼兒的安全。）

三、綜合活動

體驗的活動結束後，請幼兒分享體驗活動的感覺，並引導幼兒瞭解視障者的需求以及在生活中如何協助視障者。

四、延伸活動

對視障者有更多的瞭解後，安排幼兒到「惠明盲校」當小小義工，實際觀察視障者的日常生活狀況。（可邀請家長共同參與，活動前要與孩子進行更多的溝通與討論。）

注意事項	體驗活動時，環境的規劃上需注意安全性。

活動四

活動名稱	知識的寶庫～圖書館	**教學領域**	社會
適用年齡	5～6歲		
活動 目標	1.認識圖書館的功用。 2.能善用圖書館資源。 3.能遵守圖書館規則。 4.能愛惜書籍。		
教學資源繪本	《圖書館的秘密》（遠流出版社）、海報、簽字筆		

活動流程

一、引起動機

（一）老師拿出《圖書館的秘密》一書，從書的封面引導幼兒猜想封面的建築是什麼地方。

（二）講述繪本內容。

（三）故事結束後，老師與幼兒討論圖書館裡的秘密，並將幼兒的分享記錄下來。

二、發展活動

（一）請幼兒分享上圖書館的經驗，如：建築、室內擺設、氣氛……等。

（二）老師統整幼兒對圖書館外觀、室內、規則的分享後，將其寫在海報上做成經驗圖表。

（三）請幼兒討論有哪些行為在圖書館裡是不被允許的，進入圖書館裡，應注意什麼？並透過討論將大家的意見製作成圖書館規則海報，讓幼兒瞭解圖書館是需要大眾共同的維護及愛惜，才能有效發揮其功用。

三、綜合活動

在對圖書館的認識後，請幼兒想想看為什麼我們需要「圖書館」？圖書館及裡面的書籍應如何被保存（愛護書籍的方法）。

四、延伸活動

（一）參觀園所附近的圖書館。在參觀前，透過分組讓幼兒去探索、討論運用圖書館資源的方法，在參觀後，再進行討論，和之前討論的結果是否一致。

（二）在教室內設置小小圖書館，將書籍進行分類、布置及規則張貼，訂定借還書方式，讓幼兒實際體驗圖書館運作方式。

活動五

活動名稱	廚師真偉大	教學領域	社會
適用年齡	5～6歲		
活動目標	1.認識廚師的工作內容。 2.能注意餐飲衛生習慣。 3.瞭解廚師工作的辛苦。		
教學資源	廚師工作照片數張、電腦一臺、繪本《大家一起做料理》（天下雜誌）		

活動流程

一、引起動機

（一）老師事先穿好圍裙，並問幼兒：「小朋友你們猜猜看，老師身上穿的圍裙是哪一種工作的人會穿的？」

（二）接著老師戴上廚師帽，手拿大湯匙問幼兒：「再猜猜看，老師今天扮演什麼職業的人？」等幼兒都能清楚猜到廚師時，老師就可跟幼兒說明今天要介紹的職業是廚師，並詢問幼兒：「什麼地方會有廚師？」將幼兒的分享記錄下來。

二、發展活動

（一）使用電腦投影事先蒐集的照片作為輔助，介紹學校裡的廚房阿姨，並藉由討論讓幼兒思考廚房阿姨除了炒菜料理以外，尚有設計菜單、選購食材、清洗食材、餐盤、整理廚房等許多工作。

（二）在老師以照片進行介紹解說後，接著介紹遊戲繪本《大家一起做料理》一書，藉由繪本內容，與幼兒討論如何製作衛生又美味的餐點（利用分組活動，讓幼兒討論製作什麼樣的點心以及要注意的衛生習慣有哪些）。

三、綜合活動

（一）請幼兒分享覺得廚師的工作辛苦嗎？為什麼？

（二）平日在家擔任廚師工作的是誰？如何對他們表達感謝之意？

四、延伸活動

舉辦「小小廚師檢定活動」，利用討論後對廚師應有的條件，延伸發展進行廚師檢定的活動內容，讓每位幼兒參與體驗當小小廚師，完成活動內容工作的小朋友，即可成為小小廚師。

注意事項	衛生問題的控管、料理工具使用的說明及成人的協助，以防意外的發生。

活動六

活動名稱	我是小小購物家		教學領域	社會
適用年齡	5～6歲			
活動目標	1.瞭解物權觀念。 2.認識便利商店的功能。 3.能遵守買賣規則。			
教學資源	自製電腦簡報（便利商店的商標及其內部構造和販賣的商品等）、自製錢幣、自製商品的標價卡、小白板、商品與食品數個、商店海報			

活動流程

一、引起動機

（一）詢問幼兒有無與父母購物的經驗？都在什麼地方購物？

（二）接著，教師開始介紹最貼近我們生活的便利商店，簡述便利商店都有各自的商標（OK、7-11、全家、萊爾富），讓幼兒對便利商店有初步的認知。

二、發展活動

（一）教師開始介紹便利商店有哪些區域，都擺放些什麼東西（以7-11為例，並搭配PPT簡介）。

（二）接著教師將教室布置成一個小型的商店，擺放一些幼兒喜歡的商品或食品，再開始延續下一個活動。

（三）在開始進行遊戲前，先告知幼兒買東西要注意的事項，如：買東西要付錢、排隊，不可以喜歡就帶走。

（四）接著將幼兒分組進行買賣遊戲，並請一至二位幼兒擔任店員，體驗買賣的樂趣。

三、綜合活動

遊戲結束後，請幼兒發表他買了什麼？有什麼東西是最喜歡的？花了多少錢？以及體驗買賣遊戲的感覺。讓幼兒學會與人分享，表達自己的意見。

四、延伸活動

（一）可將課堂使用的物品及布置移到扮演角，讓幼兒利用時間進行買賣遊戲。

（二）實際前往學校附近的便利商店參觀，亦可同時選擇學校附近的傳統商店~柑仔店，讓幼兒感受傳統的柑仔店和現代化的便利商店有何不同。

活動七

活動名稱	預防的妙用	教學領域	社會
適用年齡	5~6歲		
活動目標	1.瞭解醫生跟護士的工作。 2.瞭解打預防針的重要性。 3.瞭解急救箱的內容及功能。 4.能增進手眼協調的能力。		
教學資源	幼兒保健圖畫書《今天要打預防針》（人類文化出版社）、醫生／護士的圖字卡、急救箱、有蓋子的紙盒、白／紅色色紙數張、白膠、塑膠繩		

活動流程

一、引起動機

（一）老師先唸《今天要打預防針》的故事繪本，引起幼兒的興趣。

（二）說明打預防針的重要性，如可預防傳染病，讓幼兒有初步的瞭解。

（三）老師在開始簡述替我們看病的醫生及幫我們打針的護士其工作職責為何時，可以拿出圖卡跟字卡搭配，讓幼兒能更清楚他們負責的項目。

（四）除了打預防針之外，還有什麼東西可幫助我們預防及處理平日意外受傷的功用。

二、發展活動

（一）拿出學校內的急救箱告訴幼兒，平時家中若有人受傷，我們可以利用急救箱做些什麼？引導幼兒對急救箱的認識，並討論急救箱內應放置哪些物品，老師將幼兒所提出之物品寫下來。

（二）與幼兒討論後，教導幼兒著手進行製作急救箱，先將備好的紙盒（有蓋子）貼上色紙後，再將蓋子上黏上塑膠繩，方便提握即完成。

（三）老師發下所有的材料，讓幼兒嘗試創造一個屬於自己的醫藥箱，完成後可告知幼兒裡面可以擺放一些優碘、生理食鹽水、紗布、OK繃等物品，讓孩子瞭解急救箱內的物品及其重要性。

（四）最後請幼兒將箱子帶回家去，並可在學習單中告知父母將一些簡易急救物品放入急救箱中，更能落實其功用，幼兒也會更加瞭解。

三、綜合活動

　　與幼兒討論將在自己做好的急救箱裡放置哪些藥品？為什麼？

四、延伸活動

　　透過急救箱藥品認識，讓幼兒進行藥品常識大考驗，並建立幼兒正確用藥觀念。

注意事項	急救箱內的物品要宣導其功能，並確認幼兒能正確使用急救箱。

活動八

活動名稱	我最特別		教學領域	社會
適用年齡	5～6歲			
活動 目標	1.認識自己的長相，並能辨認自己與別人的不同。 2.瞭解自己優點並欣賞他人優點。 3.能有藝術鑑賞能力			
教學資源	繪本《你很特別》（道聲出版社）、圖畫紙、畫筆、鏡子			

活動流程

一、引起動機

（一）老師講述繪本《你很特別》給幼兒聽。

（二）請幼兒思考並進行討論，「胖哥哪裡特別？」、「木匠萊伊說了什麼，讓胖哥覺得自己是特別的？」。

二、發展活動

（一）請幼兒拿出老師昨天要他們帶的鏡子，觀察自己的長相，如：請孩子面對鏡子，看自己的頭部，看看頭上有什麼？（例如女生頭髮上可能會有髮夾或髮圈……或是女生多為長髮，男生多是短髮）。

（二）讓幼兒兩個人一組，互相觀察對方，並形容另一個幼兒的長相，如：他的眼睛很大、頭髮長長的，並挑選一組幼兒上臺示範。讓幼兒不僅發現自己的優點，也藉由別人的眼中瞭解自己的優點是什麼？讓幼兒瞭解自己是獨一無二、是特別的。

（三）老師示範看著鏡子畫出自己的模樣，讓幼兒去美勞角領取圖畫紙，讓幼兒畫出自己的樣子。

三、綜合活動

（一）與同學分享自己的作品，並上臺介紹自己的優點。

（二）將幼兒的作品貼在教室中，讓幼兒可以觀摩他人的作品。

四、延伸活動

（一）請幼兒回家問爸爸媽媽認為自己的優點是什麼？並與家長分享自己的優點是什麼。

（二）將孩子對自己的認識過程整理成相關作品，再引導幼兒與家人一同製作一本屬於自己的小書，最後呈現在展覽區域，供大家欣賞。

活動九

活動名稱	我的好朋友		教學領域	社會
適用年齡	5～6歲			
活動 目標	1.瞭解朋友的重要。 2.能尊重他人。 3.能樂於參與團體生活。 4.能運用大、小肌肉。			
教學資源	繪本《我喜歡你》（遠流出版社）、兒歌：好朋友、律動：我的好朋友、圖畫紙、色筆			

活動流程

一、引起動機

（一）老師唸繪本《我喜歡你》。

（二）與幼兒討論你的好朋友是誰，你最喜歡跟誰在一起玩，為什麼？

二、發展活動

（一）讓幼兒分成兩人一組，進行遊戲，利用兒歌「好朋友」讓幼兒做律動。

（二）兒歌結束後猜拳，輸的幼兒搭肩在贏的幼兒後面，贏的幼兒則繼續往下一組前進，藉此可以讓幼兒拉近彼此的距離，讓之前不常一起遊戲的幼兒做互動。

（三）老師詢問幼兒：「小朋友，在剛剛的活動裡面，你有沒有重新認識了一些你以前沒有常常和他在一起玩的好朋友？」

（四）再次重新分組，利用律動歌曲「我的好朋友」，讓幼兒再次做互動。

三、綜合活動

（一）請幼兒分享在剛才的活動裡，和很少在一起玩的小朋友互動時的感覺為何。

（二）與幼兒討論，除了平常常在一起玩的朋友外，可以利用哪些方式認識其他的小朋友。

四、延伸活動

（一）老師為孩子與好朋友拍照，並請幼兒設計相框，將照片放入相框中。（可為團體照或幾位好朋友的合照）

（二）請小朋友到美勞角，畫出自己和自己最好的朋友一起遊戲的樣子，並送給自己的好朋友。

活動十

活動名稱	社區大發現	教學領域	社會
適用年齡	5～6歲		
活動目標	1.認識社區以及社區資源。 2.能親近並善用社區資源。 3.能使用小肌肉。		
教學資源	圖卡、機構簡介或電腦、簡報、圖畫紙、彩色筆、蠟筆		

活動流程

一、引起動機
（一）老師事先準備一些有關社區資源的圖卡——郵局、警察局、圖書館、文化中心、美術館、自然科學博物館、公園、醫院等。
（二）老師展示這些景觀的照片，並問小朋友是否有看過這些景觀？在哪裡看到？有使用過這些資源嗎？
（三）老師解釋何謂「社區」？社區與我們生活有什麼相關性。
（四）老師請小朋友回想自己的社區裡有哪些資源及其功用，並做討論。

二、發展活動
（一）老師利用機構簡介或電腦網站、簡報介紹社區特色資源～美術館與文化中心。
（二）與孩子討論美術館與文化中心的功能和特色。
（三）請孩子分組討論，並畫出心目中的美術館或文化中心。

三、綜合活動
（一）請各組幼兒上臺介紹他們所畫出的美術館或文化中心，有何特別之處。
（二）與幼兒一同討論，並分享心得。

四、延伸活動
（一）可利用時間帶領幼兒實際前往參觀美術館、文化中心等，進行探索課程。
（二）設計社區資源大發現學習單，邀請家長假日時帶幼兒一起探索社區的特色資源，返校時再與大家共享，更能加深幼兒對社區資源概念之印象。

教案由臺中教育大學幼兒教育學系（含碩士班）同學設計。

活動一設計者：林欣儀、陳韻婷、郭姿妤、王筱如
活動二設計者：林奕汝
活動三設計者：洪美玲
活動四設計者：鐘雅玲
活動五設計者：郭姿妤
活動六設計者：林欣儀、陳韻婷、郭姿妤、王筱如
活動七設計者：林欣儀、陳韻婷、郭姿妤、王筱如
活動八設計者：朱翠涓
活動九設計者：洪士耘
活動十設計者：李介慈、李雅惠、陳欣儀、林以平
活動修改者：卓佩茹、陳燕惠

參考書目

中文部分

李豐楙（1998）。過節日。臺北：雄獅。

周淑惠（2002）。幼兒教材教法——統整性課程取向。臺北：心理。

周淑惠（2006）。幼兒園課程與教學——探就取向之主題課程。臺北：心理。

林美珍（1996）。兒童認知發展。臺北：心理。

林翠湄、黃俊豪、連廷嘉、王雪貞等譯，蘇建文總校閱（2006）。David R. Shaffer原著。發展心理學。臺北：學富。

張春興（1991）。現代心理學。臺北：東華。

張湘君、葛琦霞（2000）。生命教育一起來。臺北：三之三文化。

張耀宗、林乃馨譯（2007）。Louise Derman-Sparks原著。反偏見取向：幼兒的多元文化教育。臺北：華騰。

陳國彥、吳宗立（2002）。社會領域教材教法。高雄：麗文文化。

郭靜晃、陳正乾譯（1998）。Bernard Spodek & Olivia N. Saracho原著。幼兒教育—適合3～8歲幼兒的教學方法。臺北：揚智。

黃光雄、楊龍立著（2000）。課程設計：理念與實作。臺北：師大書苑。

黃富順（2000）。幼兒園課程綱要研訂報告。教育部委託研究案。

跨藝術交流協會。傳統節日。2009年8月6日，取自於http://www.iov.org.tw/taiwan. asp。

盧美貴（2002）。我國五歲幼兒基本能力與學力指標之建構研究。教育部專案。

蕭美華、吳雅玲、謝瑩慧譯（2007）。Carol Seefeldt原著。幼兒社會教材教法。臺北：華騰。

薛絢譯（2006）。Lise Eliot原著。打造黃金腦——探索0～5歲腦部發育地圖。臺北：新手父母。

謝玉新（1993）。透過社區發展運用自然與人文資源。社會福利，10，29-33。

謝瑩慧（2007）。幼兒探索課程。載於陳淑琴、謝明昆、薛婷芳、林佳慧、謝瑩慧、魏美惠著（頁373-420）。幼兒課程與教學——理論與實務。臺北：華都。

英文部分

Bronfenbrenner, U. (1979). *The ecology of human development.* Cambridge, MA: Harvard University Press.

Ladd, G. W., & Coleman, C. C. (1993). Young children's peer relationship: Forms, features, and functions. In B. Spodek (Ed.), *Handbook of research on the education of young children* (pp. 57-76). New York: Macmillan.

National Commission on Social Studies in the Schools. (1989). *Charting a course: Social studies for the 21st century.* New York: Author.

第 章

幼兒情緒領域

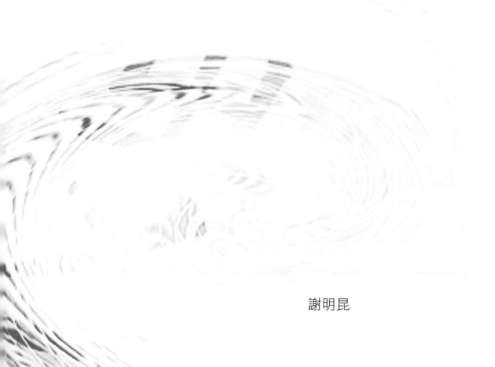

謝明昆

如何引起幼兒學習興趣以利教學活動的進行，是專業幼兒教保工作者的重要功課之一，所稱的學習興趣就是一種情緒。除此之外，幼兒園教保工作者，面對這麼年幼的孩子，在每日的工作內容中，以處理孩子的情緒問題占大部分。

從身心發展觀點，教育學家主張學前教育階段是人生各項發展的關鍵期，包括大小肌肉的生理身體發展、智能發展、人格、語言、社會、道德發展等等，而這些發展都與幼兒每天生活的情緒息息相關。

發展幼兒情緒教育課程，能夠增進教保工作者能力，輔導幼兒發展健康情緒，促進幼兒身心健全發展。探討幼兒情緒教育課程，除了探討課程內涵與歷程，也因教保工作者秉持教師本位或兒童本位教育哲學的不同，導致表現不同的教保態度與採用不同的教學模式，而影響幼兒情緒教育的成效，因此值得深入探究。

 ## 壹 情緒的內涵類別與輔導

情緒是什麼？簡單的說，是指人對事物的感受，源自刺激所引起的激動狀態。精確的說，情緒係指因某種外在或內在刺激，引發個體自覺的心理失衡狀態（陳質采、呂俐安，2000）。外在的刺激，如自然環境、社會環境；內在的刺激，如身體狀況等。依據陳醫師的解釋，當生活的「實際生活經驗」與「內在想法」有了差距，便會引發情緒，因此透過情緒來瞭解我們的內在世界雖不是唯一，但不失為一種簡易有效的方式。

有關情緒的分類，有很多種說法。在佛教文化中，發現人性有「七情六慾」，「七情」是指「喜、怒、憂、思、悲、恐、驚」，為了修身養性，講究要「放下」，要「超脫」，因為受七情六慾干擾的人，總免不了被世間俗事所累，只有這樣才能走出俗世（宋犀坤，2008）。當個人受困世間俗事，為了尋求「放下」與「超脫」，人們會尋求宗教的輔助；當代因心理科學的發展，鼓勵人們尋求心理諮商與治療，可以有效復健，豐富生活，發展潛能，更符合人性。

在臨床醫學上的分類，臺北市立醫院陳質采醫師等人（2000）指出，當個體在失衡的心理狀態時，會有極為複雜的情感性反應，如喜、怒、哀、懼、愛、惡、欲等。由於處在情緒當中，個人除了會有心理上的主觀感受之外，亦會引起身體上的生理變化。因此指出當面對個人或他人的情緒時，要有下列正確的觀念：

1. 情緒是我們內在想法所發出的一個訊息。由於個人內在的想法常是隱晦不明的，必須藉由情緒訊息管道，透過對情緒的尊重、接納與瞭解，使得內在的想法得以浮現，進而透過改變想法來改變情緒。

2. 情緒是一種能量。情緒既是一種能量，一旦引發了就得給它一條紓解的出路，否則它會在我們的身體或心靈深處的某個角落累積醞釀，或是伺機而動，或是以某種身心症狀來展現。

3. 情緒的表現與孩子發展的成熟度及生活經驗有關。譬如孩子在3～4歲時會發展出嫉妒的情緒，而有兄弟姊妹的小孩可能比獨生子女更有機會體會及學習處理嫉妒的情緒。

陳醫師主張「且讓我們以尊重、接納及瞭解的態度來面對情緒。跟著情緒的步調，可以帶我們進入更深的自我瞭解」。

基於以上對情緒的認識，陳醫師建議在面對孩子的情緒時，成人可採取下列步驟協助孩子：

1. 接納孩子的情緒。

2. 幫助孩子辨識是哪一種情緒。

3. 解釋引發情緒的情境。

4. 協助孩子處理情緒。

5. 增加孩子的問題解決策略。

在心理輔導上，分類情緒為五個向度。讀者可以從圖7-1「個人情緒的五個向度」中，深入瞭解情緒的種類。心理輔導非常重視情緒，直接從同理個案的情緒著手輔導，幼兒教保工作者應用時，需轉換話語，使用幼兒聽得懂的情緒語意表達：

第一向度（I）：指任何正向的與強烈的情緒，例如樂不可支、雀

躍……等等。

第二向度（II）：指任何負向的與強烈的情緒，例如憤怒的、生氣的、
厭惡的……等等。

第三向度（III）：指任何負向的與微弱的情緒，例如乏味的、哀愁
的……等等。

第四向度（IV）：指任何正向的與微弱的情緒，例如溫馨的、自在
的……等等。

第五向度（V）：指一種混淆的情緒，個人沒有辦法明確感受以上四個向
度中的任何一個情緒，個人的內心情緒是一團亂。

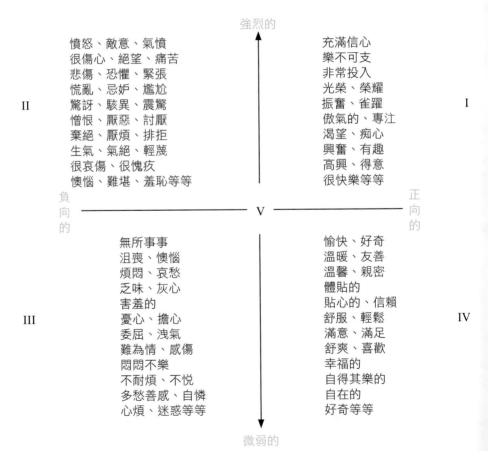

強烈的

憤怒、敵意、氣憤　　　　　　　充滿信心
很傷心、絕望、痛苦　　　　　　樂不可支
悲傷、恐懼、緊張　　　　　　　非常投入
慌亂、忌妒、尷尬　　　　　　　光榮、榮耀
II　驚訝、駭異、震驚　　　　　　　振奮、雀躍　　I
憎恨、厭惡、討厭　　　　　　　傲氣的、專注
棄絕、厭煩、排拒　　　　　　　渴望、痴心
生氣、氣絕、輕蔑　　　　　　　興奮、有趣
很哀傷、很愧疚　　　　　　　　高興、得意
懊惱、難堪、羞恥等等　　　　　很快樂等等

負　　　　　　　　　　　　　　　　　　　　正
向　　　　　　　　V　　　　　　　　　　　向
的　　　　　　　　　　　　　　　　　　　　的

無所事事　　　　　　　　　　　愉快、好奇
沮喪、懊惱　　　　　　　　　　溫暖、友善
煩悶、哀愁　　　　　　　　　　溫馨、親密
乏味、灰心　　　　　　　　　　體貼的
害羞的　　　　　　　　　　　　貼心的、信賴
III　憂心、擔心　　　　　　　　　　舒服、輕鬆　　IV
委屈、洩氣　　　　　　　　　　滿意、滿足
難為情、感傷　　　　　　　　　舒爽、喜歡
悶悶不樂　　　　　　　　　　　幸福的
不耐煩、不悅　　　　　　　　　自得其樂的
多愁善感、自憐　　　　　　　　自在的
心煩、迷惑等等　　　　　　　　好奇等等

微弱的

圖7-1　個人情緒的五個向度

心理輔導工作非常重視情緒領域，例如輔導人員很重視輔導歷程中的心理對話，非常強調同理心的運用，因此必須熟悉情緒的詞句用語。熟悉幼兒的情緒用語，是應用「此時此刻（moment to moment）或此時此地（here and now）」原則瞭解幼兒情緒的必備條件。正確的與溫暖的把孩子的情緒、意思與外在表情說出來，除了是同理心的表現之外，亦是在接納孩子的情緒，幫助孩子辨識與瞭解情緒。

　　當幼兒教保工作者在短時間內持續正確表達多次同理心，稱之為心理對話歷程，孩子必然會認識引發該情緒的情境。當情緒舒緩、情境明朗化之後，孩子有機會學習處理自己的感受，會懂得處理情緒，較容易處理情緒，進而選擇合宜的行為，會增加解決問題的能力。「情緒」輔導重視滿足心理需求，可以從下列例子中獲知：

　　以下例子（一）係屬於忽視情緒、壓抑情緒，阻礙兒童健全人格的成長。（詹益宏、游乾桂譯，1999，18頁）

　　例（一）

兒童：（突然像暴風發作似的，掄起小拳頭打老師，抓她，還想咬她）而且不斷尖叫：「不回家！不回家！不回家！」

老師：我知道，但是你必須回家吃午飯，這樣你才能長得更高、更大呀！對不對？

　　以下例（二）係屬於情緒的接納，僅止於回應需求，是輔導的基礎。（詹益宏、游乾桂譯，1999，63頁）

　　例（二）

兒童：（他看著手指畫用的大口瓶）這是什麼？

治療者：那是手指畫的原料。

兒童：手指畫？

治療者：是的。手指畫。

兒童：手指畫？怎麼弄的？

治療者：首先，把紙弄濕，然後倒一些原料在紙上，再用你的手指或手把顏料弄開。像這樣，你可以用你想用的方式。

　　以下例（三）係屬於情緒的持續「反映」方式，亦即採用「同理心」

的跟隨方式。倘若在晤談的短時間內，本著「此時此刻」的原則持續使用，進行心理對話，則能更有效率的抒發情緒，輔助孩子，撫平心理創傷。（詹益宏、游乾桂譯，1999，176頁）

例（三）

兒童：（兒童坐在桌旁，面對一個杯子，他伸手拿起吐司，卻碰翻了杯子）不再有派對！（他哭著）派對結束了，我潑翻了茶！（他迅速地倒掉杯中的水，把它們歸回架子。）

治療者：它嚇著了你，且令你不快樂。潑翻茶的意外結束了派對，那個潑翻茶的男孩被送回自己的房間了。

兒童：（兜著圈子走，絞扭著自己的雙手）是的。是的。他早該小心的。他真是笨拙又愚蠢。（他踢踢椅子，把杯子由架子上掃下來）我不想要派對，我不要任何小朋友在旁邊。

治療者：像那樣的事發生，必定令你生氣、不快樂。

兒童：（走近我）讓我們去妳的辦公室，我們離開這兒。我不是個笨蛋！

治療者：不是的，你不是個笨蛋，這種事發生時令你很煩惱。

（以上三例，摘自詹益宏、游乾桂譯，1999）

　　以下例（四）係屬於對「正確情緒反映」的督導，希望教師或初任輔導工作者在應用「同理心」時，能夠「正確」的表達。（高淑真譯，2006，146頁）

例（四）

兒童：（東西組合不起來）不要，它們老是弄不好！（聽起來很生氣）

初任輔導員：這讓你感到很生氣嗎？（用問句表達，表現出不瞭解兒童的感覺似的。）

兒童：當然！不然你以為是什麼！（兒童不被瞭解，轉而對治療者生氣）

督導者建議：當你組合不好時，會讓你十分生氣。（指出正確的內在邏輯意思與感覺的部分）

（摘自高淑貞譯，2006）

　　以上例（二）的接納能力，以及例（三）同理心能力與例（四）正確同理心能力，是專業心理師輔導幼兒處理情緒的基本能力，既然如此的重要，教師如果能夠學得這項專業能力，非常有助益於教師專業教保工作。

教師面對幼兒，直接針對幼兒的情緒進行瞭解，接納幼兒的情緒，並且說出幼兒的情緒，這就是同理心的表現。同理心除了是一種認知能力之外，也是教師的一項技能，更是一種態度。態度屬於情意與人格的領域，因此同理心是教保工作者的一項重要專業特質，是從長期的專業養成教育中學得與陶冶而成，凡是專業幼教工作者均必須具備。惟教師要學得同理心能力，首先要精熟前述情緒的內涵與種類。

我國幼兒情緒課程的發展

　　2009年我國現行的學前教育，仍然存在著「幼兒園」與「托兒所」分流制度。「幼兒園」課程標準規定的課程領域，包括健康、遊戲、工作、音樂、語文、常識等六大領域；而「托兒所」教保手冊規定的課程領域，包括生活習慣的培養、遊戲、工作、音樂、故事與歌謠、常識等六大領域。以上幼兒園與托兒所的課程，均未特別列出情緒課程，情緒教育融入各個課程領域之中，情緒課程的重要性與否，完全依據教保工作者的自由心證。

　　近幾年來，推展「幼托整合政策」發展的有智之士，感受到時代的劇烈變遷，除了認識情緒是多元智能的一項，重視EQ的發展之外，為引導國家朝向已開發國家發展方向，特別注重人文教育、心理健康，很強調情緒教育。

　　幼托整合的主要法案「幼兒教育與照顧法」法案，訂定於2012年1月1日正式實施，當立法院在折衝「幼托整合」政策的立法期間，教育部為延續推展「幼托整合」政策，配套式的持續委託教育大學進行「幼兒園教保活動與課程」實驗研究，課程領域包括「身體動作領域、語文領域、認知領域、社會領域、情緒領域、美感領域」等六個領域，訂定有「幼兒園教保活動與課程大綱暫行草案」，草案內容包含課程領域與目標，其中即特別列出「情緒領域」課程。

幼兒情緒課程目標與教學內容

　　我國未來的幼托整合新課程領域當中，不論其六大領域是否會再次增修，筆者很肯定幼兒情緒課程的規劃，其目的在於發展幼兒健全人格，在於強調幼兒心理衛生與心理輔導的重要性，這也是早期療育工作最積極的作為，也是一項相當令人欣喜、非常積極性的兒童福利工作，非常有助於幼兒身心的健全發展。

　　探討幼兒情緒課程，除了探討課程四個要素：目標、內容、方法、評量之外，亦應包含環境、教育人員等內涵的探討。例如現今「幼托整合」實驗期的課程內容，詳如教育部幼兒園教保活動與課程大綱暫行草案（2009）。該實驗課程除了列有目標及內容項目之外，亦列有八項實施原則，這八項實施原則就包含了方法、教育人員、環境等項目。教育部幼兒園教保活動與課程大綱實驗期之情緒課程目標與教學內容大綱暫行草案如下：

一、培養對自己及他人的情緒覺察

　　包含 (一) 覺察與辨識自己的情緒； (二) 覺察與辨識情境中他人或環境的情緒。

二、促進情緒理解與思考

　　包含 (一) 瞭解自己情緒出現的多元原因； (二) 理解他人的情緒表現。

三、發展自我情緒調解能力

　　包含 (一) 運用可能的策略調解自我情緒； (二) 運用適當的策略調解

來自情境與他人的負面情緒。

四、提升合宜的情緒表達能力

包含（一）適當地表達自己的情緒；（二）適當地使用語言、非語言及同理心，表達對不同人、事、物的情緒。

幼兒園為達成上述情緒課程目標，實驗課程草案中列舉八項實施原則，內容詳見稍後敘述的「幼兒情緒教育環境」單元內容。

幼兒情緒教學方法

幼兒情緒教學方法，可以區分為遊戲導向的課程之情緒教育，以及課程導向的情緒教育。最為理想的方式是以前者為主軸，結合後者做加深、加廣的實施。這兩種教學方法都需要在適當的機會和幼兒晤談互動，因此在晤談中引發幼兒表達情緒的方法很重要。

一、晤談中引發幼兒表達情緒的方法

在日常生活個別晤談時刻，或在「經驗分享」教學時間，教師如何引發孩子表達當下的情緒？如何覺察他人的情緒？如何自我調適情緒？教師除了應用持續「反映」方式，亦可以指導幼兒應用下列語法，表達內在意思與情緒。

1. 我現在覺得【　　】，因為【　　】

例如：我現在覺得生氣，因為他把我做的螃蟹壓壞了。

我現在覺得很煩，因為我在黏貼樹葉時，貼兩片掉一片。

我現在覺得很興奮，因為老師要帶我們去「黑白賣」玩具店。

我現在覺得自己很棒，因為我把收銀機修理好了。

2.當【　　】的時候，我覺得【　　　】

例如：當老師抱我的時候，我覺得很幸福（興奮、快樂、高

　　　興……）。

　　　當看到車禍的時候，我覺得害怕（擔心、傷心、生氣……）。

　　　當別人稱讚我時，我覺得開心。

3.只要我【　　　】，我很快就不會害怕了（不生氣、不會著急、不

　難過、不覺得孤單……）

4.當我快樂時（興奮時、害羞時、委屈時、羨慕別人時……），我

　會【　　】

5.我要說【　　　】，讓別人知道我生氣（知道我難過、知道我害怕、

　知道我擔心、知道我孤單、知道我開心、知道我著急……）

6.我要說一個開心的經驗（溫馨的經驗、害怕的經驗、擔心的經驗、

　著急的經驗、難過的經驗、驚訝的經驗……）

7.我（最喜歡自己的地方、最自豪的地方、最喜歡的童話故事、我的

　夢想、我的希望、長大想做的事……）是【　　　】

8.當我覺得【　　】時（生氣時、失望時……），我都會【　　】

　（畫圖、唱歌、告訴好朋友……）

9.當我【　　】的時候，你就知道我【　　】了（緊張、害羞、生

　氣、難為情、傷心、高興……了）

10.當朋友【　　】的時候，我就知道他【　　】了（緊張、害羞、

　生氣、難為情、傷心、高興……了）

二、課程導向幼兒情緒教學方法

　　課程導向的幼兒情緒教學強調活動設計，係依據主題、活動名稱、適
用時段、活動目標、準備材料與活動內容等項目設計活動。

課程導向的幼兒情緒教育設計雙向細目表

情緒教育目標 ＼ 情緒教育方式		遊戲	共讀繪本	戲劇表演	聽故事	歌唱	繪畫	電影觀賞	參觀活動	戶外運動	志工服務	其他
1.培養對自己及他人的情緒覺察	覺察與辨識自己的情緒											
	覺察與辨識情境中他人或環境的情緒											
2.促進情緒理解與思考	瞭解自己情緒出現的多元原因											
	理解他人的情緒原因											
3.發展自我情緒調解能力	運用可能的策略調解自我情緒											
	運用適當的策略調解來自情境與他人的負面情緒											
4.提升合宜的情緒表達能力	適當地表達自己的情緒											
	適當地使用語言、非語言及同理心表達對不同人、事、物的情緒											

　　以上第一項「培養對自己及他人的情緒覺察」，強調引導幼兒覺察與辨識情緒，而第二項「促進情緒理解與思考」，則強調引導幼兒對情緒的解釋。

　　分析以上的雙向細目表內容，情緒教育課程可以採用遊戲活動設計，也可以用共讀繪本、戲劇表演、歌唱、參觀活動……等等方式設計，

當然更可以綜合性的混合採用，只要在雙向細目表中打勾即可設計。內容可以自行有創意的設計，也可以參考文獻，蒐集實例編輯。以下列舉遊戲活動方式，設計情緒教育課程，提供教師們參考。

(一) 研習營隊情緒教育遊戲活動列舉

主題：協助幼兒覺察自己及他人的情緒遊戲

活動名稱：我充氣我消氣我有勇氣

適用時段：情緒教育系列活動任何時段

活動目標：1.建立良好親子團體互動關係
　　　　　2.培養對自己及他人的情緒覺察
　　　　　3.覺察與辨識情境中他人或環境的情緒

準備材料：1.氣球、充氣筒
　　　　　2.球池用的塑膠球、籃子、膠帶
　　　　　3.連發式橡皮筋手槍

活動內容：

（A）1.親子合作把氣球充氣，每人五個以上，氣球集中在大籃子裡。

　　　2.徵詢願意勇敢到大家面前把氣球踩破的人。

　　　3.親子再次合作把氣球充氣，教師留下十個氣球，把氣球黏貼在塑膠球上。剩餘的氣球，提供再次玩踩氣球遊戲。

　　　4.活動期間，教師詢問幼兒的情緒，或由教師舉起畫有情緒的臉譜圖牌，讓幼兒指認自己的情緒。教師也讓幼兒在互相瞭解的情況下，指認其他某位幼兒的情緒。

　　　5.教師觀察記錄孩子的情緒表現。

（B）1.在離牆壁二公尺處畫一條線，在牆壁邊放一個空籃子或箱子。

　　　2.爬在地上，幼兒比賽球數，把黏有氣球的塑膠球丟入籃子裡。

　　　3.活動期間，教師詢問幼兒的情緒，或由教師舉起畫有情緒的

臉譜圖牌，讓幼兒指認自己的情緒。教師也讓幼兒在互相瞭
　　解的情況下，指認其他某位幼兒的情緒。

　4.教師觀察記錄孩子的情緒表現。

（C）1.親子合作，練習把橡皮筋填裝在可以連發的橡皮筋手槍上。

　2.親子合作射擊氣球，和他組比賽擊落氣球的球數。

　3.活動期間，教師詢問幼兒的情緒，或由教師舉起畫有情緒的
　　臉譜圖牌，讓幼兒指認自己的情緒。教師也讓幼兒在互相瞭
　　解的情況下，指認其他某位幼兒的情緒。

　4.教師觀察記錄孩子的情緒表現。

主題：協助幼兒理解與思考情緒的遊戲

活動名稱：我知己心和你的心

適用時段：情緒教育系列活動任何時段

活動目標：1.瞭解自己情緒出現的多元原因

　　　　　2.理解他人的情緒原因

準備材料：1.氣球、充氣筒、球池用的塑膠球、籃子、膠帶

　　　　　2.連發式橡皮筋手槍

活動內容：教師分項示範下列活動，並依據前項活動期間的觀察，讓
　　　　　某位幼兒在團體面前玩給大家看，教師適時舉起畫有情緒
　　　　　的臉譜圖牌，詢問某位幼兒的心情與緣由。

　　　　　1.打氣球

　　　　　2.踩氣球

　　　　　3.塑膠球投籃

　　　　　4.裝填連發式橡皮筋手槍

　　　　　5.射擊遊戲

主題：協助幼兒發展自我情緒調解能力遊戲

活動名稱：我喜歡上學因為可以自由遊戲

適用時段：自由遊戲時段

活動目標：1.運用可能的策略調解自我情緒

　　　　　2.運用適當的策略調解來自情境與他人的負面情緒

準備材料：1.氣球、充氣筒、球池用的塑膠球、籃子、膠帶

2.連發式橡皮筋手槍

活動內容：教師把前項活動的玩具器材，放置在某個角落裡，鼓勵每個幼兒經常去玩。教師也針對某位幼兒，每天抽出部分時間引導或陪他玩，除了逐項詢問他的情緒與緣由外，也引導他調解自我情緒。

1.打氣球

2.踩氣球

3.塑膠球投籃

4.裝填連發式橡皮筋手槍

5.射擊遊戲

主題：協助父母親合宜的教保態度表達能力與提升幼兒合宜表達情緒能力

活動名稱：爸媽很貼心

適用時段：情緒教育系列活動任何時段

活動目標：讓父母親在每天的教育與保育孩子時，能應用「滿足孩子需求」信念，不用「滿足孩子合理需求」信念，來教育與保育孩子，調整自己教育與保育孩子的職責信念與方法。

準備材料：1.醫生袍、醫生聽診器、護士服、護士帽子

2.維他命C瓶、搗藥用的擂缽、包藥粉的白紙、貼紙

3.體溫計、針筒（用餵食用的或玩水的玩具注射筒）、迴紋針（做注射針）、膠帶（固定注射針）

4.每位兒童多帶一套外出衣服

活動內容：

情境一、扮演帶孩子到醫院看病，護士要打針，孩子說：「我不要！」你是父母，你會如何處理？

情境二、你帶孩子到7-11買零食，要他穿特別的衣服，孩子說：「我不要！」你會如何處理？

說明：日常生活中，為人父母或實際照顧孩子的長輩，也經常會聽到孩子說：「我不要吃那個（某種類餐點食物）」、「我不要吃藥、打針」、「我不要穿那一件，我要穿這一件」、「我不要坐那裡，我要坐這裡」、「我不要洗澡、洗手、刷牙」、「我不要洗碗、掃地、寫字、拔草……」、「我的玩具不要給他玩」、「我不要抱，我要自己走」、「哥哥姊姊不去，我也不要去…」等等。

討論：當你的孩子提出以上任何「我不要……」需求時，你平常是怎麼做的？

情境三、你帶孩子到7-11買零食，孩子說：「我要買……。」你是父母。（1）你同意，你會如何處理？（2）你不同意，你會如何處理？

說明：日常生活中，為人父母或實際照顧孩子的長輩，都經常會聽到孩子說：「我要買……」、「我要買啦！」、「我要吃…」、「我要喝養樂多、可樂……」、「我要穿這一件，不要穿那一件」、「我要坐搖搖車」、「我要跟（某人）坐」、「我要跟（某人）睡一起」、「我要開車門、開家裡的大門……」、「我要去麥當勞、夜市、反斗城……」、「我要看卡通」、「我要玩電腦、飛盤、抽抽樂、釣魚……」、「我要抱抱！」、「我要去啦！」、「我也要……」、「（向媽媽告狀）哥哥姊姊都不給我玩，我也要玩啦！」等等。

討論：當你的孩子提出以上任何「我要……」需求時，你平常是怎麼做的？

（二）親子共讀繪本與扮演遊戲之情緒教育活動列舉

主題：協助幼兒發展自我情緒調解能力遊戲

活動名稱：爸媽很愛我

適用時段：研習營隊情緒教育活動任何時段

活動目標：1.協助幼兒調解自我情緒

2.協助幼兒調解來自情境與他人的負面情緒

準備材料：「派弟是個大披薩」繪本、雪花片、小杯的水、爽身粉等

參加人員：父母親、教保人員

活動內容：繪本故事扮演——親子扮演製作披薩遊戲

(三) 轉換時刻的情緒教育

國內外有學者針對幼兒園的作息表，設計系列性的「轉換時刻」遊戲活動，引導幼兒更專注於學習活動，其目的除了讓教學活動順暢之外，更是非常有益處的情緒教育遊戲活動，增進幼兒健全人格。

例如：國外學者金・非爾德曼的著作《轉換時刻的教學妙招——236個創意活動設計》，由國內學者羅莉文翻譯（2002），光佑文化事業股份有限公司出版。著作內容包括紀律與轉換技巧、早安、晨圈時間、打掃、吸引注意力、排隊、中餐與午睡時間、遊戲、歌曲百寶袋、手指遊戲和律動歌曲、故事和語言活動、一天的結束等等轉換時刻的活動單元，總共236個創意活動設計。

轉換時刻的廣義定義，除了指不同作息表時刻之間的轉換，也包括動態與靜態教學活動的轉換，二個靜態活動之間的轉換，二個動態活動之間的轉換等。

(四) 系統性情緒教育遊戲活動列舉

從發展的觀點，系統性的情緒教育係指設計一系列的情緒教育遊戲活動，列入課程表成為常態性的實施，也進行活動後的評量，這種系列活動單元組合成的課程稱之。

陳質采醫師與呂俐安心理師（2000）共同設計一系列兒童「玩遊戲——解情緒」的遊戲課程，設計「輕輕鬆鬆玩遊戲，情緒壓力不見了！」的一系列遊戲活動單元，很值得參考。茲就該書內容，摘要列表介紹如下。詳細內容請參考該書（信誼基金出版社）。

系統性情緒教育遊戲活動單元

生活情境	情緒主題	活動單元	
		遊戲名稱	單元目標
喜怒哀樂是什麼？	情緒概念遊戲	1.認識快樂、生氣、難過的情緒	協助孩子建立快樂、生氣、難過的情緒概念
		2.認識害怕、害羞、討厭的情緒	協助孩子建立害怕、害羞、討厭的情緒概念
		3.認識驕傲、擔心、嫉妒的情緒	協助孩子建立驕傲、擔心、嫉妒的情緒概念
		4.認識羨慕、委屈、孤單、後悔的情緒	協助孩子建立羨慕、委屈、孤單、後悔的情緒概念
		5.認識同情、被愛、平靜的情緒	協助孩子建立同情、被愛、平靜的情緒概念
		6.辨別異同	協助孩子認識與區辨各種情緒
		7.連一連	協助孩子認識與區辨各種情緒
		8.猜一猜，我知道的情緒有多少？	協助孩子認識各種情境下的情緒
我到底怎麼了？	情緒覺察	1.情緒調色盤	利用顏色來協助孩子體會情緒
		2.情緒肢體	利用肢體表達來協助孩子體會情緒
		3.聲音表情	利用聲音來協助孩子體會情緒
		4.情緒音樂	利用樂器聲來協助孩子體會情緒
		5.情緒氣象	協助孩子覺察環境對情緒的影響
		6.情緒時鐘	協助孩子覺察日常活動中的情緒
		7.猜猜看，我像誰？	協助孩子覺察自己的氣質
		8.配對遊戲	協助孩子覺察與區辨各種情緒
		9.情緒日曆	協助孩子覺察每日的情緒
你不怕毛毛蟲嗎？	不一樣的反應	1.不一樣的我	讓孩子覺察不同的場合，有不一樣的要求跟行為表現
		2.每個人都不一樣	讓孩子瞭解每個人都有不一樣的地方
		3.我們也有一樣的地方哦！	讓孩子瞭解特殊兒童也有和大家一樣的地方
		4.不一樣的反應	讓孩子瞭解每個人的反應都不一樣
		5.你的反應和我一樣嗎？	讓孩子瞭解每個人不同的喜好和反應
		6.不一樣的家	幫助孩子瞭解每個家庭都不一樣，有他們各自的生活方式

生活情境	情緒主題	活動單元	
		遊戲名稱	單元目標
你在想什麼？	情緒與認知	1.連連看，我的心情是什麼？	讓孩子瞭解不同的想法會引發不同的感受
		2.玩遊戲的小朋友	讓孩子覺察感受背後的想法
		3.生日茶會	讓孩子覺察不同的想法會影響人們的行為
		4.他被罵了	讓孩子覺察感受背後的想法
其實你可以懂我的心	分享	1.心情告示板	讓孩子學習說出自己的感受
		2.你會跟誰說？	讓孩子覺察到自己是如何與他人分享感受
		3.家人的表情	瞭解孩子對家庭成員情緒的看法
		4.猜猜樹上的人是誰？	覺察孩子對家人的感覺
		5.家庭與我	讓孩子分享在家中可能的感受
		6.學校與我	讓孩子分享在學校可能的感受
		7.朋友與我	讓孩子分享與朋友相處的感受
		8.分享時光	讓孩子分享彼此的感受
我會愛	同理心	1.帶眼罩的孩子	培養孩子的同理心
		2.打不到球的孩子	培養孩子的同理心
		3.上臺講故事的時候	培養孩子的同理心
「我的」喜歡，「我的」愁	負面情緒因應	勇敢的說出及處理當下的情緒 1.我要跟你說	鼓勵孩子說出不舒服的感受
		2.當我難過的時候	協助孩子學習處理當下的情緒
		3.倒楣的一天	協助孩子學習辨識及處理當下的情緒
		4.分離的時候	協助孩子學習說出及處理當下的情緒
		換個想法試試看 1.苦苦的藥	讓孩子經驗換個想法所帶來的不同感受
		2.你要多加油哦！	讓孩子經驗換個想法所帶來的不同感受
		3.想些好事情	協助孩子換個想法來轉換心情
		4.想疼我的人	協助孩子以其他替代方式轉換想法
		5.好暗哦！	增進孩子的正向想法

生活情境	情緒主題	活動單元	
		遊戲名稱	單元目標
「我的」喜歡，「我的」愁	負面情緒因應	我生氣了——憤怒的情緒處理 1.今天有點煩！	幫助孩子覺察自己的憤怒情緒
		2.生氣的我	幫助孩子覺察自己生氣的樣子
		3.向生氣說拜拜	協助孩子找到一個生氣時，可以合宜紓解的管道
		4.變、變、變，生氣小鬼不見了	協助孩子在生氣時換個想法
		放鬆心情玩一玩 1.好累的機器人	幫助孩子覺察疲累所帶來的壓力
		2.放鬆的感覺真好	協助孩子覺察能讓自己放鬆的活動
		3.釋放壓力跑、跳、叫！	幫助孩子藉助活動來釋放壓力
		4.縮放功	幫助孩子學習放鬆
		5.放「氣」球	幫助孩子學習放鬆
		6.脫水狗	幫助孩子學習放鬆
		7.放鬆的我	讓孩子感受放鬆的感覺
		我真的很不錯 1.信心大會串	幫助孩子瞭解自己最受他人欣賞的地方
		2.超「炫」的成績單	幫助孩子肯定自己
		3.快樂的寶藏	幫助孩子覺察自己的快樂資源
		4.心靈仙丹	幫助孩子學習幽默
		5.魯賓遜漂流記	幫助孩子瞭解自己最在意的事
		6.我變、變、變	幫助孩子學習規劃自己
		7.未來的夢想	與孩子分享他的夢想
情緒故事		1.魚的故事	幫助孩子擬定計畫解決問題
		2.我有個好辦法	幫助孩子擬定計畫解決問題
		3.看我把「問題」縮小了	幫助孩子學習解決問題

分析以上的情緒教學活動設計，我們發現：

1. 「情緒概念遊戲」與「情緒覺察」，目的係為培養對自己及對他人的情緒覺察。

2. 「不一樣的反應」及「情緒與認知」活動，目的係為引導解釋情緒，促進情緒理解與思考。

3.「負面情緒因應」活動，包括勇敢的說出及處理當下的情緒、換個想法試試看、我生氣了──憤怒的情緒處理、放鬆心情玩一玩、我真的很不錯、情緒故事等等活動，目的除了發展自我情緒調解能力之外，也能提升合宜的情緒表達能力。

4.「分享」與「同理心」活動，目的係為提升合宜的情緒表達能力。

三、遊戲導向的幼兒情緒教育方法

教學模式基於教育哲學信念而建立，完整的教學模式是教育哲學信念的具體表現，是一種系統化的教學方法。教育哲學信念能解決依據教學模式的教學歷程中出現的教學問題，教學模式的臨床實務能充實教師教育哲學信念，兩者交互影響，促進學生身心健全發展與教師專業成長。基於此一理念，發展有益於情緒教育的教學模式，是值得研究探討的工作。

例如由我國研究發展的國民小學兒童的「價值教學模式」，應用於國民小學的道德教學，教學模式的六個步驟如下：(一)引起動機；(二)概覽課文；(三)價值澄清活動；(四)角色扮演；(五)兩難困境問題討論；(六)反省與實踐（黃光雄等，1985，1991；謝明昆，1994）。以上「價值教學模式」所依據的教育哲學，主要有瑞斯（L. E. Raths）價值澄清法，以及郭爾堡（L. Kohlberg）道德認知發展理論。「價值教學模式」自民國72年8月，迄民國80年7月止，合計九年的研究與推廣，回顧其效應，除了發展兒童道德判斷能力，以及增進教師教學能力之外，也影響了教科用書的修訂。

在幼兒教育方面，例如「社區融合主題開放教學模式」，教學模式的五個步驟如下：(一)繪製社區圖，規劃教學主題；(二)繪製主題網，訂定教學目標；(三)實施社區探索活動；(四)每日實施生產創造教學循環；(五)實施多元評量與建立教學檔案（謝明昆等，2009）。以上第四步驟「每日實施生產創造教學循環」，係指每日實施「角落自由遊戲→經驗分享A→生產創造活動→經驗分享B→加深加廣→角落自由遊戲→……」的

教學循環。以上「社區融合主題開放教學模式」係整合了「主題教學」、「開放教學」、「幼兒園與社區融合」三個概念，其特色有下列五項：(一)應用兒童本位與開放式教學；(二)應用實務媒材與探索學習；(三)實施角落學習；(四)規劃社區生活景點作為教學主題；(五)應用主題統整教學。其所依據的教育哲學，主要有幼兒遊戲理論、滿足需求理論、從做中學習理論、發展與輔導理論、生態環境系統理論、課程理論等等。「社區融合主題開放教學模式」自民國93年8月迄今仍持續研究與推廣，由於能發展出教室裡的「大自然」學習環境，提升幼兒遊戲能力的發展，除了適合分齡教學也適合混齡班的教學，適合實施特殊障礙幼兒的融合教育，能夠滿足幼兒需求，滿足教師的成就需求，滿足家長的需求。因此，其效應除了能充分達成六大領域課程學習目標之認知與技能能力之外，更能滿足幼兒情緒發展的需求。

　　以上列舉的兩種遊戲導向教學模式，均重視人文教育，非常重視情緒教育，尤其「社區融合主題開放教學模式」屬於遊戲導向的幼兒情緒教學模式，非常重視幼兒的情緒教育，因此能讓幼兒的身心發展更為健全。讀者若欲更深入瞭解「社區融合主題開放教學模式」內涵，請翻閱本書最後一章「統整課程」實例與解說。

伍　情緒教育的評量

　　幼兒情緒發展是幼兒檔案評量的重要項目，檔案資料內容要以「系統化的觀察紀錄」為主，配合蒐集下列幼兒發展的各項佐證資料：(一)生產創造的工作照片；(二)勞作與圖畫作品；(三)錄音帶；(四)錄影片；(五)學習單、文字、畫畫等等多元資料。

　　「幼兒觀察評量工具」是幼兒「系統化觀察紀錄」的重要工具，分成「量化的評量工具」與「質化的評量工具」兩種。

　　量化的評量工具：有檢核表法、評定量表法、時間取樣法等，其中時間取樣法分為兩種：時段連續觀察法、時距取樣法。量化評量的內容，可

分成教師自編測驗內容與標準化測驗內容。

質化的評量工具：有軼事紀錄法、事件取樣法、樣本描述法〔specimen description，又稱敘事描述法（narrative description），又稱連續紀錄法（running record）〕、日記法等。質化評量的內容，都屬於教師自編的觀察記錄表。（謝明昆等，2009）

根據幼兒身心發展特徵，幼兒評量以採用觀察評量為核心。就觀察者而言，除了教師觀察評量之外，可請家庭主要照顧者父親或母親評量，或者父母親雙方都評量（如幼兒氣質評量），亦可以做幼兒同儕的觀察評量（如照片式社交評量）。幼兒觀察評量重視動態評量的實施，情境包括角落工作、過關遊戲、大富翁遊戲、自由遊戲、團體活動、團體經驗分享等等情境。除了考慮系統化觀察的規劃，也要考慮多元評量的應用。（謝明昆等，2009）

最理想的「系統化觀察紀錄」，教師可依據幼兒園課程作息表，編定觀察評量與紀錄法如下列表格，進而編擬各種評量內容細目。茲舉例如下（謝明昆等，2009）。

從每日生活作息觀察幼兒情緒發展之評量與紀錄法

幼兒姓名：⬚非特定行為、⬚特定行為名稱：（　　　　）

時間	作息	幼兒發展之觀察評量與紀錄法						
		時段連續	時距取樣	檢核表	評定量表	軼事記錄	事件取樣	敘事描述
7：40～ 8：00	幼兒入園與角落自由學習活動							
8：00～ 8：20	週一、三、五延續角落自由學習活動							
	週二、四進行加深加廣教學							
8：20～ 8：50	戶外大肌肉動作活動							
8：50～ 9：20	活力點心							

時間	作息	幼兒發展之觀察評量與紀錄法						
		時段連續	時距取樣	檢核表	評定量表	軼事記錄	事件取樣	敘事描述
9：20～11：20	主題軸心——經驗分享與工作計畫討論20分鐘、小組生產創造活動80分鐘、經驗分享討論20分鐘							
11：20～11：50	主題加深加廣教學活動							
11：50～12：40	元氣午餐							
12：40～14：30	午休睡眠							
14：30～15：00	心情日記							
15：00～15：10	活力點心							
15：10～15：40	主題統整活動、主題加深加廣教學活動							
15：40～15：50	戶外大肌肉動作活動							
15：50～16：00	放學							

前述七種觀察評量的每一種觀察評量方法，只要透過巧思，都可以成為每個時段的評量法，例如在「幼兒入園與角落自由學習活動」這個時段，可以設計「時段連續觀察法」，也可以設計「時距取樣法」實施觀察，當然也可以設計「檢核表法」、「評定量表法」、「軼事記錄法」、「事件取樣法」、「敘事描述法」等方法實施評量，也可以在同一個時段採用兩種評量方法進行評量。

陸 增進教保工作者情緒教育之教保專業知能

幼兒園的教保工作者包括教師、保育人員、行政人員等。

一、瞭解嬰幼兒情緒的產生

從滿足需求理論的觀點,當孩子的需求能夠獲得滿足時,會在當下或在延宕後出現正面情緒;反之,當孩子的需求沒有能夠獲得滿足時,會在當下或在延宕後出現負面的情緒。

依據馬斯洛(A. H. Maslow, 1908-1970)需求層次理論的觀點,個人的需求分為基本需求與成長需求二種。基本需求依層次分為四個,從最基本的生理需求到安全需求、愛與隸屬需求、自尊與人尊的尊榮需求。成長需求依層次分為三個:知的需求、美的需求、自我實現的需求。認識以上各個層次的需求內涵,是成為一位專業教師必備的知識,例如生理需求這個層次,包含了生理健康與心理健康層次,生理的舒服與否,有無病痛,均涉及需求的滿足與否。生活上的食衣住行育樂,亦涉及到生理需求的滿足與否。其他各個層次需求的滿足內涵,亦是如此。同樣的,生活中的任一個需求的滿足,同時會包含多個需求的成分,有生理與心理的層面。

二、熟悉嬰幼兒情緒的發展

初生嬰兒,都將適應母體外的環境。首先經歷到的是「不愉快」情緒的生產歷程與母體外環境,當經由細心呵護而調適之後,漸漸經歷「愉快」情緒的環境。研究發現,初生嬰兒會表達苦惱、興趣、滿足、厭惡的情緒。逐漸的長大,兩個月至七個月大的嬰兒,會出現生氣、哀傷、喜悅、驚訝及害怕的情緒,以上都被稱之為「原始情緒」。因為這是所有正常嬰兒都大約在相同時間出現的情緒,而且所有文化對這些情緒的解釋也大致相似(Camras et al., 1992;林翠湄等,2003)。研究中也發現,驚訝與喜悅

情緒出現在當嬰兒發現自己能控制物體和事件時；生氣與哀傷情緒，出現在當某人或某事妨礙他們施展控制時。

「衍生（或複雜）情緒」係延續「原始情緒」的發展，又稱為「自覺情緒」，是具個別差異性。例如出生第二年，當幼兒會認出照片中的自己之後，會發展出尷尬的情緒；當會作自我評價時，就會發展出害羞、內疚和驕傲的情緒。例如3歲時，當幼兒比較能夠評價自己表現的好壞時，在他們成功完成一件困難的工作時，有明顯的驕傲情緒；反之，會覺得羞愧（Lewis et al., 1989；林翠湄、黃俊豪等，2003）。

綜合對人類早期情緒發展的研究，歸納發現：1.嬰幼兒情緒自我辨識能力，是所有複雜情緒發展所必需；2.嬰幼兒情緒的自我調整能力，是順從一個文化中的情緒表達規則所必需；3.嬰幼兒解釋情緒的能力或稱對情緒的理解能力，與學齡兒童之社會能力或同儕關係有關；4.嬰幼兒社會推論能力係指解釋照顧者情緒表情的能力，係以他人的情緒表現來調整自己的行為，七個月大的嬰幼兒就已發展明顯；5.嬰幼兒對期望的落空或不確定，是早期表達生氣及哀傷的基礎；6.嬰幼兒情緒表情能影響照顧者行為，是一種溝通性的信號（David R. Shaffer, 2003；林翠湄等，2003）。因此，熟悉嬰幼兒情緒發展，對情緒教育課程的規劃很重要，而發展情緒教育課程，對幼兒身心健全發展相當重要。

三、熟悉嬰幼兒情緒發展理論

探討嬰幼兒情緒的發展，明確的理論有氣質理論（temperament theory）與依附理論（attachment theoty）。

（一）氣質理論

氣質一詞，是指人在面對環境事件時，可能會有的反應傾向，許多人認為這種傾向是成人人格之情緒及行為的建構單位（Goldsmith et al., 1987；林翠湄等，2003）。具體的說，根據湯姆斯（A. Thomas）和關斯（S. Chess）夫婦倆的研究，分類幼兒氣質為九個向度：注意力分散度、情緒本質、適

應性、趨近性、堅持度、反應強度、反應閾、活動量、規律性等等。二人再經長期追蹤研究，發現幼兒氣質中之情緒本質、適應性、趨近性、反應強度和規律性等五項，較會影響親子關係的建立、社會化過程，以及行為問題的發生。二人依據這五項氣質向度，將幼兒養育程度的難易分為三類型：1.養育困難型幼兒〔difficult child；或稱具備難相處型的氣質（difficult temperament）〕；2.慢吞吞型幼兒〔slow-to-warm-up child；或稱具備遲緩型的氣質（slow-to-warm-up temperament）〕；3.安樂型幼兒〔easy child；或稱具備樂天型的氣質（easy temperament）〕（王珮玲，2006；林翠湄、黃俊豪等，2003）。

至於早期的氣質穩定嗎？換句話說，早期的氣質對我們的人格及社會適應具有很大的決定性嗎？例如：一個害怕陌生人臉孔的八個月大嬰兒，到了二十四個月大時，當他面對陌生人時，是否依然小心翼翼？或當他在4歲大時，會避開新玩伴嗎？根據研究，發現早期的氣質，對於以後的嬰幼兒期、兒童期、甚至成年初期，都維持著中度的穩定性（林翠湄等，2003）。這意味著受遺傳影響的氣質，有一定程度的穩定性，然而並非絕對性的穩定性，而是常受到環境因素的修正。

因此，如果問說「是否早期的氣質對我們的人格及社會適應具有很大的決定性呢？」答案「並非如此」。湯姆斯和闕斯（1986）的研究發現，早期的氣質特質「有時會，有時不會」延續下去。換言之，氣質會改變，有一個常能決定氣質是否改變的因素，就是兒童的氣質類型與父母教養方式之間的「適配性」（goodness-of-fit）。

據此，身為父母，首先要自我覺察「我的教養方式和孩子的氣質類型適配嗎？」其基本條件必須是「我有足夠認識與瞭解自己的孩子嗎？」如果經由自我覺察發現「我的教養方式和孩子的氣質類型不適配！」那該怎麼辦？方法之一就是「要求孩子改變」；方法之二是「父母親透過親職教育自我調整」。若依據理論，答案是後者。然而，生活現況多數是「許多父母都會要求孩子改變」。如果是採用父母要求孩子改變的教保方式，那麼如果問說「是否早期的氣質對我們的人格及社會適應具有很大的決定性呢？」答案「的確如此」。這種「要求孩子改變」的教保態度，就是採

取「滿足孩子合理需求」教育哲學信念所表達出來的教保態度，都將會激化孩子的氣質特徵。例如：堅持度高的孩子，因為父母親的「要求孩子改變」的教保態度，將更激化孩子的堅持度，據而形成「固執的父母親養出來的孩子也很固執」的現象。

身為教保工作人員，面對一個班級中的數十位幼兒，他們的氣質類型個別差異很大，若依據前述的「適配」觀點，那麼教保工作人員必須是個「足夠彈性的人」。如何才能作個「足夠彈性的人」？教保工作專業之道無他，在於採用教育學家主張的「滿足孩子需求」教育哲學信念，而不在於應用「滿足孩子合理需求」哲學信念。前者依據兒童本位哲學，後者依據成人本位哲學（謝明昆，2002）。由此可知，是否採用「滿足孩子需求」哲學，對於幼兒情緒的健全發展，具備關鍵性的影響。

(二) 依附理論

依附是一種情感的關係，使雙方緊密的連結，而依附行為則是尋求與依附對象親近的行為表現。社會依附行為在嬰兒期特別明顯，然後在人生的各個發展階段中，依附會以不同的形式出現，例如存在於青少年與朋友之間，成人與配偶之間，甚至於人與寵物之間。以上吾人所建立的各種親密關係中都具有共同的特徵，那就是尋求親近，這些與嬰兒及母親間的依附關係極為相似（蘇建文，2004）。

從以上學者研究得知，依附關係不限於指嬰兒與照顧者之間的感情連結，而是泛指個人與其親密伴侶間的強烈情感聯繫，包括教保工作者與幼兒之間的感情連結。

根據安士渥斯（Ainsworth et al., 1978；林翠湄、黃俊豪等，2003）的研究，嬰兒對照顧者的依附，歸納有下列四種類型：

1. 安全型依附，約有65％。
2. 抗拒型依附，約有10％。
3. 逃避型依附，約有20％。
4. 錯亂型依附，約有5～10％。

安全的社會依附關係有助於嬰兒情感與各方面的發展，包括探索環

境，承受與母親分離，發展對自己的信任與自我價值。嬰兒將母親視為安全堡壘，母親隨時在嬰兒身旁，使嬰兒對四周環境產生安全感，能夠毫無顧慮地探索環境，有助於嬰兒的生存，使嬰兒能在母親的照顧下成長。因此，社會依附的發展是嬰兒期社會與情緒發展的重點。解釋嬰兒依附關係的理論，主要有四個理論（林翠湄，2003）：心理分析論（我喜歡你，因為你餵我吃）、學習論（獎賞引發愛）、認知發展論（要愛你，我要知道你總是在那裡的）和動物行為論（或許我是生來就愛的）。

探討嬰兒的社會依附行為，鮑爾比（Bowlby J., 1969）強調父母與嬰兒的依附是相互的關係；嬰兒會依附於父母，父母也會依附於嬰兒。嬰兒的社會依附行為主要包括下列四項特徵：（蘇建文，2004）

1. 嬰兒主動地親近特定的對象。

2. 特定對象離開時，嬰兒會表現分離的焦慮。

3. 再見特定對象時，嬰兒會顯得雀躍歡欣。

4. 注意特定對象的一舉一動。

薛弗（R. Schaffer）和依默生（P. Emerson）（1964）研究發現，嬰兒與照顧者間親密關係的發展，是經過下列幾個階段：1.非社會期（又稱無社會性階段，0～6週）；2.無辨識性依附期（又稱無區別性的依附關係階段，6週～6、7個月）；3.特定依附期（又稱特定依附階段，約在7、9個月至18個月）；4.多重依附期（又稱多重依附關係階段，18個月以後）。（林翠湄、黃俊豪等，2003；蘇建文，2004）

從以上學者的研究，學前幼兒的依附關係發展，身心發展已經發展到多重依附關係階段。每一位教保工作者都將可能成為幼兒依附的對象，為了建立安全依附關係，每一位教保工作者都應該用心經營，輔助幼兒快樂學習與增進身心健全發展。

四、精確辨認嬰幼兒的情緒

專精小兒神經科，擔任財團法人微龍教育基金會董事長的郭煌宗醫師，奉獻心力於早期療育與社會福利工作，在其著作《麻煩小天使》

（2002）書中，提到「在與家長的溝通中，不論是從信中、言談中或眼光之中，家長都是異常殷切的想立刻得到答案，希望立即治癒孩子的病，或將自己變成能力很強的老師及治療師。面對這群家長……。在此希望告訴大家的是，目前不論東、西方的醫學，在此時此刻如果大家問的是『是否可以治癒』的問題，那麼答案是——無法治癒的小兒神經性疾病要比可治癒的神經疾病多太多了。但是，如果問題能改成『是否可以協助這些小朋友達到最佳的狀況？』那麼答案就是肯定的……。因為我們看得出家長的希望是如此的殷切，因此我試著提出這個存在於每一個人身上，而且取之不盡、用之不竭，並且如果善用它，不只會有成效，而且成效還會不差的方法，這個方法叫『直覺式親情』（intuitive parenting）」（頁205-206）。

以上郭醫師提出的「直覺式親情」，就是一種此時此刻的心理對話模式，被稱之是一種存在於每一個人身上，而且取之不盡、用之不竭的方法。如果善用它，不只會有成效，而且成效還會不差的方法。

欲熟練應用「直覺式親情」，首先需學會覺察與辨別孩子此時此刻的情緒。研究發現，成人辨別嬰幼兒的情緒是可以經由訓練而學得的。伊薩與同事（C. Izard et al.）為了增進成人分辨嬰兒情緒，進行了下列研究：

研究（1980）設計（一）：將五、七、九個月大的嬰兒面部表情錄影下來，例如嬰兒和母親玩遊戲時的神情、被驚奇盒嚇一跳的表情、讓醫生打針的表情、陌生人接近的表情……等等。然後邀請大學生和健康專家觀賞，分辨錄影帶裡的嬰兒表情。研究發現，他們都能正確地分辨高興、悲傷、感興趣、害怕的表情，然而對於生氣、驚奇、嫌惡等表情，正確辨別的程度較低。當他們接受「面部表情計分手冊」訓練之後，變得更正確分辨（黃慧真，1994，頁234），可知辨別嬰兒的情緒是可以訓練的。

研究（1982、1993）設計（二）：將嬰兒抓握冰塊、玩具被奪走、看到離開的母親再度回來……等等的表情錄影下來。這些表情影像畫面包括興趣、喜悅、害怕、哀傷、厭惡、生氣等，然後邀請一些並不知道嬰兒究竟面對什麼情境的評分者，僅僅從嬰兒的臉部表情去猜想嬰兒可能感受到什麼情緒。研究發現，不同的評分者從嬰兒臉部的表情所看到的情緒大都一

樣。（林翠湄、黃俊豪等，2003，頁574-575）

　　另外的研究（C. Izard et al., 1995; Matias & Cohn, 1993）發現，成人通常能從臉部表情看出嬰兒所經歷的正面情緒，但是負面情緒就較難僅僅從嬰兒臉部的表情看出來。（林翠湄、黃俊豪等，2003）

　　因此，只要經過研討與練習，則辨別幼兒的情緒是可以學得的。對於特殊障礙幼兒，可以協助這些小朋友達到最佳的狀況，進而發展健全人格；對於常態幼兒，可以滿足其情緒需求，發展健全人格。

 # 營造幼兒情緒教育學習環境

　　依據教育部幼兒園教保活動與課程大綱暫行草案，其中的幼兒情緒教育實施原則即是營造幼兒情緒教育課程學習環境的重要原則。茲敘述與說明如下：

一、提供一個可以被幼兒接納的安全環境

　　發展情緒教育課程，幼兒園要提供一個可以被幼兒接納的安全環境，包括生理安全的環境與心理安全的環境。幼兒的安全感會影響他的情緒，心理安全的環境必須是教保工作者表達「滿足孩子需求」的教保態度，強調兒童本位的教保工作。環境規劃要兒童本位，保育工作要兒童本位，充分尊重幼兒，接納幼兒，充分和孩子溝通，以及教學模式要兒童本位。就行政觀點，提供一個可以被幼兒接納的安全環境，是建立一所高品質幼兒園的基礎。

　　我國幼稚教育法第一條規定「幼稚教育以促進兒童身心健全發展為宗旨」。第三條規定，幼稚教育之實施，應以健康教育、生活教育及倫理教育為主，並與家庭教育密切配合，達成下列目標：「一、維護兒童身心健康；二、養成兒童良好生活習慣；三、充實兒童生活經驗；四、增進兒童倫理觀念；五、培養兒童合群的習性。」以上均特別強調身心健全發展

與身心健康，包括生理健康與心理健康。其中生理的安全是一切健康的基礎。的確，沒有健康的身體，一切都是空談。

二、主動建立幼兒與教保員間正面情感的連結與信任感

由於依附關係不限於嬰兒期與照顧者之間的感情連結，而是泛指個人與其親密伴侶間的強烈情感聯繫，包括教保工作者與幼兒之間的感情連結；況且學前幼兒的依附關係發展，已經發展到多重依附關係階段。因此，每一位教保工作者都將成為幼兒依附的對象，為了建立安全依附關係，每一位教保工作者都應該用心經營，輔助幼兒快樂學習與增進身心健全發展。

三、提升教保員本身的情緒能力，以提供合宜的身教

從事幼兒教育專業，情緒能力確實非常重要，很不同於他項行業，然而幼教工作者的情緒能力是常常被忽略的一項專業能力。例如李明珠（1986；盧美貴，2005）分析幼教工作人員九項基本能力如下：（一）實施教學能力；（二）設計能力；（三）教室管理能力；（四）環境布置能力；（五）人際關係能力；（六）園務行政能力；（七）學識修養；（八）評量能力；（九）個人特質能力。以上各項能力當中，情緒能力似乎被融入在教室管理、學識修養與個人特質等三項能力當中，而並未專列情緒能力，這並不是強調「情緒能力很不同於他項行業，確實非常重要」的做法。

幼兒教保工作者應該具備哪些合宜的情緒能力？從幼兒氣質類型適配的觀點，教保工作者必須是個「足夠彈性的人」，是個採用「滿足孩子需求」教保哲學信念的人。依據九項氣質類型，幼兒教保工作者必須努力提升本身情緒穩定性的氣質，包括注意力專注、情緒本質佳、適應性佳、趨近性佳、堅持度彈性、反應強度彈性、反應閾彈性、活動量彈性、規律性佳等等情緒。

心理輔導工作的目的在於發展幼兒情緒能力，情緒是情意領域的核心

要項,將會影響認知與技能領域的成長。幼兒教育工作者增進情緒能力,將能促進與確保認知及技能教學的成果,因此提升教保工作者本身的情緒能力,包括正確的「滿足需求」教保哲學信念,以及實務研習,提供合宜的身教,確實非常重要。

四、瞭解並尊重幼兒情緒能力的個別差異性,以及所處文化環境的多元性

這個社會是許許多多的家庭組合而成的,每個人都希望自己的家庭被尊重,自己被尊重,那麼將心比心,每個家庭都應該被尊重,所養出來的孩子都應該被尊重,一位專業幼兒教保工作者更應該瞭解到這一點。身為專業幼兒教保工作者,除了要清楚瞭解所面對班級的數十位幼兒係來自數十個家庭,他們的氣質類型與情緒能力個別差異很大之外,更要瞭解社區資源與文化。

直接把社區資源作為教材是最好的選擇,藉此更能夠深入瞭解社區文化的多元性,對幼兒表達更多的關愛與正確的同理心;也因鼓勵父母親參加主題教學,有效率的實施親職教育,對幼兒身心發展產生最大的助益。

五、強調促進幼兒情緒能力發展的教學,應顧及全人格發展,不刻意引發幼兒情緒

任何發展階段的教育都強調全人格的教學,不可以顧此失彼,不可以揠苗助長,幼兒情緒能力發展的教學亦是如此。

如同幼兒「早讀」現象,教師教導幼兒提前修習國小課程教材,如果幼兒因為生理不夠成熟,肌肉還沒發展好就學寫字,往往就學不好;如果幼兒因為心智不夠成熟,就跟不上同儕進度,會因此毀掉自信心,這些都會激發幼兒的情緒問題,傷害情緒能力的發展。這如果說是幼教工作者無意的,則是他的專業能力不足問題;如果說是有意的,則是他的道德問題。事實上,學習沒有所謂的「輸在起跑點」的問題,因為學習是馬拉松

賽跑，就算開始衝得快，也不見得能夠一路領先到終點。有可能許多幼教工作者尚屬年輕，仍然沒有能夠理解此一概念的真正內涵，亟待啟發。

六、把握日常生活中的事件給予隨機教育

幼兒園教保工作者，面對這麼年幼的孩子，在每日的工作內容中，以處理孩子的情緒問題占大部分。孩子的情緒問題源自生活事件，處理幼兒生活事件，首先從情緒輔導觀點介入，較能獲得事半功倍的效果。因為當個人處在情緒激動狀態，理性呈現睡眠，只有當情緒穩定之後，理性才會抬頭。一旦情緒穩定之後，即可進行生活事件的瞭解。具體生活事件的瞭解，應包括人、時、地、事物、如何與為何等六項情境的描述。

高特曼及德克蕾兒（Gottman & DeClaire, 1996；高慧芬，2002）在著作中，列述成人輔導孩子情緒的五個步驟：(一)同理心；(二)察覺情緒；(三)接受情緒；(四)描述情緒；(五)情緒的表達及規範。以上歷程可以提供幼兒教保工作者處理幼兒生活事件的參考，除了解決幼兒的生活問題之外，更能增進幼兒的情緒能力。

七、融合情緒教學於其他領域的教學中

發展情緒教育課程讓情緒教育不再是一種「自由心證」的重視，而是呈現具體的策略，提供當前多數不能採用統整課程教學模式的教育工作者，更能有效益的增進幼兒身心健康。

發展情緒教育課程除了設置有獨立的課程領域之外，由於其他各個課程領域教育目標，都需涵蓋認知、情意與技能目標，而情緒是情意目標的內涵之一，是達成情意教學目標的基礎，因此每一類課程為了達成自身的教育目標，就必須重視情緒教學，融合情緒教學於其他領域的教學中。

八、提供情緒能力落後之幼兒有系統的情緒課程

當幼兒健康活潑，父母與教師要幫助幼兒發展潛能，培養良好生活習慣，實施系統性情緒課程。心理衛生工作的第一級預防，係為了「預防產生偏差行為」。

當發現幼兒有偏差行為，有明顯的情緒能力落後現象，要立即實施系統性的情緒教育課程或個別心理諮商，進行心理衛生工作的第二級預防為「預防偏差行為惡化」。

嚴重情緒障礙者係我國特殊教育法第三條列舉的十二類身心障礙者之一，其矯正教育重視系統性課程。當幼兒經過診斷，發現情緒障礙很嚴重，為了「預防未來產生與社會隔離」，例如長期住院、監禁、自殘等等，讓幼兒接受專業協助，這是心理衛生工作的第三級預防，很重視長期性的系統性課程規劃。

幼兒教育統整課程的教學不採用分科教學，既能滿足幼兒個別間的差異需求，也能滿足個別內的認知、情意與技能教學目標的差異需求，因此是一種較為理想的教學模式（讀者請參考第九章統整性課程介紹）。惟當幼兒教育工作者發現幼兒的某些學習領域發展比較落後時，需要實施補救教學，教師可以額外經由加深加廣的教學設計，設計系統性課程，實施系統性教學，提升幼兒的能力。

參考書目

王珮玲（2006）。**幼兒發展評量與輔導（第三版）**。臺北：心理。

宋犀坤（2008）。**情緒**。臺北：靈活。

林佩蓉（2004）。幼兒教育的風行。於林佩蓉、陳淑琦編著。**幼兒教育**，第一章。臺北縣：國立空中大學印行。

林翠湄等（2003）。**發展心理學**。蘇建文總校閱，林翠湄、王雪貞、連廷嘉、黃俊豪等四人合譯。臺北：學富。（原著作者Shaffer D. R.，出版於1999）。

新竹師院（1991）。**七十九學年度生活與倫理科價值教學教師意見調查分析**。輔
　　導叢書第56集。新竹：國立新竹師院。

新竹師院（1991）。**七十九學年度生活與倫理科價值教學兒童意見調查分析**。輔
　　導叢書第57集。新竹：國立新竹師院。

高淑貞譯（2000）。**遊戲治療**。臺北：桂冠。

高慧芬（2002）。情緒發展與輔導。於李宜賢等人合著。**兒童發展——理論與實
　　務**（第七章）。臺北：永大。

陳質采、呂俐安（2000）。**玩遊戲，解情緒——兒童EQ學習手冊**。臺北：信誼基
　　金。

黃光雄等（1985）。**我國國民小學價值教學實驗研究**。新竹：省立新竹師專。

教育部（1987）。**幼兒園課程標準**。教育部國民教育司主編。臺北：正中書局。

盧美貴（2005）。**幼兒教育概論**。臺北：五南。

郭煌宗（2002）。**麻煩小天使**。臺北：遠流。

謝明昆（1994）。**道德教學法**。臺北：心理。

謝明昆（2002）。教育家滿足孩子需求信念之教保應用。於幼兒教育年刊。第
　　十四期（頁55-90）。臺中：國立臺中教育大學編印。

謝明昆、賴素惠、楊麗娜、袁麗珠（2009）。**主題開放教學——孩子與社區融合
　　的課程與教學**。臺北：華騰。

蘇建文（1991）。發展心理學重要發展理論。於蘇建文、林美珍、程小危、林惠
　　雅、幸曼玲、陳李綢、吳敏而、柯華葳、陳淑美等九人合著，**發展心理學**
　　（頁1-38）。臺北：心理。

Diane E. Papalia, Sally Wendkos Olds（1994）。**兒童發展**。（黃慧真譯）。臺北：
　　桂冠。（原著出版於1992）

Jean Feldman（2002）。**轉換時刻的教學妙招～236個創意活動設計**。（羅莉文
　　譯）。臺北：光佑。（原著出版於1995）

Shaffer D. R.（2003）。**發展心理學**。（蘇建文總校閱，林翠湄、王雪貞、連廷
　　嘉、黃俊豪等四人合譯）。臺北：學富。（原著出版於1999）

Virginia M. Axline（2002）。**如何幫助情緒障礙的孩子——一個問題兒童的治療
　　歷程**。（詹益宏、游乾桂、王珮琳、傅廷靜等四人合譯）。臺北：遠流。
　　（原著出版於1964）

第 8 章

幼兒美感領域

林佳慧

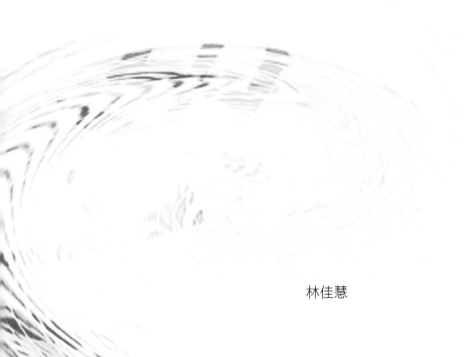

壹 美感課程的重要性

　　許久以來，無論幼教學者、藝術工作者及現場教師，不斷強調優質藝術課程對幼兒發展具有關鍵性的影響。研究證明，高品質的幼兒藝術活動能促進幼兒認知、身體動作、社會、情緒及創造力的全人發展（Bredecamp & Rosegrant,1995; Eisner, 2005; Gardner,1973; Greene, 2001）。研究同時發現，藝術課程提供有別於其他學習領域的創意表現，許多不能在學科領域表現傑出的學習者，多半在藝術領域的表現上都能獲得成功的經驗，提升其他學科的學習興趣，這並非意味藝術比較容易學習，而是學習者因藝術經驗產生的滿足感，相對地影響他們在其他以認知為核心課程上的注意力，因而提升學習者整體學習成就表現。

　　近年來，以不同藝術領域學習或經驗接觸發展而成的幼兒藝術治療活動，更擴大藝術教育的實質功能，讓藝術教育發揮更具體而積極性的療癒效果，一些在生、心理發展上有障礙性的幼兒，藉由不同類型藝術活動的刺激、覺知、遊戲、操作、表達等各種方法，導正或提升其發展能力，達到顯見性的復健功能。

　　藝術課程的學習與體驗，目前在幼兒園中可涵蓋音樂、舞蹈、造形藝術與戲劇等學習領域。Buchbinder（1999）更提醒藝術指導者，高品質的藝術課程應涵蓋下列特質：

　　（一）提供學習者更多的互動機會。

　　（二）豐富學習者跨領域間的學習經驗。

　　（三）讓學習者能尊重自我及肯定自我價值。

　　（四）能提供學習者適合個人學習方式的學習經驗。

　　當然，優質的藝術課程是能強調不同藝術類型獨特的表現方式或內容，而使學習者能在參與歷程中，驗證其學習能力，精進其藝術經驗，促進其個別發展，以滿足學習者在藝術教育上的個別需要（Nelson, 2009）。

貳 理論基礎

一、幼兒藝術中的成人角色

　　幼兒有天生創作的衝動（Lowenfeld,1995），雖然，Lowenfeld及 Gardner（1991）認為成人若早期介入幼兒藝術發展，會影響他們創造力的表現；然而幼兒的藝術表現實受許多外在因素所影響，從生態學的角度觀之，這些外在因素從宏觀的社會文化層面，到社區環境、學校、老師營造的學習情境或氛圍，以至於父母親的期待與強化，都是影響幼兒早期藝術表現及創作動機的因子。Kinder（1997）就提出成人早期介入幼兒藝術發展的重要性。在成人有效提供幼兒示範性的行為，計畫適切的學習活動、規劃安全而自在的學習空間，並促發幼兒創作的動機，讓幼兒能自由地表達，提供激發幼兒藝術潛能最好的策略。而Kinder所提出的觀點主要是受提出社會文化學習理論（sociocultural theory），蘇聯教育與心理學家Les Vygotsky（1978）「近側發展區」（zone of proximal development）說的影響。

二、維高斯基社會學習理論

　　前蘇聯教育與心理學家Les Vygotsky（1978）深受社會主義影響，提出「近側發展區」（zone of proximal development）理論。Vygotsky認為兒童為一具潛能發展的有機體，其學習的經驗深受社會、文化及歷史氛圍的影響。「近側發展區」是指個體「真實發展能力」與「潛在發展能力」區間差的值，Vygotsky認為個體受生理年齡影響有其階段性的能力發展特質，稱之為「真實發展能力」，透過環境中成人引導或能力較優的同儕刺激，為因達成雙方共同的目標而提升問題解決的能力，稱之為「潛在發展能力」，而「近側發展區」是「真實發展能力」與「潛在發展能力」的差

第 *8* 章　幼兒美感領域

異值，也就是在沒有幫助與接受幫助後能力表現的差異值。而成人或能力較優的同儕可以藉由提醒、提供線索、討論、示範、問題引導、參與、鼓勵、解釋與控制兒童學習情緒，來協助或支持兒童達到潛能的發展。相對地，個體參與學習的歷程也相對地影響環境氛圍的內涵。Vygotsky的學習理論延伸之同儕互動及合作型組織的學習是很適用於目前教室中學習情境營造，並有助於特別需求的兒童學習。

三、多元智能發展理論

美國哈佛大學教授Howard Gardner因認為過去我們對於智能的定義太過於狹窄，他在1983年所著《心智的架構》（*Frames of Mind*）一書中，重新檢視智能的定義。藉由文獻的探討、長期的觀察及實例中，他歸納出人類至少有七種智能的存在，分別是：語文智能（linguistic intelligence）、空間智能（spatial intelligencc）、邏輯數學智能（logical-mathematical intelligence）、肢體動覺智能（bodily-kinesthetic intelligence）、音樂智能（musical intelligence）、人際智能（interpersonal intelligence）、內省智能（intrapersonal intelligence），在1999年之後又增加了第八項智能：自然觀察者智能（naturalist intelligence）（Gardner,1993,1999）。Gardner認為每個人都有八種不同的潛能，這些潛能只有在適當的情境中才能充分發展出來，而且，大多數人的智能都可以發展到適當的水準。此外，每個人都有獨特的智能組合，有的人在語文方面較具優勢，卻在音樂方面較弱；也有人在肢體運作方面具優勢，卻在邏輯數學方面表現欠佳。他的多元智能理論中，除了強調人類認知的豐富性，同時也提出智能的表現方式都有其相對應的藝術表達能力；也就是說，每個個體都或多或少地具備不同藝術型態的操作及表達能力。而個體在藝術活動的參與及表現，也同時將影響個體在其他不同智能領域的學習。

Gardner對兒童時期個體創意的發展也有相當的興趣，根據他自己長期的研究與觀察，他將個體的創意發展分為三階段來討論：第一階段為學前幼兒時期，此階段的個體是天生的創作者，以音樂、造形藝術、戲劇及

語言的創意表現為樂。第二階段約始於7歲，此時期個體因認知模式的改變，而修正了創作的型態與模式，創作著重於藝術行為的模仿及寫真，因而限制想像力及創意的表現。第三階段大約為15～25歲，這時期個人計畫執行以及創意評估的能力會已個別化傾向，也就是有偏向創意表現的人保持創意，而大部分的人在創意的發展上已呈現停滯狀態。就此觀察，Gardner（1980）也提出U型曲線（U-shaped curve）來說明個體在創意表現的發展現況，是以幼年與老年為高峰點，而在壯年期間則落於谷底，其他階段則呈現持續性下滑與上揚的發展狀態，猶如一倒拋物線。

課程目標與實施標準

　　根據教育部於民國76年頒布的幼兒園課程標準，造形藝術課程為工作科教材教法所涵蓋之內容，音樂與舞蹈課程內含於唱遊科領域，而有關戲劇活動課程卻未能明確的屬於任何領域，但語文科教材教法及遊戲教材教法都能設計相關活動，提供幼兒假裝、扮演、感知覺活動及創作性肢體活動等活動體驗。

　　然為因應全球化人力精進、社會競爭激烈化的需求，人才的培育更是必須要由根扎起，教育的品質與內容亦需符合時代趨勢作調整及修正，因此，教育部國教司於民國89年，延請教育學者共同研擬符合時代性需求的幼稚教育新方向，並訂定出一份幼兒園六大領域課程綱要之草案，而關於藝術領域的基本理念與課程目標，設定為「創作者藉由視覺圖像、音韻節奏、肢體動作、戲劇扮演等方式表達內在思想情感，其作品具有美感價值能引發觀賞者認同與共鳴者，稱之藝術。」（教育部委託研究案－幼兒園課程綱要研訂報告，2000，頁65），根據此研究案的內容，可視幼兒藝術課程主要含括的範疇為造形藝術、音樂、律動及戲劇等相關領域活動與經驗。

　　此草案的訂定，雖在幼兒藝術領域相關的敘述稍顯薄弱，但也闡明了幼兒藝術領域是以「發現與探索」、「表現與創作」及「審美與分析」作為課程實施的主要目標。教育部並於民國90年7月2日印發的「幼兒園教

育指導綱要（試行）」通知中，除了鼓勵幼兒創作及以各種藝術型態表達的機會外，更進一步強調幼兒美感經驗的培育，以及將藝術經驗落實於生活的重要性。

延宕多時的幼兒園課程目標與標準，在相關專家學者的不斷研擬及修訂下，教育部國教司於2009年暫定「幼兒園教保活動與課程大綱—暫行版」中，將幼兒園的藝術教育規劃在美感領域中，並訂定「美感領域」為提供幼兒「探索與覺察」、「表現與創作」、「回應與賞析」等三大目標，期望幼兒藝術教育的規劃者與教學者，能藉由領域目標的實踐反應「表達溝通」、「仁愛合作」、「獨立自主」、「文化實踐」五大核心價值。

一、實施目標

在「探索與覺察」方面，教師宜藉由活動的實踐，彰顯「幼兒園教保活動與課程大綱—暫行版」課程規劃的「探索挑戰」的設計，鼓勵幼兒透過感官知覺探索生活環境中美的事物，除滿足幼兒天生的好奇心，並提供幼兒感動的經驗，進而擴充幼兒的生活經驗及體驗，引發其對藝術的興趣。例如教師在視覺感官經驗，可運用教室內外各種事物的顏色、形狀、大小，刺激幼兒視覺的發展；聽覺上包括來自錄音機、聽診器、自然環境、生活周圍、教室內、樂音的聲音感受；味覺及嗅覺包括烹飪、餐點及環境中聞得到的各種氣味；觸覺則包括環境中空間及各種自然或人造素材的觸感及紋理特性，幼兒學習環境所有可接觸的物品，都是提供幼兒第一手刺激的具體學習。

在「表現與創作」方面，教師宜提供幼兒運用多元藝術媒介來做各種創作、自我表達及重現生活經驗的機會，以培養幼兒創意及藝術表現的基本能力。例如在多元藝術媒材上，除了各藝術領域專用的表現材料外，科技資源及自然資源的善用是教師應關注的內容。相較於幼兒在學習成品（包括書面及作品）的表達外，教師也應多提供幼兒強調歷程的表達機會，如戲劇與音樂活動等等。

在「回應與欣賞」部分，教師宜培養幼兒對生活中各種藝術創作與展現回應的習慣，提供幼兒發展個人對藝術的偏好及審美的能力，並增進幼兒對多元文化的接觸與體驗的經驗。

二、設計原則

幼兒藝術課程的設計，一般而言宜掌握以下原則：

(一) 過程為主

1. 遊戲型態：Laurie E. Hicks（2004）認為，遊戲與藝術創作的歷程有其雷同的屬性。遊戲具有主動性參與、自由選擇、趣味性及著重歷程等特質，藉由遊戲型態為主的學習活動，其參與歷程能滿足人們從開放的觀點，來成就他們創造和參與的慾望，這些元素提供遊戲參與者冒險及探索的動機。而藝術活動則正需要幼兒能開放心胸，參與經驗、材料、方法及內容的探索與表達。因此，教學活動若以遊戲的方式進行，不單能增加活動的趣味性，更是一種鼓勵幼兒探索、增加活動趣味、強化參與動機的教學策略。

2. 感官樂趣：幼兒階段正處於感官發展的敏感階段，如果提供幼兒適當且合乎其生、心理需求的感官刺激活動，不單可豐富其生活經驗，並可有效刺激其腦神經細胞的成長與連結。造形藝術以視覺刺激為主，音樂活動以聽覺刺激為主，戲劇活動能統整所有藝術類型，因此感官的刺激活動更為多元，而律動以知動覺為要，幼兒因藝術活動的型態不同，而感受不同的刺激樂趣，並相對產生不同的回應，發揮個別潛能。

3. 問題解決、錯誤中學習：在幼兒藝術活動與學習中，多元化素材的提供有助於學習者瞭解不同材料的特性，並激發出發現問題、解決問題的能力。幼兒經由操作不同媒材的經驗，提升其認知及動作技能，而教師也可藉由材料資源的提供，瞭解幼兒的使用能力，進而提出鷹架幼兒學習的相對策略，有助於幼兒能力的提升。

4. 合作、分享與回饋：發展幼兒以降低自我為中心的活動策略，以團體活動或分組方式來激發幼兒分工與互助能力，有助於提升幼兒人格發展社會化與群性互動技巧。

5. 抒發情感與感覺：藝術活動滿足幼兒以不同形式、圖像、肢體或音樂的表達情感與思想的多元管道，藉由活動的參與及創作，藝術提供幼兒安全而有效的發洩與紓解管道，其個別化的表現亦能得到尊重，能提升其表達自信，建立正面的自我形象。

6. 勇於創新：藝術活動除提供參與者情感淨化、情緒抒發的機會外，更鼓勵幼兒創新及允許幼兒想像與創意恣意展現。由多元智能的理論觀點，教師也能藉由幼兒參與藝術活動的過程，有效瞭解幼兒潛能的發展面向，提供幼兒最佳的發展機會。

(二) 符合幼兒發展適切性及個別性

教師進行活動設計或規劃時，必須考慮幼兒身心的發展條件及符合個別化需要，包括：

1. 生理年齡的需求：越年幼的兒童，其動作技能、前備經驗、表現技巧、認知能力、表達方式等都有階段性發展的差異，教師進行教學時必須考慮活動進行的時間長短，在示範或說明的方式活動操作的技巧、活動內容的簡易度上作調整。

2. 心理年齡的需求：提供幼兒社會性技巧發展的機會，滿足大部分幼兒創作的成就感、表達的自信心，建立安全與自由創作的氛圍及硬體環境。

3. 符合個別化需求：課程活動的設計與規劃，能符合一般常模發展的幼兒需求外，並能顧及班級中特殊幼兒（資優及發展遲緩）、弱勢幼兒、不同文化背景幼兒的個別需求。

(三) 統整其他學習領域

在強調統整學習的活動設計原則下，無論是造形、戲劇、舞蹈、音樂都可以和其他領域相融合，成為整合而更切合幼兒體驗的活動。例如：

在達克羅茲節奏教學法以及奧福幼兒音樂教學中，就將舞蹈或肢體融入學生音樂學習中。而在歐美國家，創造性舞蹈也常和創作性戲劇或語文相統整，以輔助幼兒聽、說、讀、寫等語言方面的學習，運用身體不同部位作數字的書寫練習，或用身體來排列文字，加強幼兒在圖像與肢體上的整合概念；或藉由圖畫書的引介，教師以口白或音樂的催化，讓孩子藉由動作創作將故事中的角色或情節加以詮釋、演繹，使幼兒更能體會及瞭解故事的意境與內容。

此外，造形、舞蹈、音樂及戲劇活動，亦對於幼兒學習數學的量、幾何以及邏輯概念、「空間」及「時間」，也都有潛在的幫助。例如：造形活動中對稱與不對稱的關係，幾何、點線面的概念，無論是幼兒練習用身體的不同部位作造形，或在造形藝術活動中進行幾何或空間相關的設計，都是跨領域並提供幼兒統整性概念的活動規劃。自然科學的統整亦然，例如，昆蟲破繭而出、禽鳥破殼飛天，除了提供幼兒自然科領域相關的知識外，同樣涵蓋幼兒探索「空間」及「時間」概念的行為目標。

(四) 加入文化的內容與材料

全球資訊化時代的來臨，網路與知識已無明顯的國界區隔，國際村的概念逐漸使得國與國之間、文化與文化之間的感染性越來越強，因而個體除了要廣泛接觸外來的文化外，對母體文化更必須能深入的瞭解及感受，才能從肯定文化的價值，到認同自我的價值。藝術活動是人類生活經驗的精髓展現，教育工作者在文化扎根的工作更是刻不容緩。由生態學理論觀之，人類的行為表現本是個體與環境互動的結果，環境對個體的思想、情緒，甚或創意表現都有相當的影響。因此，藝術教育者更應該在幼兒藝術經驗與教材的規劃中，融入本土的文化，讓藝術與幼兒的生活及環境更真實地結合。

肆 美感課程領域

　　根據2009年教育部暫定「幼兒園教保活動與課程大綱—暫行版」中課程目標明訂，幼兒藝術領域課程涵蓋的課程內容包括：視覺造形藝術、音樂、戲劇等三大面向，其課程目標中除了反映幼兒對藝術美的感知、創作與操作、欣賞與瞭解外，亦必須強調自然、環境與文化美的覺知與體驗。以下則就視覺造形藝術、音樂及戲劇等三大藝術活動內容，分別說明。

一、視覺藝術課程

(一)視覺藝術課程教學方法

　　幼兒視覺藝術課程可分平面與立體作品的創作，課程內容應與其他學習領域或藝術領域統整實施，其指導的方法可分為以教師引導（teacher-guided）、幼兒為中心（child-centered）、教師主導（teacher-directed）三種方式（Schirrmacher, 2006）。

　　教師主導的教學方式，經常使用在幼兒工藝教學上。其教學計畫多半具系統性及組織性，教師加強其活動主導性多半是為使呈現辨識度高作品結果，相對會限制幼兒個人表達創意，例如，聖誕節的情境布置、母親節獻給母親的康乃馨花籃等。而以幼兒為中心的教學方式，是指教師無系統或組織地規劃幼兒造形活動內容，多半以美勞角環境規劃為主，即教師在美勞角準備多元化的素材及設備，鼓勵幼兒自由操作及創作。而教師引導則是目前最受藝術教育工作者所推崇的教學方式，它結合上述兩種指導方式，教師除了循序漸進地制定活動目標、設計相關活動、引導幼兒瞭解視覺藝術的創作元素與技法外，並能將造形藝術美學及欣賞帶入活動內容中，讓幼兒在進行創作之餘，更能有方法瞭解藝術，增進其美感經驗。

（二）視覺藝術課程活動規劃與設計時宜注意事項

除了教學方法外，教師在作幼兒視覺藝術課程活動規劃與設計時，必須注意下列原則：1.教學時間的長短；2.年齡的適切性；3.同時具備知、情與技等教學目標；4.教材內容編選的多元性；5.由易到難、由簡到繁、由具體到抽象的教材選擇；6.能啟發幼兒創意的教學方法；7.材料的準備與介紹；8.統整前備經驗；9.創意性的活動延伸；10.過程與作品評量兼具；11.活動與材料的安全考量；12髒亂的收拾與環境的維護。

（三）幼兒繪畫與視覺藝術能力發展階段

幼兒視覺藝術的表現與其手部動作、認知及語言表達的發展有著密切的關聯，以下表8-1，則就幼兒階段性的發展現象、繪畫能力表現及教師指導時宜注意的事項分述如下：

表 8-1

發展年齡	手指動作	認知和語言	繪畫能力	視覺活動指導要點
1歲到2歲	・會拿筆開始畫線 ・視覺和手的抓握逐漸協調	・能看懂寫實的圖畫書	・塗鴉前期（1～2.5歲）線條由未受控制而逐漸可控制 ・為享受手臂描繪運動的快感而作畫 ・塗鴉線條可分為點畫、橫線畫、縱線畫、縱橫線畫、漩渦形線畫 ・無意識的使用色彩	・提供表現機會、環境和材料 ・提供黑色蠟筆、彩色筆、原子筆等硬筆，以及平滑之大張紙、黏土的創作材料 ・進入命名塗鴉期的幼兒，可透過「看圖說話」的方式來增進幼兒的繪畫興趣
2歲到3歲	・能用五至七塊積木堆成一個塔	・會看圖畫書列舉東西名稱	・塗鴉後期（2.5～3.5歲），又稱「命名塗鴉期」 ・約2歲半以後，會對著自己的抽象塗鴉線條，說明圖形意義或編造故事	

發展 年齡	手指動作	認知和語言	繪畫能力	視覺活動指導要點
3歲到4歲	・能將色紙對折 ・能用剪刀將紙分開 ・能畫圓圈	・會指出自己所畫圖形的名稱或編造故事 ・能接受生活圖畫書 ・能瞭解上、下、前、後的空間關係	・塗鴉線條規律化，以漩渦式線條為多 ・作畫的動機由手臂運動的快感，轉為想像描繪的遊戲 ・命名塗鴉顯示了初步手腦並用與視動協調的整體發展 ・約3歲半以後，逐漸能畫出圓圈的圖形	・自由創作的線條畫 ・基本型和基本色的辨識指導 ・撕貼畫的遊戲 ・黏土與積木的操作
4歲到5歲	・能用剪刀剪出幾何形狀 ・會用繩子打結 ・能照著圖畫○、□和△	・能瞭解左右的概念 ・能接受幻想故事及科學圖鑑	・圖畫式前期（3.5～6歲），以○、□、△基本圖形，組合畫出略像實物的象徵時期 ・圖形符號受個人「自我中心」思考的影響，會有誇大圖形的現象，極富個性化 ・人多以圓形的組合為主。如大圓是頭，小圓是眼和嘴，大大圓是身體，長長扁扁圓是手和腳 ・任隨感情來決定色彩，與實物無關 ・採用無上、下、左、右方位感的「散列式」空間	・基本型和基本色的構造組合遊戲 ・開始實施繪畫日記及水彩畫 ・應用剪刀的貼畫指導 ・2～4人的小型集體創作 ・欣賞同伴的作品，並説出美的特點

發展 年齡	手指動作	認知和語言	繪畫能力	視覺活動指導要點
5歲到6歲	·能用剪刀剪圓形和自由圖形	·可以接受三百本左右的圖畫書 ·可以從認字、唸字的指導，轉入畫字和寫字的指導	·圖畫式前期 ·圖形符號極富個性化 ·部分能以〇、□、△圖形來綜合運用，如〇是頭，□是身體，△是裙子 ·任隨感情來決定色彩 ·採用具有上、下、左、右方位感的「基底線式」空間 ·常有「透明式」、「展開式」、「並列式」、「續時間式」、「擬人式」的畫法	·重視作品中「何人」、「何處」、「何時」、「何事」的具體性表現 ·自由化與命題創作的交互實施 ·加強立體的、機能性的造形創作 ·透過作品的欣賞，帶動創作的新思考 ·8～10人的集體創作 ·能將作品與環境的美化結合

圖表來源：蘇振明（1990）。藝術教育教師手冊：幼兒藝術篇。

(四) 視覺藝術活動涵蓋的內容

1. 探索與覺察

　　幼兒透過聽、嗅、視、味、觸感來感受環境中的各種刺激，也逐漸藉由自身的體會及學校教育有效的引導，瞭解如何藉由不同的表現方式、材料與技巧，來傳達他們的體會、情感與想法。在視覺藝術領域中，其特有的表現元素為：線條、空間、顏色、結構空間及材質等，教師除了協助幼兒體驗與接觸視覺藝術相關的元素，包括顏色（色度、強度、溫度、價值、意涵、不同顏色的關聯性）、線條（種類、方向、長度、關聯性）、形狀（大小、名稱、存在的形體、關聯性、閉合／開放）、材質結構（組織、排列、感覺、溫度）、涵蓋空間（位置、界限、感覺）及設計（對稱、重複、替代交換、變化）外，也必須讓幼兒藉由觀察、解釋、比較、討論等方法，來培養幼兒對這些元素的瞭解與覺知。選擇幼兒可使用其感官探索的素材，讓他們看、聞、摸；挑選幼兒可巧妙處理的素材，讓他們

可以扭曲、彎折素材、在上面著色、作記號；挑選幼兒可用不同方式運用的素材，讓他們可以丟、擲、建構，就是提供幼兒探索、瞭解與感受的最好策略。

當然，大自然是提供幼兒探索及美感覺知最為優質而具體的環境，例如，天空中雲層、雲形、天空顏色及光影的變化；植物的生長型態、顏色、因四季的變化、因葉形、花形、果形的不同而造成的植物外貌，都能提供幼兒在造形、線條、顏色、質地、結構組織最佳的感官經驗。除此之外，學校環境亦是啟發幼兒探索與覺察能力的「第二位老師」，包括：

(1) 閱讀區中置放藝術家及真實的藝術書籍。

(2) 將藝術印刷品、海報揭示於布告欄或牆上，並經常更換。

(3) 於科學角上擺置觀察與實驗的材料，如水晶球、陶瓷碎片、鏡子、貝殼、葉片、豆莢、木片、樹枝、花瓣、羽毛及昆蟲標本，都是很好的教材或實驗品。

(4) 美勞角中其他材料的蒐集以利探索、觀察與創作，包括，鈕扣、珠飾、亮片、膠帶、線圈、緞帶、老鑰匙、布片、各種顏色的塑膠瓶蓋、乾燥花材、海綿、各種玻璃或塑膠容器、白色或透明的小磁磚、各種顏色的小石頭、不同顏色的紙材、沒有寫字的厚紙板、CD片等等，都是教師平時可蒐集的混合性材質，對幼兒在創作素材上能深具啟發性的功能。

(5) 教室中提供的美感氛圍，除空間的規劃、硬體的顏色、教材教具的陳設、物材／物料的歸放與收納、溫暖而舒適的裝飾、物理條件（採光、通風）的相對配合，也都是培養幼兒美感覺知的潛在課程。

2. 表現與創作

一般而言，教師在幼兒階段所提供的視覺藝術教學，大致包括線畫、彩畫、遊戲畫、版畫、貼畫、雕刻、塑造、建構、廢物工、工藝、簡單設計、基礎水墨等；活動內容可分平面、半立體及立體；材料處理方式包含撕、摺、黏、貼、捏印、疊、塑、畫、編、剪、刮、削、刻、鋸等技巧，而作品的呈現會因創作時所使用的材料及材料處理結果而不同，以下

則針對造形藝術教學內容與型態作簡要敘述：

(1) 線畫：為幼兒平面作品的創作，提供幼兒對點、線條掌握的技法練習，多半不著色，以硬筆為主。準備的筆類可以有粉筆、蠟筆、彩色筆、原子筆、鋼筆、針筆、毛筆等，可創作在紙面、牆面、布面，甚或可清洗的牆面或地面。

(2) 彩畫：以平面創作居多，使用彩料上色，提供幼兒線畫、著色、配色、留白的練習機會。準備的材料包括蠟筆、彩色筆、色筆、水彩筆、廣告顏料、壓克力原料、紙面、牆面、布面、塑膠布等等，是幼兒園中最常見的作品表現型態。

(3) 遊戲畫：如同字面所述，遊戲畫的遊戲成分大於幼兒情感與思想的表達，因此，越年幼的兒童，越喜歡遊戲畫的活動經驗，滾珠畫、抽線畫、漿糊畫、漂白水、滴蠟畫、泡泡畫、吹畫等等，都是經常出現的遊戲畫內容。

(4) 版畫：為幼兒園中較不常進行的造形活動設計，能提供幼兒製版及上墨或彩、拓印的經驗，活動包括：紙板、樹脂板（用樹脂在紙上作畫，待乾後拓印）；實物拓印（蔬果、印章、硬幣、手指等等）；蠟紋板（用蠟筆作畫，塗滿水彩再拓印）、保麗龍板刻飾、黏土板（在黏土板上刻畫，待乾後拓印）、蠟板（在白蠟上刻繪再拓印），而石膏板、橡膠板（在橡皮上刻繪再拓印）、石板、木板雖然經常為版畫製版的方式，然而較不適用於幼兒的版畫活動。

(5) 貼畫：可用撕或剪、割方式進行，除色紙、日曆紙、畫報紙、報紙、書面紙、包裝紙、皺紋紙、各類紙材外，多元素材的運用能提供幼兒認識及接觸各種材質混搭創作的練習與創作，包括碎布、透明片、木屑、薄木片、毛線、棉花、花瓣、樹葉、貝殼、火柴、薄金屬、亮片，甚或瓷磚、細沙……等等。

(6) 雕刻：紙、食物、保麗龍、橡膠、粉蠟筆、石膏、木板、木頭、肥皂、竹子、海棉等等，都是幼兒進行雕刻時會使用到的材料，由於使用雕刻刀必須具備相當的動作發展能力，教師較

不經常列入活動設計考量中。

(7) 塑造：黏土、油土、紙、黏土、細沙、麵糰、紙漿，都是幼兒塑型中經常出現的材料，相對於雕刻拿掉不需要的部分，塑造是添加需要的材料，比較適合幼兒執行。幼兒進行塑造活動時，除前述材料外，支撐作品結構的材料包括竹棒、報紙、鐵絲或寶特瓶、罐等，也是必備的創作素材。

(8) 紙工：造紙、摺紙、紙串、編織等，是幼兒常見的紙工活動，教師可準備不同的紙材或回收紙料，提供幼兒接觸不同材質的經驗。

(9) 廢物工：保麗龍組合、木塊／木片組合、空罐組合、紙盒組合，或多元素材的交互運用與結構性地接合創作。

(10) 工藝及簡單設計：通草、毛線、尼龍繩編織、鐵絲、串珠、風箏製作、燈籠設計、石頭彩繪、造形設計、衣物設計等活動，也都經常與主題或文化課程結合進行。

(11) 基礎水墨：近年來因強調文化的深耕，幼兒園中也逐漸提供幼兒基礎水墨的認識與經驗。對幼兒而言，無非是提供他們熟悉中國特有繪畫表現、創作技法及視覺風格的視覺養成經驗。

3. 回應與賞析

學習對造形藝術作品的回應與欣賞，對幼兒美感的培養深具意義。無論是名家作品、一般性成人作品及幼兒作品，都是適當的素材。為引導幼兒較系統性地賞析作品並談論作品，教師可利用教學時經常使用的提問技巧，協助幼兒觀察作品及理性地感受作品。教師引導藝術欣賞活動，可以運用記憶性、擴散性、聚斂性及評估性等不同的問題發問型態（Gallagher & Aschner,1963），讓幼兒仔細觀察作品、比較作品創作風格、分析創作元素的差異性，以及歸納自己對作品欣賞的感受等工作。

將藝術家或藝術史故事化、敘事化，讓幼兒以平常心接觸藝術，瞭解藝術是在反映不同社會文化中，人們生活型態的一種方式。讓幼兒欣賞藝術家的創作軼事、藝術家的故事，去體會及感受環境中的人、事、物，有利於幼兒因瞭解作品主題及藝術家的創作意圖，更深入地欣賞、感受作品

及文化面的探索，以作為提升個人創作時的考量及表達。

除此，給幼兒選擇喜愛美術作品的機會，將美術作品展示於美勞區，規劃戶外或作品展示廊經常性作複製畫或幼兒作品的展示，都是增加幼兒欣賞藝術及回應創作的方法。邀請社區藝術教育者或藝術家到教室，帶領幼兒觀察及討論藝術家的作品，讓幼兒瞭解藝術工作的價值與艱辛。帶領幼兒參觀博物館及美術館、藝術工作者的畫室或工作場地，讓幼兒瞭解美的價值，也都是讓幼兒更接近美的進一步規劃。近年來「廣達文教基金會」在各校園中巡迴辦理的「廣達遊於藝」，就是具備此成效功能的活動計畫。

當然，幼兒創作作品的討論及發表是最基本的欣賞經驗，教師在進行該活動時，宜注意：

(1) 盡可能發現作品成功處，並具體指出其最吸引人的部分。稱讚時，語句態度誠懇並具體指出優點。

(2) 態度與作品一樣值得鼓勵。

(3) 提供幼兒討論他們作品的機會，並將作品適當懸吊後供幼童觀賞。

(4) 當幼兒拿作品給你看時，先保持微笑。

(5) 藝術元素提供你回答幼兒作品的良好架構。

(6) 別將焦點置放於藝術表現，而在抽象元素或設計品質的表達。

(7) 多運用問答對話。

(8) 可針對幼兒興趣提問。

(9) 不修正幼兒作品。

(10) 增加幼兒敘述作品的機會，例如「你願意不願意告訴我，你的作品是什麼？」

(五) 幼兒園教師指導幼兒視覺藝術活動的教學態度

1. 著重幼兒思想與情感的表達：幼兒進行創作時，情意目標的設定與達成，宜重於認知與技能目標的設定，讓幼兒熟悉用圖像或表徵符碼來表達。

2. 啟發式教學：教師提供幼兒經驗刺激、提供多元的材料、適切的創作技法、支持性的環境，來啟發幼兒的創作動機與表現方式。

3. 重視欣賞教學：引導幼兒對大自然及生活事物的觀察、比較與記錄，以共同討論方式進行各名畫及作品欣賞，以共同討論方式欣賞生活經驗及事物。

4. 以幼兒為本位的課程設計：課程設計與進行能瞭解孩子身心發展及繪畫能力，並考慮幼兒前備經驗及具體生活經驗、興趣與心理需求、社會及文化影響。

5. 能與課程或其他藝術領域相統整：能設計跨領域的學習內容，讓幼兒瞭解藝術活動共通性的傳達經驗與價值，並能深植於生活經驗中，豐富生活內涵。

6. 班級經營：鼓勵創意的表達，群性合作、協調分享的活動歷程，提供幼兒適當的鼓勵與稱讚。

(六) 幼兒視覺藝術的評量內容

幼兒藝術創作及表達與其說是評量，還不如解釋成提供教師瞭解幼兒各面向發展的另一種管道。除創作後作品的整體表現外，作品創作歷程中所展現與知識的運用、情意與社群能力的表現，都是提供教師瞭解幼兒成長的線索，內容包括：

1. 欣賞各種形狀、顏色、線條、建構組合及材質的運用。

2. 探索及嘗試各種材料，並延伸發揮。

3. 能使用各種工具及惜物、愛物。

4. 能發現問題、解決問題。

5. 使用完材料與工具後，能歸放原處。

6. 熱情參與工作。

7. 創作態度正向，並能集中注意力。

8. 能與同儕合作，並一起完成工作。

9. 能瞭解自己的優缺點，並保留或改進。

二、音樂與律動

音樂教育實施的目的是在提高人們的音樂素養，來造就更多具有完整人格的人（顏秀娜，2004）。幼兒階段是個體成長最快速、感官系統最敏銳的階段，音樂除了在改變幼兒情緒、行為、人格、氣質上有顯著性的功能外，對促進幼兒聽覺器官的敏銳度及身體動作等生理系統，具有潛能性的開發作用。近幾年來，音樂教育學家將音樂結合早期療育，強化音樂治療性的功能及效果，使音樂與人類生活做結合，產生更積極性的意義。

(一) 幼兒音樂與律動教育實施的方法

在認知心理學領域，有著卓越貢獻的美國著名心理學家布魯納（Jerome S. Bruner, 1915- ），其重要著作《教育的歷程》中就曾經提出「語文」或「符號」與認知能力發展之間的因果關係。他認為任何學科的教學設計與順序，應與兒童認知發展相同，並能讓兒童自己去發現「意義」（Bruner, 1960, 1978）。而個體的認知與表達是按三種表徵模式所發展，即「動作表徵」（enactive representation）、「影像表徵」（iconic representation）和「符號表徵」（symbolic representation）。因此，教師若能依學習者認知發展歷程，把教材加以轉換使適合其表徵學習的模式，學習者便能學會教材的重要概念。

由布魯納理論中可瞭解，幼兒音樂的學習可由自發性的活動參與開始，包括隨意哼唱、歌唱、隨音樂舞動、隨音樂的節奏打拍，到能聆聽音樂，感受音樂的不同型態，用肢體表現音樂的高、低、長、短音。而在「符號表徵」時期，學習者再學習開始使用及運用音樂相關的符號與語言瞭解音樂，或作音樂創作。

美國當代的音樂教育家葛登（E. Gordon）提出的音樂學習系列理論（music learning theory）中，就強調早期音樂經驗對個體的重要性。他認為音樂課程應協助個體探索其音樂性向，而音樂學習的內容應包含音樂技巧學習次序、音高內容學習次序、節奏內容學習次序，並發展個體聽想能力（audiation，聆聽音樂並思考的時間），以達到有效的學習。有鑑於

此，學齡前的音樂活動方式應該是著重於引導而非教學，成人不宜因個人的期待，要求幼兒對音樂表現出一定的反應，應營造有效的音樂情境氛圍，讓幼兒沈浸其中，並且自然地吸收、學習。再者，教學者在進行音樂教學時，除掌握幼兒各年齡層音樂與動作相關的發展外（請參看表8-2），教師也可以參考Bruner的認知理論，循序漸進地、正確地將音樂的概念及表現，介紹並示範（例如，歌唱的音準、節拍的拍奏及彈奏樂器的方式）給幼兒，並必須注意幼兒學習的吸收及反應，以調整課程進行的速度與難度。

表8-2 幼兒聲音辨識、歌唱與律動發展

發展年齡	聲音辨識與歌唱能力	律動能力
6個月前	・略具分辨音色的能力，到五個月時能聆聽音樂至半小時。	・尚未能表達與律動相關之能力
6～12個月	・模仿成人說話的語氣，以模仿音高為主，1歲後逐漸消失。 ・偏重音樂有關的曲調和音準，非語言性的語音。	・能隨音樂舞動。
1～2歲	・隨意自創哼唱。	・能隨音樂跑來跑去。
2～4歲	・能哼一些兒歌片段的曲調。	・能安靜的聆聽音樂。 ・能感覺拍子規律。 ・能體會音樂分樂句。
4～6歲	・成歌期，能反覆片段歌曲。 ・能自行創作樂句。 ・能跟著音樂打規律的拍子。	・手眼協調佳，可敲擊樂器。 ・能模仿節奏、拍出節奏。 ・能用肢體創作。 ・能用肢體表現音樂的高、低、長、短音。

（二）四大音樂教學法

除E. Gorden提出的音樂學習理論外，達克羅茲（Emile Jaques-Dalcroze, 1865-1950）音樂教學法、奧福（Carl Orff, 1895-1982）音樂教學法、高大宜

（Zoltan Kodaly, 1882-1967）音樂教學法、鈴木（Shinichi Suzuki 1898-）音樂教學法，為目前音樂教育中最常見的四大教學方法。雖然四大音樂家在音樂教育哲理根據、教學理念教學方法及內容上各據一方，然綜合其理念我們可以發現，這幾位影響深遠的音樂教育學家都認同：音樂可以反應人的情感，音樂教育應該從小開始，適當的訓練學習可以彰顯兒童的音樂表達能力，因此，提供兒童學習音樂的環境是很重要的。其中達克羅茲、高大宜和奧福的活動方式，則同樣著重在兒童語言、音樂與動作的結合，強調兒童的音樂教育應該包含律動、歌唱、說白、即興創作、聽音練習，而奧福及鈴木更把樂器演奏或合奏加入兒童的音樂學習中，更加豐富兒童音樂教育的內涵。

提出目前在臺灣較為盛行的這四種音樂教學法作介紹，主要的目的是在賦予教師編選教材時，能更彈性地、折衷地整合各教學法的長處，並選出教師及幼兒適用的教學方法與學習內容，以發展出合宜於教學者與學習的課程。音樂教育學者並建議音樂與其他學習領域，都能促進生理、心理、社會與情感各面向之發展，因此應與美術、文學、體育、歷史、地理、自然科學等科目結合，以達到深度有效的學習（Boardman, 1996）。

以下表8-3即針對四大教學在教育哲理根據、理念、教學目標、教學方法、內容、特色作簡要比較：

表 8-3

教學法＼內容	達克羅茲 Emile Jaques-Dalcroze (1865-1950)	奧福 Carl Orff (1895-1982)	高大宜 Zoltan Kodaly (1882-1967)	鈴木 Shinichi Suzuki (1898-)
哲理根據	·音樂藝術的根基在人類的情感。 ·個體身體的每一部分，都可以對其情感作回應。	·凡是幼兒都會喜歡音樂。 ·音樂必須與律動、舞蹈及語言相結合，才能產生意義。 ·基本要素音	·透過適當的音樂教育，能讓所有的客體享受音樂。 ·優質的音樂教育是國民應享的權利，也是	·藝術並非遙不可及，藝術作品乃是個體人格、感覺以及能力的整體性表現。 ·所有喜愛藝術

教學法　　內容	達克羅茲 Emile Jaques-Dalcroze (1865-1950)	奧福 Carl Orff (1895-1982)	高大宜 Zoltan Kodaly (1882-1967)	鈴木 Shinichi Suzuki (1898-)
哲理根據	・個體會因應感覺的不同，產生不同肢體反應來回應其情感的表達。 ・人類把肢體活動當成樂器，將內在情感轉換成音樂形式表達出來。因此，人的身體是必須首先接受訓練的樂器。 ・任何音樂理念都可以轉化成身體律動，而身體律動也相對地可以轉化成音樂。	樂，包括簡單的連環結構、頑固伴奏、小規模迴旋曲。 ・節奏的訓練必須從幼小時開始，教導孩子最自然學習音樂，應由節奏以及適合孩子的樂曲。	政府應負的責任。 ・優質的音樂教育要越早開始越好。 ・強調歌唱對音樂學習的影響力。主張歌唱是孩童最自然的音樂語言，而年齡越小的幼童，越需要身體律動與歌唱相結合。 ・強調民謠是全民生活的遺產，是孩子音樂的母語。 ・只有具高度藝術價值的民謠及作曲家之作品，才是音樂教學的主要素材。	與進行藝術教學的作者，應瞭解藝術教育的重要性，並具備培育人類真正優美的心靈與情感的使命感。 ・藝術教育的重要性，說明人類學習音樂的目的，是以培養人格及高貴的心靈。 ・強調環境對個體能力培養的重要性，主張兒童的才能是可以藉由適當的學習方式培養而成。 ・母語對兒童音樂學習的重要性。
教學理念	・透過和聲與節奏，讓兒童具有音樂性。 ・將各種節奏融入各種歌唱方式的練習，而提出律動教學法。 ・即藉著肢體律	・深受達克羅茲韻律節奏教學的影響。 ・強調以節奏與即興創作為主的教學觀念。 ・設計適合兒童的節奏樂器合奏（instru-	・強調音樂教育的普及化。 ・利用珍貴的民族音樂素材，以歌唱為主，並重視早期兒童的音樂教育。 ・發掘兒童與生	・提倡才能教育（talent education）理論，強調兒童生來就具有說話和學會本國母語的能力。 ・利用這種「母語教學法」的

教學法＼內容	達克羅茲 Emile Jaques-Dalcroze (1865-1950)	奧福 Carl Orff (1895-1982)	高大宜 Zoltan Kodaly (1882-1967)	鈴木 Shinichi Suzuki (1898-)
教學理念	動與音樂的結合，設計韻律節奏（eurhythmics）模式的教學法。 ・兒童音樂的學習應源於節奏教學的自然原則。 ・訓練兒童的肢體律動對音樂的內在感受，增進兒童學習音樂與表達音樂能力。	mental ensemble）教學法。 ・音樂基礎教育應始於節奏訓練，教學重點在於將語言、音樂、動作三方面做密切的配合。 ・以兒童日常生活所熟悉的語言、歌謠、遊戲等素材，作為訓練節奏的教材，配合樂器節奏教學。 ・啟發兒童創造思考的即興演奏能力。	俱有的音樂潛能。 ・教導兒童讀譜及寫譜的能力。	教育哲學觀，應用於兒童音樂能力訓練上是最佳的教學法。 ・兒童可經由母語的學習，加上適當的學習環境，以及母親的參與，妥善安排練習時間，兒童在音樂學習能力的發揮上，可以達到成人的水準。 ・強調才能教育是在啟發兒童學習音樂的潛力，發展兒童音樂的感受性及培養兒童完美的人格。
教學目標	・訓練能控制內在精神與情感的能力。 ・訓練肢體反應及表達能力。 ・訓練個人快速、正確、適當及感性地感應音樂的能力。	・幫助學生累積音樂經驗。 ・幫助學生發展其潛在的音樂性。 ・音樂基礎能力訓練。 (1) 激發孩子的想像力與幻想力，邀請	主要是音樂基礎能力訓練。 (1) 音樂屬於每一個人。適當的音樂教育，是喜愛音樂與享受音樂的管道。 (2) 真正的音樂	主要是音樂才能，指演奏能力。

教學法 內容	達克羅茲 Emile Jaques-Dalcroze (1865-1950)	奧福 Carl Orff (1895-1982)	高大宜 Zoltan Kodaly (1882-1967)	鈴木 Shinichi Suzuki (1898-)
教 學 目 標		他們進入音樂的喜樂中。 (2) 提升生活，並發展潛在的音樂性。 (3) 整個奧福教學法的關鍵在於「探索」及「經驗」。 (4) 音樂的經驗本身就是最重要的目標。	能力是指：有能力去讀、寫及思想音樂，擁有這些能力是生而為人的權利。 (3) 一位好音樂家必須擁有高度訓練的耳朵、高度音樂智慧、高尚的心及高超技藝的手指，這四項必須同時不斷地發展，並保持平衡。	
教 學 方 法	・律動 ・説白 ・歌唱 ・即興創作 ・聽音訓練	・律動 ・説白 ・歌唱 ・樂器合奏 ・即興創作 (1) 在最初的階段，以肢體感應音樂最基本的固定節拍、速度及節奏。 (2) 音樂之外是律動，律動之外是音樂。	・歌唱 ・讀譜、寫譜 ・節奏律動 ・聽音訓練 ・歌唱使用首調唱名法 (1) 音樂學習的開始必須運用兒童最自然的樂器——歌唱來進行。 (2) 在還未透過歌唱建立音樂基礎能力	樂器演奏

教學法 內容	達克羅茲 Emile Jaques-Dalcroze (1865-1950)	奧福 Carl Orff (1895-1982)	高大宜 Zoltan Kodaly (1882-1967)	鈴木 Shinichi Suzuki (1898-)
教學方法		(3) 透過舞者樂器的合奏，音樂才能真正與律動合一。 (4) 說白與歌唱是兒童學習音樂最自然的起點。	之前，不應該接觸任何樂器。 (3) 幼兒時期，伴隨著身體律動的就是歌唱。 (4) 任何有關音樂方面的讀、寫和理論，都要透過歌唱來進行。	
教學內容	任何音樂，並無限制	・奧福與凱特曼所編之兒童的奧福音樂，共五冊 ・簡易兒歌、童謠及民謠 ・創作作品	民謠及名家作品	統一教材
教學法的特色	・重視以兒童肢體律動的節奏配合音樂教學 ・舞蹈與律動為音樂教學的主要活動 ・教材應取自於自然界中的節奏素材，是兒童對音樂學習最自然的感受 ・非常重視兒童對「視覺」及「聽覺」感受能力的培養	・以各國民謠作為教材 ・以「節奏」與「即興創作」作為教學基礎 ・以說白語言節奏、熟悉的兒歌、民謠、遊戲配合節奏樂器，所設計的一種綜合式教學模式。 ・強調設計教學，以漸進、活動性、即	・以歌唱為主的教學法 ・以傳統民謠、兒歌作為主要教學素材 ・運用首調唱名法及移動Do唱法，實施視譜教學。 ・以五聲音階作為學習基礎 ・引用英國 J. Curween的手勢（hand signals）教學	・應用「模仿」與「反覆」母語教學法的觀念實施教學 ・強調家庭需要有一個良好學習環境 ・主張早期學習的重要性，學前觀摩及聆聽錄音帶為必須的準備工作 ・母親參與教學的重要性 ・注重練習時間

第 8 章 幼兒美感領域

教學法 內容	達 克 羅 茲 Emile Jaques-Dalcroze (1865-1950)	奧福 Carl Orff (1895-1982)	高大宜 Zoltan Kodaly (1882-1967)	鈴木 Shinichi Suzuki (1898-)
教學法的特色	·即興的舞蹈表演動作可促進兒童的表達能力 ·音樂教學應以節奏教學作為基礎	興式的教學方式，提供給兒童一種適性的完整教學活動。 ·藉持續低音、卡農及頑固低音，做初步和聲的介紹與練習。 ·注重模仿演唱及模仿演奏的教學模式 ·運用拍手的功能作為節奏的基本練習 ·以樂句為單位作為節奏的基本練習	法，輔助視唱教學，辨識音間 的 高 低 觀念。 ·使用節奏音節念法（syllable rhythmic system）幫助節奏的認知 ·讓兒童懂得音樂語言 ·讓兒童接觸世界上著名的音樂作品 ·使用兩線讀譜的方式導入五線讀譜的訓練 ·注重用心聽音樂的靜默聽音練習	的安排 ·注重系列性曲子的學習，必須背誦曲調 ·強調個人與團體交叉學習的重要性 ·強調鼓勵與培養高尚人格的重要性

(三) 幼兒音樂與律動的活動內容

幼兒時期的音樂教育，最主要在於建立幼兒對音樂、節奏的感受力、瞭解音樂的基本概念、欣賞及體驗音樂的多元性，並將音樂融入生活。幼兒音樂課程的設計可針對歌唱、肢體活動、演奏、聆聽和創造，這五種存在於幼兒的生活中音樂經驗（Haines & Gerber, 1992; Bayless & Ramsey, 1991）延伸與發展。

1. 歌唱

歌唱教學在幼兒音樂中具有相當重要的活動內涵，音樂教育學家一般

建議幼兒的歌唱教學宜及早開始。進行幼兒歌唱教學時，教學者首先應審慎選曲，音域的寬度以5～8度為宜，節奏宜簡易反覆，歌詞應與幼兒生活相關，音程為多級進音程或加上若干小跳音程，反覆性曲調及簡易節奏讓幼兒易跟唱，並能重複練習。

再則，教師應熟悉歌曲或作歌曲分析，以設計適合歌曲教唱的教學活動。教唱時，適當的起音、正確而合宜音樂性的示範教唱、提供幼兒團體與個別練唱的機會，都是教師進行歌唱教學時應注意的事項。

目前幼兒歌唱教學，教師多棄用琴法伴奏，使用現成的錄音帶，肇因於普遍性幼兒教師琴法訓練不足，音樂光碟盛行，老師因方便使然，會直接讓幼兒隨著製成音樂（CD、伴唱帶、或數位音樂）直接跟唱，而沒有唱譜。音樂教育學者建議，幼兒練習唱譜，對於音感的培養極有助益，強調指譜唱歌的必要性。老師可以準備歌譜，讓幼兒指譜跟隨，即老師唱一句，孩子指譜隨唱一句，教唱分句可從一短句延長到長句，並重複練習。

教師亦應根據歌詞或歌曲結構作教唱的變化，幼兒間的跟唱或是接力唱，都能讓唱譜的活動更有趣。歌曲若能搭配手勢、肢體動作（例如拍腿、拍肩）、圖譜教唱，或邊唱邊作曲調高低的比勢，最好是融入遊戲或故事，將更能引發幼兒歌唱的興趣。總之，接龍、輪唱、對唱、口唱默唱交替、配合動作、配合遊戲、配合樂器拍奏、變化歌詞、變化音質等歌曲的教學方式，都是幫助幼兒練唱及複習歌曲適當的教學策略。

2. 律動

從幼兒發展常模得知，幼兒在六個月到一歲間就能隨著音樂舞動身體，而在學步兒時期就能隨著音樂移動步伐。由發展的角度視之，律動有利於幼兒肌肉控制平衡及協調、身心健全的人格、想像與創作、社會化行為的養成。除此之外，藉由音樂的觸媒，幼兒早期的舞蹈經驗經常性地伴隨著音樂發生，除了對幼兒將動作秩序感、形象化、感官的協調化（聽覺、知動覺）等都有助益外，律動對培養音樂感覺及理解力也相當有影響。E. Gordon在其音樂學習理論中，就提出律動在幼兒音樂課程的重要性有：(1) 架構學生對樂曲型態的瞭解；(2) 在音樂上的演出能更有表達性；(3) 能為節奏學習作預備。身體部位及動作是幼兒進行律動時的介

質，身體部位則包括頭、頸、軀幹（胸／腰／腹／臀……）與四肢（手／腳）等，而身體動作則包括移位動作：走、跑、跳、爬、滾、滑、踩、踏、翻等及非移位動作：扭、搖、彎曲、收縮、延伸等。隨著音樂，幼兒藉由以上介質來表現混合交織而成的律動元素，包括空間（space）、時間（time）、力量（force）及移動（locomotor）。以下對所有幼兒律動元素的發展簡單介紹如下：

(1) 空間：構成空間的要素有：形狀（shape）、水平（level）、方向（direction）、尺寸（size，即大小、遠近、寬窄）、伸展、收縮與拉長（stretch & lengthen stretch）、地板與空中途徑（floor & air pattern）以及想像空間。在此的空間意指個人在律動時，所意識到身體占有空間與個體對其他空間區域的意識經驗，例如站立或坐下所占有的空間，或是意識到個人大小在律動中，幼兒可以意識到身體與空間的關係、空間與自身的關係，以及空間與他人的關係。若配合身體動作及移動的範圍，幼兒就能對空間的運用有更具創意及延伸性的發展與運用。

(2) 時間：體會音樂與時間的互動，可用快及慢（fast-slow）兩端來分布，包括速度、節奏、持續、突發等音樂特性的控制。時間具節奏與拍子的特性，律動的時間性影響其幼兒肌肉的放鬆與緊繃度，簡單的拍擊及一連串的拍擊，就可以讓幼兒感受到拍子的特性，而節奏可以由音樂或其他的聲音就能體會、感受，並隨著節拍自然地舞動身體。

(3) 力量：由強到溫柔，或由重到輕盈的差異分布，包括動力（瞬間／漸進）、輕／重、緊張／放鬆等力量的控制。幼兒藉由力量的輕重瞬間爆發或持續而產生肌肉的張力，幼兒藉此元素能經驗施力、控制身體、保持平衡、力量轉移，能體會到力量與自我的關係；站立時的垂直面也讓他的眼界不同，並且同時感受到重力往下，因此要走得好、站得穩，就更要感受與控制力量。

(4) 移動：移動是指個體在空間中作移動性地探索，包括方向、水

平、移動的相對位置、與群體及其他物體之間的產生之關係性。幼兒藉由在空間中身體的移動，配合身體動作、移動的時間及力量，能產生「動作經驗」、「知覺導向」的雙重感覺；身體起舞時，減少了內在心理的壓力，並從身體律動感覺所帶來的刺激中，產生一種自然的身心均衡的喜悅。

教師進行幼兒律動教學時為達一定教學效果，音樂教育學者建議可遵循下列原則：

- 設定活動空間。
- 起始於幼兒身體的自然節奏。
- 根據幼兒身體發展的順序（可參酌表8-4）設計活動。
- 由幼兒自發性的動作開始。
- 重視暖身，活動設計應動、靜交替進行。
- 創造性動作取代成人規範的動作。
- 同中求變培養注意力。
- 鼓勵個人表現及群性互動。
- 儘量以音樂替代語言。
- 教師宜多作示範，並將動作帶上口訣作為動作提示。

表8-4　2～6歲幼兒的大動作發展表

年齡	一般性動作	可訓練的動作
2歲至3歲	・能自己步行。 ・扶持他物，能單腳站立。 ・會跑。 ・能登上樓梯，再滑下來。 ・能慢慢的上下臺階。	2～3歲兒不作過多大動作的訓練。
3歲至4歲	・能兩腳互相前進登階梯。 ・能到處跑。 ・能用腳尖站立。 ・會騎三輪車（玩具）。 ・能併腿向上跳起。 ・能用腳尖步行。	・模仿大人的動作。 ・在平衡木上兩腳交互前進。 ・用腳尖步行約3公尺。 ・從高30公分地方跳下來。

年齡	一般性動作	可訓練的動作
4 歲 至 5 歲	・能做各種跳躍動作。 ・能模仿大人的動作。 ・能用左右腿交替跳著走。 ・會用單腳站立（3秒鐘以上）。 ・能跑上高的地方又跑下來。	・熟練的使用各種遊具。 ・跳繩（大波浪、小波浪）。 ・跨越過約25公分的高度。 ・敲打動作。
5 歲 至 6 歲	・能正確、熟練地做各種運動。 ・能用腳尖輕鬆的走路。 ・能在平衡木上走得很好。 ・能協調地做敲打動作。 ・能協調地做投擲動作。	・玩足球、躲避球等團體性遊戲。 ・充分支持、控制本身的體重。 ・正確敲打標的物。 ・擲遠。

國立臺灣藝術教育館編（1998），《藝術教育教師手冊：幼兒戲劇篇》，國立臺灣藝術教育館，頁24。

3. 樂器演奏

Gorden認為在音樂活動中，演奏樂器是幼兒最佳接觸音樂的管道，因為敲擊、彈奏會使幼兒的音樂經驗更富挑戰性（秦禎，1995）。不同樂器的造形、演奏方式、發聲的方式、樂聲的特質，都能引發幼兒探索的興趣。一般而言，能生成音高的有調樂器，例如鋼琴（弦樂器）、笛、喇叭（管樂器）、木琴（打擊樂器），更能夠提供幼兒豐富及多樣性的聲音刺激，引發幼兒創意探索的動機；而無調樂器也因其材質、樂器特性及操作性不同，能吸引幼兒探索的趣味性，例如，幼兒在自由操作小鼓時，他們使用鼓棒敲擊，或動手指輕敲鼓面，其產生的音質會不同，而敲擊力量的大小、區域的不同，都會影響樂器的聲音變化。幼兒由此將發現潛藏在樂器中的樂音與操作個體之間的互動關係，進而感受及體會到演奏樂器的樂趣。

幼兒園目前樂器的演奏教學多以打擊型的樂器介紹為主，無論是有調（有音高、旋律）或無調（單一音高）的樂器，教師在介紹樂器使用時宜一次以一件為主，儘可能每次介紹的樂器在特質或音質上差異性大、樂音辨別度高，較有利加深幼兒對樂器的感受度，覺知各種樂器產生的節奏、音調、旋律與和諧度的不同。教師除了指導幼兒做正確的樂器操作示範

外，為避免錯誤操作造成的樂器毀損，宜鼓勵幼兒作適當的探索，並提供避免干擾其他學習活動進行的空間、時間及方法。

幼兒園中，樂器演奏活動使用的樂器一般分為：

(1) 天然樂器：就是身體樂器，包括彈指、擊掌、拍腿、踏腳都能發出不同的聲音，教師可將動作發出的不同音色融入歌曲中，讓幼兒體會自然樂器的趣味性。

(2) 打擊樂器：可分有調及無調樂器。有調樂器是指樂器能產生音高，在幼兒園中經常使用的有調樂器為高、中、音木琴及鐵琴、鐘琴、木製音磚、鐵製音磚、彩色音磚及手鐘；而無調樂器因其製作材質可分：

　①皮質：十鼓、曼波鼓、曼西哥鼓、土巴諾鼓、金杯鼓、落地鼓、手鼓、大鼓、中鼓、小鼓。

　②金屬：三角鐵、卡巴沙、雪鈴、手搖鈴、小銅鐘、指鈸、鈸、鈴鼓。

　③木質：響板、響棒、木鳥、沙鈴、鐵沙鈴、水果沙鈴、椰子沙鈴等。

(3) 自製克難樂器：教師指導幼兒使用回收的素材，製造成發出不同音高及音調的樂器，提供幼兒不同於單為樂器操作的領域課程學習樂趣。

4. 聆聽樂曲

Gorden認為幼兒需要積極地聆聽，來與周遭的環境互動與溝通。幼兒音樂的學習是由「聽」而後「唱」，再則「創作」（秦禎，1995）。個體欣賞音樂時多半由感官性的面向尋求刺激，再追求情感面的共鳴，最後從理智或理論的向度來思考音樂、瞭解音樂。音樂欣賞在幼兒階段中執行的內容，主要讓幼兒能專注的聽音樂、能感受音樂性、能發現音樂的多元性、能喜歡並接受音樂，就已達到音樂聆聽及欣賞的目的。

只要能反映幼兒生活的音樂類型，都可以作為音樂欣賞的內容。無論是教師彈奏的樂曲或現成的音樂帶，從兒童歌、童謠、流行音樂、古典音樂（如貝多芬、莫札特、蕭邦、歌劇、交響曲及國樂演奏）、電影音樂

（宮崎駿、迪士尼卡通）、各國民謠、世界各民族音樂（包括原住民音樂）、冥想音樂等，欣賞的內容應活潑化、多元化。就欣賞的內容，應考慮符合幼兒身心發展（包括速度、音色、高低、長度、歌詞），具備明確的音樂特質（規律的拍子、鮮明的節奏、對比表現）；若是現成的音樂帶，必須考慮音樂品質、演奏技巧、樂器種類、錄音品質等條件，以豐富及保護幼兒的聽覺刺激。

教師除了能在音樂教學的時間，帶領幼兒樂曲的聆聽或音樂影帶的欣賞，設計問題讓幼兒能在較高結構性的課程活動中，掌握欣賞具備的態度及基本的知識。除專心地聆聽外，教師更應規劃音樂聆聽或欣賞為潛在性課程的一部分。無論是學習區操作時間、用餐時間，甚或在律動、創作性肢動及班級經營中運用的音樂元素，都是將音樂經驗融入生活最佳的示範。

5. 創作

幼兒約在1歲半時就能自由地哼唱，顯示個體是具有自發性創作音樂的熱情。然而，瞭解並掌握構成音樂的元素是創作音樂的基礎，因此，純就音樂創作而言，對幼兒是具難度性且挑戰性的活動，但如果單就節奏、聲音、歌詞創作，或結合其他領域的創作活動，例如，創作性肢動、創作性舞蹈、詞曲的改編或音樂故事接龍等，都是在教室中幼兒容易表現其與音樂創作相關的活動。教學者如果讓幼兒有充分的機會去聽、唱、玩，完全地體會和感受音樂，就能引發幼兒創作的企圖及表現。

(四) 音樂教育與師資養成探討

優質音樂教育實施有賴於長期專業師資的培訓，同時國內專家學者也指出，國內幼兒教師資的音樂專業訓練及素養普遍不足，在音樂教學相關資料的蒐集、整理教材、教學應用三方面，無法達到預期效果，因而幼兒園中音樂教育課程多半仰賴外聘教師教授。外聘師資在幼教專業知識及其活動設計，與幼兒園中核心課程的銜接一直存在實施上的困擾，也因此，國內幼兒園中音樂教育的規劃與執行有落實性的困難。音樂教育學者就建議，幼兒音樂教師的培育主要應從三方面著手：

1. 音樂基本能力：雖然在幼兒園中，教師不需要高深的音樂技能就能作音樂教學，但老師因身負示範以及活動帶領的責任，唱歌的音準與發聲方法、韻律節奏步伐的掌握以及對樂曲的詮釋，都會深深影響幼兒的音感、節奏、唱歌等學習的方法，以及對音樂的感受力。教學者必須在這些基本能力上接受基礎的訓練，並具備一定的能力。

2. 教學法的熟練：熟知各種音樂教學法能提供新手教師基本的教學法則、教材使用與活動設計的參考，並較能掌握教學的方法與技巧。

3. 音樂課程設計的能力：能瞭解教育部所頒發各項有關幼兒音樂及藝術的課程標準，熟知幼兒階段性的音樂認知發展，並對音樂的特性及在教育上的應用有充分的認識及應對，而能設計完善的音樂課程。

(五) 幼兒音樂與律動的評量

1. 能瞭解構成音樂的要素，包括音高、音色、強度、旋律、節奏以及質感。
2. 肢體活動能協調及反應合乎常模發展。
3. 運用肢體適當地對音樂產生回應。
4. 能專心聆聽及欣賞不同音樂類型，並發覺自己喜好的音樂類型。
5. 能適當使用、探索及嘗試各種音樂與律動的樂器或素材，並延伸發揮。
6. 能發現問題、解決問題。
7. 使用完樂器材料之後，能歸放原處。
8. 熱情參與音樂活動。
9. 創作態度正向，並能集中注意力。
10. 能瞭解自己的優缺點，並保留或改進。

三、幼兒戲劇活動

戲劇能統整幼兒的知識、舊經驗、社會等學習經驗，是促進幼兒全人發展最有效的藝術表現型態，除了認知、情緒、社會發展外，在觀點取代、肢體運用及語彙、肢體、情感的語言表達上，都是對幼兒深具啟發性的意義。除了由發展的面向來檢視戲劇活動在教育場域中對幼兒的益處外，戲劇所具備的遊戲、扮演、自由、自發與轉換等活動特質（Spolin, 2006），最容易引發幼兒參與性地學習。也就是說，幼兒與生俱來的模仿及角色轉換的扮演能力，使他們在進行戲劇相關活動時，能以如同遊戲的方式在活動中自在地、自發性地參與，是適用於幼兒學習最適當的學習策略之一。目前進行戲劇教學中，有三種較具代表性的戲劇課程模式分別為：

1. 學習有關戲劇概念：以學科內容為中心，除戲劇教育外，尚應涵蓋劇場教育；也就是針對戲劇軟、硬體相關的內容，作循序漸進的說明與介紹。

2. 過戲劇認識自己：此課程內容偏向於戲劇治療的課程內容，是藉由戲劇活動潛在的效能，使參與者進行活動時，能將生活的經驗投射與轉化於其中，藉以抒發參與者潛藏在內心的意圖，解決其生理、心理的問題。

3. 過戲劇討論相關議題：以戲劇為教學工具，提供學生問題有效解決、觀念澄清、促動能力發展或延伸其他相關主題的研究課程模式，而此課程模式是目前最為適用於幼兒階段進行的戲劇課程模式。

(一) 幼兒戲劇活動教學方法

針對以上說明之後，在國內推廣已久的幼兒創造性戲劇課程即是屬於第三類課程模式，受約翰‧杜威的「漸進式教學」（progressive education）強調實作教學的影響，溫妮佛列德‧瓦德於1930年代發展出「創造性戲劇教學模式」，其創造性戲劇意旨「讓兒童在富想像力教師或

領導者的導引下，創建出場景或戲劇，再以即興式的對話與動作表演進行之；其教學目標是以促進表演者的人格成長為主，而非去滿足觀眾的觀賞需求，甚少使用布景與戲裝。」（Viola, 1956, p.139）由此得知，創造性戲劇是一種強調即興、歷程及非表演性的活動模式，參與的個體藉由教師或領導者的引導，運用想像及扮演來反映對社會與生活的經驗、概念及觀點。因此，團體、教師與領導者、觀點、空間，可說是構成創造性戲劇的四個基本要素。

教師在進行創造性戲劇教學時可採取三種方式進行，第一種是旁述者，也就是在一旁使用口頭提示或說明以協助幼兒戲劇進行，此方式近似說書人的角色，呈現故事劇場的表現手法。第二種是參與者，也就是扮演劇中的角色之一，或與幼兒一起活動。一般而言，教師扮演的角色多半為負面、或是幼兒較不適合轉化的角色，教師可藉由角色參與作活動進行的「控管工作」，引導幼兒活動的繼續。第三種方式為觀賞者，教師在旁欣賞幼兒的活動，同時也示範觀賞者應具備的素養，提供幼兒好的戲劇欣賞榜樣。

(二) 創作性戲劇的實施過程

1. 引起動機

戲劇遊戲是有效引起動機的方式（以下內容會介紹），教師可參酌使用。故事或繪本更是進行戲劇活動引起動機的最佳題材，原因在於繪本提供初學者清晰的人物形象（角色）、事件描述（情節）、情境氛圍（場景），甚或簡單的對白。教師若是在介紹故事時，將中間核心事件提出，並作討論，就很容易引發幼兒延伸活動的動機。當然具故事性的歌謠、唸謠，有角色情境與事件的圖片、生活中的經驗或趣事，或延伸自其他領域課程的前備經驗，都可以作為戲劇活動的內容及開場。尤其，若是教師本身就能用戲劇演出來，作為引發幼兒興趣的開場，幼兒就更瞭解教師教學企圖，而予以聚焦性地回應。

2. 計畫表演活動

此階段以問題的討論與解決為主。提問的內容就「演什麼」、「如何

演」設計問題，主要涵蓋角色、場景（事件在什麼時間或地方發生）、劇情（發生什麼事？如何發生？結果如何？）、角色如何分配？要如何表演才能取信於觀眾？等等。教師亦可引導幼兒就劇情結構中，最具核心價值的內容先進行扮演，讓幼兒感受高峰經驗，再往劇情前後延伸。

3. 初次演練

類似排演活動，教師可在初次演練時擔任旁白的角色，提供幼兒適應活動流程的機會，若發現問題，先行記錄，之後再重複計畫表演活動的循環歷程。

4. 檢討活動

相對於幼兒自我評量的部分，教師可將初次排演發生的問題逐一提出，尋求解決方法。而幼兒藉由問題討論，提出解決策略及自我檢討的歷程，教師應善用全語文的教學模式，記錄他們互動的內容。教師亦可將科技融入教學，把幼兒的活動內容錄製下來並參看，讓他們藉由更有系統及客觀的方式，精進其學習。

5. 再次計畫及演出

這是精進學習活動的重要工作，也是重新發現及解決問題的關鍵階段，教師甚或在此階段前後安排參觀、專家介入或戲劇欣賞等焦點活動，提供幼兒不同層次的刺激，以激發其戲劇表現能力的提升。若幼兒不滿意其戲劇表現方式，活動進行將回到階段二到階段四循環流程，直到幼兒滿意為主。

(三) 幼兒戲劇的活動內容

戲劇活動在幼兒階段主要進行的活動方式，可分為創造性肢體動作及創作性戲劇活動。年幼的兒童可以創作性肢體活動為活動作規劃，進行以想像、肢動、身心放鬆或與戲劇元素相關的遊戲活動，引導幼兒進行戲劇經驗的體驗。進入進階活動後，活動中可納入默劇、即興演出、角色扮演、說演故事、偶具使用、故事、創作性戲劇，強調情節、肢體及語言的表達、劇情的完整性、道具及其他戲劇類型的接觸。

1. 初級活動

(1) 想像：情境想像（冷的環境、熱的環境、站在雲上、漂在水面）、感官感覺的想像（對不同味道的反應、對顏色不同的反應）、情緒反應（害怕、高興、緊張、焦慮等）。

(2) 肢體動作：身體空間的延伸，例如汽球、風箏的飛翔；昆蟲破繭、禽鳥破殼；運動知覺的表達，例如在沙地、冰面或水中前進的方式，踢足球、拍球等；模仿性的活動，例如不同動物、植物或機械的模仿；韻律活動，配合簡單的打擊樂器或節奏，作身體的反應。

(3) 身心放鬆：學習如何在激烈的活動後，讓身體休息、肌肉鬆弛的方式。

(4) 戲劇性遊戲：超級比一比、動作模仿與記憶、利用聲音或動作尋找小天使、身體雕塑遊戲等。

2. 進階活動

(1) 默劇：可以由「超級比一比」戲劇遊戲延伸，內容與生活經驗相關的經驗或事件皆可，鼓勵幼兒在沒有道具的情況下完成，例如如何洗澡、吃飯、穿衣服穿鞋到出門、搭乘交通工具的經驗。

(2) 即興表演：提出狀況讓幼兒模擬角色反應，例如在大賣場走失了；揭示圖片提供情境，讓幼兒模擬人物的對話。

(3) 角色扮演：提供幼兒故事中人物角色，讓幼兒模擬其個性特質、動作及聲音變化，並設計其造形、對白。

(4) 說故事：幼兒進行故事改編或劇情編纂，以全語文的方式進行。

(5) 道具或偶具使用：道具的製作運用或偶具的設計、製作與操弄。

(6) 戲劇扮演：完整的戲劇演出。

3. 欣賞及討論

除了戲劇活動的創作，戲劇欣賞的活動是提升幼兒精進創作最重要的

活動，除了同儕之間的表演，正式戲劇活動的影帶欣賞，或參與社區藝術表演活動的欣賞，都是讓幼兒體驗表演藝術魅力及演出活動臨場互動的重要機會。近年來，許多專業兒童劇團更深入各學校、地方、鄉鎮公演，提供教師更多有效引導幼兒戲劇欣賞的機會。

(四) 教學技巧之培養與配合因素

進行戲劇教學時，就教學技巧之培養與配合因素，建議如下：

1. 題材的選擇

戲劇在幼兒園中除了可以以學科或單元為設計的教學活動之外，當然也可以發展成主題教學的高峰經驗。但對新進教師而言，選擇適當的題材，就很容易引發幼兒戲劇創作動機，並自然進入戲劇活動。繪本是最具引介效能的材料，原因如下：(1)插圖中提供對角色時空場景的初步描繪；(2)事件的描述合乎物理進行時間，幼兒容易理解；(3)提供基礎的對白，因此事件單純、對白或動作重複性進行、角色扮演均衡、故事容易延伸發展的題材，就很容易發展成戲劇活動，例如：《大家一起拔蘿蔔》（和英）、《手套》（遠流）、《一隻永遠吃不飽的貓》（遠流）、《在一個晴朗的日子裡》（遠流）、《愛吃蘋果的老鼠弟弟》（東販）。

2. 空間

寬闊而安全的活動空間，提供幼兒活動伸展的彈性及機會，幼兒除了能團體或分工進行活動，空間的大小也必須利於教師活動經營。

3. 時間

戲劇活動會因活動的重複進行，幼兒必須有足夠的時間去精進、修正或改善作品。幼兒遇到喜歡的題材會不斷地進行探索，因此，教師若能機動性地調整課程或活動作息，就能提供幼兒深入活動探索的機會。

4. 教具教材的準備

簡單的道具或材料，例如，箱子、大布塊、保麗龍球、空心磚、木箱或木板，都能引發幼兒創作動機，提供幼兒建構扮演場景的需要。角色扮演或簡易道具，都是教師為精進幼兒活動內容，可以蒐集備用的材料。

5. 情境營造

軟硬體的配合，若加上教師本身對戲劇活動的鼓勵，及相關e化資源的運用，例如，影帶欣賞，要營造幼兒戲劇活動情境是容易的。

6. 班級經營

戲劇活動進行時，幼兒除語彙性的表達外，非語彙性的表達，包括肢體與情感的運用更是需要。因此，活動前的暖身活動，能增加幼兒進行跑、跳、滾、翻、爬等大肌肉活動時的安全性；靜態活動的搭配，提供幼兒進行活動創造前的構思、或活動後省思及體力恢復的機會。而教室秩序的有效控制，則提供幼兒活動進行的順暢性，教師可使用簡單的樂器如鈴鼓、鐘琴、或CD音樂帶，來控制活動流程及秩序。

7. 提問技巧

教師針對角色、情境、劇情的延伸及情節的起伏發問問題，並針對戲劇進行時，內容需延伸的角色扮演、情境建構、道具運用、表演方式、其他表演元素的介入（如音效或服裝……）作討論，都需要熟練的提問能力。在討論中，教師宜幫助幼兒將其創作觀念具體化、適時提供有效建議、歸納討論結果，以便於活動實際執行。

8. 分組方式

戲劇是能提供所有參與者適性發展的藝術型態，幼兒應有機會自由選擇他願意投入的分工組別，發揮其特長。例如，愛畫畫的孩子，就可以選擇布景製作；喜歡音樂的孩子，可以執行音效或配樂。但若部分組別參與人數過多而造成工作分配的困難，教師可和幼兒一起提出解決方案，以民主方式表決執行。

9. 成果分享

如同創作性戲劇的定義一樣，幼兒戲劇活動著重幼兒參與的歷程，若教師要將戲劇活動作成果發表，可以利用課程討論的機會，將戲劇與其他領域的學習經驗作整合，讓學習經驗更為完整。例如，戲劇活動表演前的宣傳、座位的規劃、活動邀請等等。當然，分享方式以園內幼兒的班際欣賞活動或針對家長的成果展為宜。

(五) 教師態度

國內幼教工作者雖因專業訓練不足，普遍在藝術課程經營上顯露出自信不足、創意或教學動機缺乏的現象，但扮演是人與生俱來的能力，表達與情感是個體原來就具備的創作元素，而戲劇創作的素材原本源自於生活，資源俯拾皆是，是教師最容易參與的藝術領域。因此，教師只要調整其心態，在教學時把握：1.自己為活動的引導者非創造者；2.經常性地提供幼兒自由創作的空間；3.接納幼兒創作結果；4.培養活動引導技巧，教師必能開啟幼兒的創作之門。

(六) 幼兒戲劇活動評量內容

戲劇是綜合性藝術，著重幼兒合作、分工、整合且跨領域的學習經驗，因此，戲劇活動的評量應視幼兒參與工作的內容差異作歷程性的評量。教師可根據其活動進行的歷程，參酌幼兒造形藝術及音樂與律動，甚或其他包括肢體動作、情緒、社會認知、語言表現作完整的記錄，以瞭解幼兒在不同領域的學習表現。

伍 幼兒美感領域教學教師課程檢視及自我評量

為了檢視美感領域課程符合教育部頒訂的課程標準及執行目標，教師在規劃及進行美感領域課程後，可參考以下內容作教學省思或檢視，以作為精進教學及未來課程發展與修正的依據：

(一) 教學課程符合教育目標，並能把握幼兒學習行為。

(二) 能廣泛蒐集各類素材，並啟發幼兒手腦並用及自發學習之意願。

(三) 教材編寫及設計，能符合幼兒發展及興趣。

(四) 提供豐富材料、工具指導幼兒使用，並於使用後收拾完畢。

(五) 注意課程統整性。

（六）教學前準備工作是否周全。

（七）教學活動能包含欣賞、發表、研討三部分。

（八）教學活動多元化，並兼具遊戲性、趣味性、文化性。

（九）活動能兼具個人、分組及集體創作。

（十）評量能過程與成果兼具。

（十一）能給幼童適當的鼓勵與讚美。

陸 範例

　　一個有效的課程組織，必須符合其課程發展的持續性（continuity）、順序性（sequence）及統整性（integration）（Tyler, 1949）。除此之外，課程中各領域內容間的均衡性，及活動規劃的適切性亦應一併列入課程發展的考量。均衡性的課程指的是，學習活動的規劃，儘量不要集中在部分內容領域；而適切性的活動規劃，則必須將幼兒的發展列入考量，並能夠切合幼兒的生活經驗與需求，讓幼兒產生學習興趣，並刺激他們自發性地探索並學習知識。黃政傑（1990）就認為人類的知識和文化，是和社會現實不可分割，因此學校課程不能脫離生活需要。「餐廳」是幼兒園課程中經常進行的主題之一，以下則提供現場教師根據此主題概念網發展的課程規劃，包括：概念網，課程網、主題目標、藝術活動導入、部分活動設計。

一、主題概念網

餐廳概念網

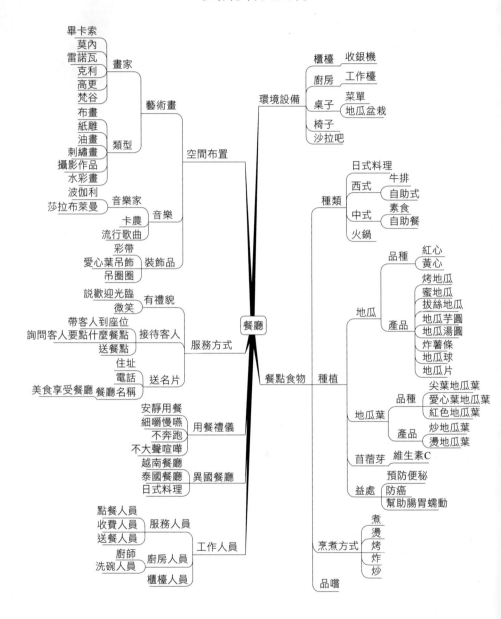

餐廳課程網

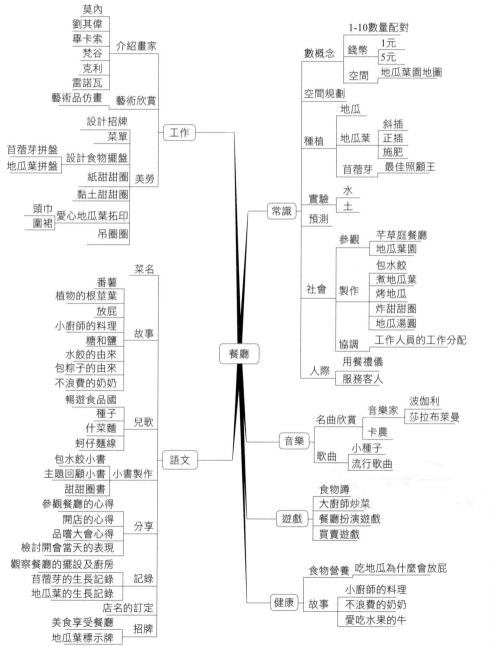

三、主題目標

主題目標

一、認知領域

1. 知道餐廳與生活的關係。

2. 瞭解食物對人類的重要性。

3. 認識錢幣幣值的不同。

二、情意領域

1. 養成良好飲食習慣。

2. 培養人際互動的禮儀。

3. 體驗開餐廳扮演的樂趣。

4. 培養欣賞畫作、聆聽音樂的樂趣。

三、技能領域

1. 學習照顧植物的能力。

2. 促進創造、思考的能力。

3. 增進觀察、比較的科學態度。

四、藝術活動導入

1. 藝術家及藝術品的介紹

   (1) 藝術家：莫內、梵谷、畢卡索、克利、雷諾瓦……等。

   (2) 家長提供藝術品：布畫、油畫、刺繡畫、紙雕畫、攝影作品、水彩畫。

   (3) 幼兒模仿名畫繪圖。

2. 音樂家及音樂聆賞

   (1) 音樂家：安德列・波伽利、莎拉・布萊曼。

   (2) 音樂聆賞：夜晚的寧靜海洋、Time to say goodbye、卡農。

   (3) 家長提供音樂CD：流行音樂、古典音樂。

五、部分活動設計

活動名稱	Story show	設計者	王淑珮
適用年齡	大班	活動時間	60分鐘
活動目標			

活動目標：
1.能分辨故事中的動物是居住在地面上或是地面下。
2.能分工合作完成動物頭套。
3.能運用肢體動作表現出動物特色。

活動流程／內容	教學資源	教學評量
《準備活動》 1.動物圖卡。 2.準備製作頭套的材料：厚紙板、雙面膠、水彩、毛根、毛線、保麗龍球、黑色簽字筆、剪刀、色紙、膠帶、玻璃紙、白膠。 《引起動機》 1.利用問答的方式，喚起幼兒對繪本《大家一起拔蘿蔔》的印象。 2.詢問幼兒故事中出現哪些動物？這些動物住在地面上還是地面下呢？		利用觀察法，80%的幼兒能踴躍回答問題。
《發展活動》 1.教師簡單介紹這些動物的特徵、習性等。 2.搶答賓果小遊戲：將幼兒分為兩組，當教師拿出圖卡時幼兒需舉手搶答，回答圖卡上的動物是住在地面上還是地面下，答對的可以在九宮格上畫記，最先連成一條線的組別獲勝。 3.請幼兒想想看除了故事中提到的動物，還有哪些動物分別住在地面上及地面下。	動物圖卡	利用觀察法，90%的幼兒能仔細聆聽。 利用問答法，90%的幼兒能分辨動物居住在地面上或是地面下。
4.製作動物頭套 （1）將幼兒分為兩組（地面上及地面下），分別製作故事中出現的動物角色頭套。 （2）介紹材料及作法：利用黑色簽字筆描繪出要做的動物輪廓，並用剪刀剪下黏在長條厚紙板上，量好頭圍後固定大小。 （3）利用毛根、毛線等素材進行裝飾。 （4）收拾整理環境。	製作頭套所需的材料	利用觀察法，85%的幼兒能分工合作完成動物頭套。
《綜合活動》 Story show：請自願的幼兒戴上做好的動物頭套，演出「大家一起拔蘿蔔」的故事。	頭套	利用觀察法，80%的幼兒能運用肢體表演出動物的特色。

活動名稱	大家一起拔蘿蔔	設計者	王淑珮
適用年齡	大班	活動時間	50分鐘
活動目標	1.能有勝不驕、敗不餒的精神。 2.能判斷小組人數是否符合教師要求。 3.能發揮創意運用肢體動作表演。		

活動流程／內容	教學資源	教學評量
《準備活動》 花生顆粒球、鈴鼓 《引起動機》 複習兒歌——拔蘿蔔 《發展活動》 1.兒歌律動 (1) 詢問幼兒可以在歌曲中加入哪些動作？ (2) 教師帶領幼兒練習，並搭配兒歌一起做動作。 (3) 請幼兒自行發揮創意做出不同的動作。 2.大家一起拔蘿蔔 (1) 將班上幼兒分為兩組競賽。 (2) 每次各派出一名幼兒代表環抱蘿蔔（花生顆粒球），聽教師口令開始拔蘿蔔競賽。 (3) 其他幼兒幫比賽的幼兒加油，贏的組別可得一分，累積分數最高的組別獲勝。 (4) 請幼兒說說看拔蘿蔔的感覺。 3.一個蘿蔔一個坑 (1) 請幼兒扮演蘿蔔，而教師扮演拔蘿蔔農夫。 (2) 活動開始時，請幼兒邊唱兒歌「拔蘿蔔」邊走動，唱完一首後隨即找人抱在一起，人數在2～6人間。 (3) 當教師說：「拔蘿蔔」時，幼兒需回答：「拔幾個？」，當教師說拔X個時，X個人抱在一起的組別必須立刻散開去找別組，太慢的「蘿蔔」就會被「農夫」拔走了。 (4) 當教師搖鈴後，抱在一起的「蘿蔔」就可以散開了。 《綜合活動》 想像遊戲：教師將蘿蔔的生長過程與「大家一起拔蘿蔔」的繪本故事做結合，加入一些形容詞，請幼兒想像自己是蘿蔔，根據教師口述的提示，運用肢體動作表演。	花生顆粒球 鈴鼓	利用觀察法，85%的幼兒能發揮創意做出不同的動作。 利用觀察法，90%的幼兒能有勝不驕、敗不餒的精神。 利用問答法，95%的幼兒能判斷小組人數是否符合教師要求。 利用觀察法，90%的幼兒能運用肢體動作表演。

活動名稱	故事大變身	設計者	王淑珮
適用年齡	大班	活動時間	60分鐘
活動目標	1.能知道製作故事小書需要的條件。 2.能用完整的句子接續故事。 3.能發現並欣賞他人的優點。		

活動流程／內容	教學資源	教學評量
《準備活動》 1.繪本：大家一起拔蘿蔔。 2.製作小書材料：16K圖畫紙、蠟筆、黑色簽字筆、訂書機。 《引起動機》 小小說書人： 1.教師示範朗讀先前閱讀過的繪本故事《大家一起拔蘿蔔》。 2.邀請幼兒3～4名上臺朗唸《大家一起拔蘿蔔》的繪本故事，每位幼兒約講2～3頁即可。 3.與幼兒討論故事中重複性的對話及劇情的發展。 《發展活動》 1.請幼兒發揮創意，試想故事裡的角色們他們吃完蘿蔔後可能還會發生什麼事？利用問答的方式引導幼兒接續故事。 2.向幼兒說明故事接龍的進行方式並由教師示範，邀請幼兒以故事接龍的方式改編故事繪本《大家一起拔蘿蔔》，且記錄改編後的故事內容。 3.請自願的幼兒上臺即興演出改編後的故事。 4.製作故事小書 (1) 與幼兒討論完成一本書需要有哪些條件？（封面、內容、插畫等） (2) 將幼兒分成兩組，請兩組幼兒分工合作以改編後的故事為主，進行仿寫故事內容、畫插圖、設計封面及裝訂等，完成一本故事小書。 《綜合活動》 1.分享幼兒製作的故事小書。 2.請自願的幼兒分享製作小書的心得。 3.將完成的故事小書放置於圖書區，讓幼兒可以去欣賞，並提醒幼兒需愛惜他人作品。	繪本 16K圖畫紙、蠟筆、黑色簽字筆、訂書機	利用觀察法，80%的幼兒能朗唸故事。 利用問答法，80%的幼兒能說出完整的故事句子。 利用觀察法，75%的幼兒能接續故事內容。 利用觀察法，85%的幼兒能分工合作完成故事小書。 利用觀察法，90%的幼兒能欣賞他人作品。

活動名稱	名畫大改編	設計者	侯宣如
適用年齡	大班	活動時間	65分鐘
活動目標	1.能發揮想像力與創造力完成名畫改編。 2.能尊重並欣賞他人的作品。 3.能仔細觀察並找出兩幅畫的差異。		

活動流程／內容	教學資源	教學評量
《準備活動》 1.世界名畫3～5幅。 2.被改編過後的名畫。 3.創作材料：蠟筆、水彩、玻璃紙、剪刀、木珠、色紙、鈕扣、毛線、白膠、八K圖畫紙、名畫複製圖。 《引起動機》 1.詢問幼兒在餐廳裡面，可以看到哪些裝飾品？（雕飾、畫、盆栽等） 2.介紹世界名畫及畫家生平簡介。	 世界名畫	 利用觀察法，90%的幼兒能仔細聆聽。
《發展活動》 大家來找碴：教師拿出名畫與改編過後的名畫，請幼兒仔細觀察並指出不一樣的地方。	世界名畫、改編後的名畫	利用問答法，85%的幼兒能指出兩幅畫的差異。
名畫大改編 1.介紹材料及使用方法。 2.說明創作方式 (1) 從教師提供的名畫中挑選一幅。 (2) 請幼兒將名畫複製圖中的主要部分剪下，貼在圖畫紙上。 (3) 發揮創意及想像力，運用各種素材在圖畫紙上做裝飾，將名畫大改編。 3.收拾環境。	各種創作素材 白膠、剪刀、圖畫紙、名畫複製圖 各種創作素材	 利用觀察法，75%的幼兒能發揮創意創作。
《綜合活動》 作品分享與展示 1.請自願的幼兒上臺分享自己的創作，說明自己改編的名畫是誰的畫作。 2.請臺下幼兒仔細觀察，並指出改編後的畫作與原本的名畫有哪些不同。 3.將幼兒作品展示在教室。		 利用觀察法，85%的幼兒能欣賞他人作品。 利用問答法，90%的幼兒能正確指出兩幅畫的差異。

活動名稱	我們要去抓狗熊	設計者	賴宛汝、林詩婷
適用年齡	大班	活動時間	40分鐘
活動目標	1.認識情境形容詞。 2.培養對文字的感受力、培養勇於分享的精神。 3.學習以肢體表現文字。		

活動流程／內容	教學資源	教學評量
《準備活動》 1.繪本掃描，製作成PPT。 2.製作音效及背景音樂CD。 3.多媒體播放器。 《引起動機》 1.詢問是否有捕捉生物的經驗、如何捕捉……等相關問題。 2.帶入故事。 《發展活動》 一、故事時間：我們要去抓狗熊。 1.說故事時播放背景音樂，並帶入口白。（附件一） 二、暖身操：活動身體各部位，尤其是關節。 三、進入故事情境 1.教師配合故事，帶領孩子做出穿越情境的動作。 2.帶領孩子唸出口白。 四、緩和情緒：故事結尾（躲進被子下），讓孩子趴下，如躲避狗熊追擊的樣子，以緩和情緒。 《綜合活動》 一、發表與分享：分享感受，如：最刺激之情境、動作表現、感受……等。 二、評量活動：教師於課堂中即可觀察孩子肢體成熟度與表現張力為何。 三、延伸活動 角色扮演 1.角色：抓狗熊者、高大搖擺的野草、又冰又深的河水、又深又黏的爛泥、好大好深的森林、狂風大雨、大狗熊等。 2.教師帶領孩子配合音樂以及故事內容，讓其自由創作動作，教師口頭引導即可。	多媒體播放器、繪本PPT、背景音樂CD 多媒體播放器、背景音樂CD	利用觀察法，90%的幼兒能仔細聆聽。 利用觀察法，90%的幼兒能跟著教師作動作。 利用問答法，80%的幼兒能踴躍發言。 利用觀察法，85%的幼兒能進行角色扮演。

附件一

一、音效與背景音樂

(一)音效：穿過野草、河水、爛泥、森林、暴風雪等聲音。

(二)背景音樂：歡樂氣氛或行進的音樂，如費德勒的「Jazz Pizzicato」、「Bugler's Holiday」、James Galway演奏的「New Hampshire Hornpipe」。

二、故事大綱

一大群人要去抓狗熊，他們穿過高大搖擺的野草、又冰又深的河水、又深又黏的爛泥、好大好深的樹林、又大又急的暴風雪，好不容易找到狗熊的洞穴，但是當他們看到一個亮亮濕濕的鼻子、兩隻毛毛的大耳朵、兩隻圓圓的大眼睛的狗熊，掉頭就跑，好不容易到家了，關上門，跑到房間的棉被下，大聲喊著：「我們再也不要去抓狗熊了！」

三、口白節奏

<u>x</u> <u>x</u> <u>x</u> <u>x</u> <u>x</u> <u>x</u> x　　x x x x x
我們要去抓狗熊，要抓大大的。

<u>x</u> <u>x</u> <u>x</u> <u>x</u> <u>x</u> <u>x</u> x　　x x x x x x x
今天天氣真不錯，一定可以抓得到。

活動名稱	食物擺盤設計	設計者	王淑珮
適用年齡	大班	活動時間	40分鐘
活動目標	1.能知道食物擺盤的注意事項。 2.能進行擺盤設計。 3.能有珍惜食材不浪費的心。		

活動流程／內容	教學資源	教學評量
《準備活動》 1.準備食物擺盤及未擺盤的圖片製成PPT檔、數位相機。 2.準備材料：餅乾（脆笛酥、蘇打餅乾、滿天星等）、水果（小番茄、香蕉、蘋果、什錦水果罐頭）、鮮奶油、巧克力醬、三角袋、盤子、湯匙、剪刀。 《引起動機》 1.請幼兒仔細觀察食物未擺盤與擺盤的圖片，並比較兩者之間有何差異。 2.欣賞食物擺盤圖片PPT檔。 3.請幼兒說說看，食物擺盤的用意及擺盤設計需注意的事項。 《發展活動》 1.食物擺盤設計 (1) 將幼兒分為4～5人一組。 (2) 介紹食材及使用方法。（鮮奶油及巧克力醬可先加到三角袋中捏緊尾端，將前端用剪刀剪出適當大小的洞，依喜好擠出適量的鮮奶油或巧克力醬做設計） (3) 請幼兒依正確洗手步驟，將手洗乾淨。 (4) 請幼兒思考擺盤需注意的事項，先進行討論，再以組為單位設計食物擺盤。 (5) 提醒幼兒設計擺盤時應注意的原則，例如衛生、不可浪費食材及設計的美感等。 2.擺盤設計完成後，拍照記錄成品。 3.請幼兒到各組欣賞他人作品。 4.點心時間：請幼兒享用自己組別設計的食物擺盤。 5.剩餘材料回收及環境整理。 《綜合活動》 1.票選NO.1：請幼兒仔細思考後，選出最好看的擺盤設計，作為班級餐廳所要使用的擺盤方式。 2.詢問幼兒設計擺盤時，需注意哪些事項。 3.請自願的幼兒分享設計擺盤的心得。	圖片PPT檔 餅乾、水果、鮮奶油、巧克力醬、三角袋、盤子、湯匙、剪刀 數位相機	利用觀察法，90%的幼兒能專心欣賞圖片。 利用問答法，75%的幼兒能說出擺盤需注意事項。 利用觀察法，90%的幼兒能珍惜並善用食材。 利用觀察法，85%的幼兒能設計擺盤。 利用問答法，90%的幼兒能說出擺盤的注意事項。

活動名稱	設計招牌	設計者	呂靜宜
適用年齡	大班	活動時間	50分鐘
活動目標	1.能夠正確畫出招牌設計圖。 2.能欣賞他人的創作。 3.能夠清楚說明創作的動機。		

活動流程／內容	教學資源	教學評量
《準備活動》 1.蒐集各個餐廳的招牌圖片做成PPT檔。 2.請幼兒和家長幫忙蒐集各種不同製作招牌的素材。 3.教師事先準備各種素材，例如八K圖畫紙、蠟筆、毛線、拉環、各種材質的紙、布、白膠、水彩、紙箱、厚紙板等。 《引起動機》 1.運用PPT檔，介紹各式各樣的餐廳招牌及其功能。 2.詢問幼兒招牌上需要哪些元素？（店名、圖案等） 3.詢問幼兒如何設計可以吸引顧客注目的招牌。 《發展活動》 決定店名 1.與幼兒討論班級餐廳的名字。 2.以票選的方式決定餐廳名稱。 招牌設計圖 1.教師向幼兒說明並介紹立體與平面的差異，並利用教室現有的物品加深幼兒的印象。 2.向幼兒說明設計圖的畫法 （1）決定招牌的形狀及要設計的面數，例如要設計四面（上下不設計）的正方體招牌。 （2）在畫紙上畫出四個正方形代表招牌的四個面，請幼兒發揮創意設計招牌的圖樣。 （3）請幼兒運用蠟筆選擇適當的顏色為招牌著色。 3.整理環境。 《綜合活動》 票選招牌設計圖： 1.請幼兒輪流上臺展示他們所做的招牌，並說	圖片PPT檔 八K圖畫紙、蠟筆、各種素材（毛線、拉環、各種材質的紙、布、白膠、水彩、紙箱、厚紙板等）	利用觀察法，90%的幼兒能專心欣賞圖片。 利用問答法，75%的幼兒能踴躍發言。 利用觀察法，90%的幼兒能積極參與討論。 利用觀察法，90%的幼兒能正確畫出招牌設計圖。

活動流程／內容	教學資源	教學評量
明製作的想法與招牌特色，為自己做的招牌拉票。 2.請幼兒票選出三件心目中最好的招牌設計圖。 《延伸活動》 立體招牌製作 1.介紹製作立體招牌的材料及使用方法：紙箱、水彩、白膠和各種素材。 2.將幼兒分為三組小組討論並進行創作。 3.將幼兒的創作歷程用相機記錄下來。 創作結束後，請幼兒動手收拾環境。		利用問答法，80%的幼兒能說明創作的動機。 利用觀察法，80%的幼兒能分工並進行創作。

活動名稱	愛吃水果的牛	設計者	吳淳聖
適用年齡	大班	活動時間	40分鐘
活動目標	1.能知道多吃水果的好處。 2.能齊唱及輪唱兒歌。 3.能分辨音樂之大小調及快慢。		

活動流程／內容	教學資源	教學評量
《準備活動》 繪本《愛吃水果的牛》、電子琴、水果牛兒歌海報。 《引起動機》 一、繪本欣賞《愛吃水果的牛》 大綱：有一隻愛吃水果的牛，主人每天都餵牠吃很多的水果，有一天村子裡的人都生病了，只有愛吃水果的牛沒生病，這是怎麼一回事呢？ 二、團體討論 1.村子裡的人生了什麼病？為什麼只有愛吃水果的牛沒有生病呢？ 2.愛吃水果的牛怎麼幫助村民們恢復健康？ 《發展活動》 一、音樂欣賞 1.問幼兒是否聽過水果牛的主題曲？ 2.教師分別用大調及小調彈奏水果牛的主題曲，請幼兒仔細聆聽。	繪本《愛吃水果的牛》 電子琴	利用觀察法，90%的幼兒能專心聆聽故事。 利用問答法，80%的幼兒能正確說出繪本故事的內容。 利用問答法，75%的幼兒能分辨音樂調性的不同與速度的快慢。

活動流程／內容	教學資源	教學評量
3.問幼兒兩次的水果牛的音樂有哪些不同？是快樂還是難過？為什麼？ 二、音樂唱遊 1.教師帶領幼兒看著海報唸歌詞，讓幼兒熟悉兒歌的歌詞。 2.請幼兒跟著音樂及海報唱出兒歌，讓幼兒熟悉旋律。 3.然後由教師與幼兒輪唱兒歌，等熟悉輪唱的規則後，請幼兒依教師的手勢輪唱兒歌。 《綜合活動》 音樂律動 1.問幼兒可以在歌曲中加入哪些動作？ 2.教師帶領幼兒練習，並搭配兒歌一起做動作。 3.請幼兒一邊唱一邊做動作。	水果牛兒歌海報	利用觀察法，90%的幼兒能齊唱及輪唱兒歌。 利用觀察法，85%的幼兒能運用肢體動作做出不同水果牛的動作。

附件：水果牛海報

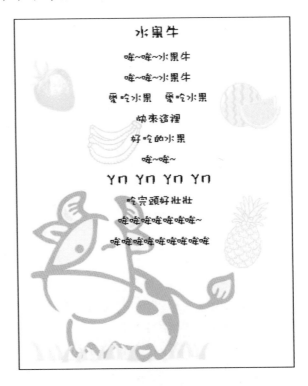

活動名稱	嘿唷！嘿唷！拔蘿蔔	設計者	王淑珮
適用年齡	大班	活動時間	50分鐘
活動目標		1.能齊唱兒歌——拔蘿蔔。 2.能發揮創意仿作兒歌。 3.能同心協力的重要性。	

活動流程／內容	教學資源	教學評量
《準備活動》 1.兒歌：拔蘿蔔—兒歌海報、兒歌CD、CD播放器、磁鐵字卡。 2.繪本：《大家一起拔蘿蔔》		
《引起動機》 一、繪本欣賞《大家一起拔蘿蔔》 老爺爺在田裡種了一棵蘿蔔，長得又白又胖；地底下一隻鼴鼠發現了一棵蘿蔔，長得又白又胖，可是這棵蘿蔔怎麼都拔不起來呢？老爺爺和鼴鼠趕緊請來幫手，大家一起拔蘿蔔。	繪本《大家一起拔蘿蔔》	利用觀察法，90%的幼兒能專心聆聽故事。
《發展活動》 1.討論 (1)詢問幼兒故事中有哪些角色在拔蘿蔔？ (2)最後是誰拔走了蘿蔔？ (3)大家同心協力的重要性。 (4)詢問幼兒有沒有聽過拔蘿蔔的歌？		利用問答法，80%的幼兒能正確說出繪本故事的內容。
2.兒歌唱遊：拔蘿蔔 (1)播放拔蘿蔔兒歌CD，讓幼兒先聽一次。 (2)教師帶領幼兒看著海報唸歌詞，讓幼兒熟悉兒歌的歌詞。 (3)請幼兒跟著音樂CD唱兒歌，讓幼兒熟悉旋律。	兒歌CD、CD播放器、兒歌海報	
(4)幼兒熟悉旋律後開始替換歌詞，將「小朋友」換成老爺爺、老婆婆、小花貓、小黑狗等。	兒歌海報、磁鐵字卡	利用觀察法，90%的幼兒能齊唱兒歌。
《綜合活動》 兒歌仿作 1.教師向幼兒說明可以利用兒歌的旋律將歌詞修改，即為兒歌仿作。 2.詢問幼兒歌詞中除了「小朋友」還有哪些地方可以修改？如何修改？ 3.教師帶領幼兒練習仿作後，將幼兒分為三組進行兒歌仿作。 4.請每一組的幼兒唱出他們仿作的兒歌，其他幼兒給予表演的幼兒鼓勵。		利用觀察法，80%的幼兒能發揮創意仿作兒歌。

附件：兒歌海報

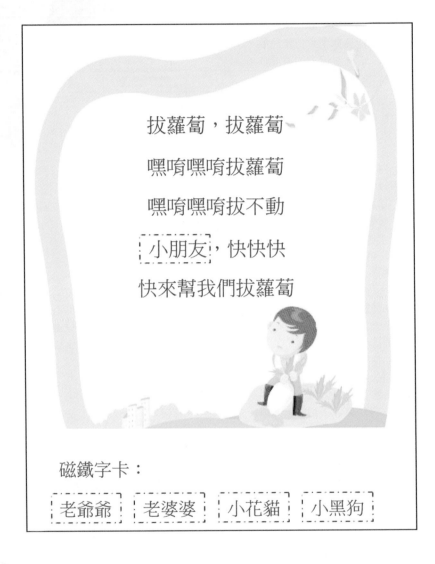

拔蘿蔔，拔蘿蔔

嘿唷嘿唷拔蘿蔔

嘿唷嘿唷拔不動

小朋友，快快快

快來幫我們拔蘿蔔

磁鐵字卡：

老爺爺　老婆婆　小花貓　小黑狗

活動名稱	誰來吃蘋果？	設計者	王淑珮
適用年齡	大班	活動時間	40分鐘
活動目標		1.能知道故事中動物的特徵。 2.能積極參與討論及演出。 3.能運用肢體表演動物的特徵。	

活動流程／內容	教學資源	教學評量
《準備活動》 繪本《想吃蘋果的老鼠弟弟》 《引起動機》 繪本欣賞《想吃蘋果的老鼠弟弟》 老鼠弟弟很想吃樹上的蘋果，但是牠沒辦法像猴子那樣爬到樹上，也沒辦法像犀牛那樣把蘋果撞下來，牠該怎麼樣吃到樹上的蘋果呢？ 《發展活動》 1.詢問幼兒故事中老鼠弟弟遇到哪些動物？這些動物是用什麼方法吃到樹上的蘋果呢？ 2.與幼兒討論可以加入哪些其他的動物？那牠們又要如何吃到樹上的蘋果？ 3.由教師口述故事，幼兒依據教師所提示的動物運用肢體動作表演，教師可加入剛才與幼兒討論的其他動物角色。 4.由教師開始一個新故事，隨機挑選幾位幼兒進行故事接龍，其他幼兒必須在聽到故事之後立即表演出角色的特性。 5.分組扮演 （1）教師挑選自願的幾名幼兒上臺示範，讓幼兒自行決定角色並扮演。 （2）將幼兒分成約8、10人一組，進行討論、分配角色及排演。 《綜合活動》 Show time 1.請每一組上臺表演。 2.請臺下幼兒猜猜看臺上的幼兒表演了哪些動物，並給予掌聲。	繪本《想吃蘋果的老鼠弟弟》	利用觀察法，90%的幼兒能仔細聆聽。 利用問答法，85%的幼兒能說出動物的特徵。 利用觀察法，80%的幼兒能依據教師提示立即表演出動物的特徵。 利用觀察法，80%的幼兒能積極參與討論。 利用問答法，80%的幼兒能說出表演中出現的動物。

活動名稱	廚房狂想曲	設計者	王淑珮
適用年齡	大班	活動時間	45分鐘
活動目標			

活動目標	1.能運用肢體表現出各種動作。 2.能熟悉製作餅乾所需的材料及流程。 3.能有積極參與的心。

活動流程／內容	教學資源	教學評量
《準備活動》 1.繪本《廚房之夜狂想曲》 2.餅乾製作流程海報。 《引起動機》 繪本欣賞《廚房之夜狂想曲》 米奇半夜來到了午夜廚房，被麵包師傅做成了麵糰，麵糰米奇幫助麵包師傅取得牛奶，做出好吃的蛋糕。	繪本	利用觀察法，90%的幼兒能仔細聆聽。
《發展活動》 1.與幼兒討論繪本中的主角米奇，在午夜廚房裡做了哪些事？ 2.請幼兒想像自己和米奇一樣變成了麵糰人，表演被揉、壓、烤等的感覺。 3.由教師口述故事，幼兒扮演麵糰米奇，根據教師的動作提示，運用肢體表演被揉、壓、烘、攪等動作。 4.利用海報向幼兒介紹製作餅乾的方法。 5.將幼兒分成小組，分別扮演製作餅乾所需的材料，例如麵粉、雞蛋、牛奶、烤箱等，教師以口述的方式請幼兒依動作提示表演出物品的特性。 6.由教師扮演廚師，請幼兒跟著教師的提示運用肢體表演方式，表現出麵粉製作成餅乾的過程。	海報	利用問答法，85%的幼兒能回答出繪本的內容。 利用觀察法，90%的幼兒能運用肢體動作表現出所要求的情境。 利用觀察法，90%的幼兒能運用肢體動作表現不同的物體特性。 利用觀察法，90%的幼兒能積極參與活動。
《綜合活動》 團體討論 1.請幼兒想想還有什麼方式可以表現被揉、壓、烘、攪等動作。 2.請幼兒說出製作餅乾所需要的材料以及製作的流程。 3.提供類似性質繪本《環遊世界做蘋果派》，讓幼兒自行閱讀。	海報	利用問答法，85%的幼兒能說出做餅乾所需材料及流程。

參考書目

中文部分

伍鴻沂（2003）。**藝術教學與評鑑—音樂教學研究**。藝術與人文學習領域研習手冊。臺北市：國立臺灣藝術教育館。

秦禎（1995）。音樂欣賞在幼兒教育上的運用，**國教月刊**，*41*（9.10），27-31。

程宜莉（2008）。**舞蹈與統整課程－101**。臺北：華騰。

區曼玲譯（1998）。**劇場遊戲指導手冊**，*Theater games for the classroom: A teachers' handbook.*，臺北：書林。

國立臺灣藝術教育館編（1998）。**藝術教育教師手冊—幼兒音樂篇**。臺北：國立臺灣藝術教育館。

國立臺灣藝術教育館編（1998）。**藝術教育教師手冊：幼兒美術篇**。臺北：國立臺灣藝術教育館。

國立臺灣藝術教育館編（1998）。**藝術教育教師手冊：幼兒戲劇篇**。臺北：國立臺灣藝術教育館。

顏秀娜（2004）。**音樂教育意義與目標**。11 19,2009，摘自http://nt.chehjh.kh.edu.tw/%E9%A0%98%E5%9F%9F%E7%B6%B2%E9%A0%81/art/index.files/%E9%9F%B3%E6%A8%82%E7%9A%84%E7%B6%B2%E9%A0%81.files/page0003.htm

黃政傑（1990）。**課程設計**。臺北：東華書局。

英文部分

Bayless, K. M. & Ramsey, M. E. (1991). *Music, a way of life for the young child* (4th ed.). New York: Merrill.

Boardman, E. (1996). *Fifth years of elementary general music: one person's perspective*. MENC presentation.

Bredecamp, S., & Rosegrant, T. (1995). *Reaching potentials: Transforming E.C. Curriculum and assessment. Vol.2.*, Washington, DC: NAEYC.

Bruner, J. (1978). 'The role of dialogue in language acquisition' In A. Sinclair, R. J.

Jarvelle, and W. J. M. Levelt (eds.) *The Child's Concept of Language*. New York: Springer-Verlag.

Bruner, J. S. (1960). *The Process of Education*. New York: Vintage Books.

Buchbinder, J. (1999). Arts step out of the wings Retrieved August 1, 2004, from www.edlletter. Org/past/issues/19999-nd/arts.shtml

Eisner, E. (2005).Back to whole. *Educational Leadership*, 63(1), 14-18.

Gardner, H. (1973). *The arts and human development*. New York: Wiley.

Gardner, H. (1980). *Artful scribbles: The significance of children's drawings*. New York: Basic Books.

Gardner, H. (1991). *The unschooled mind*. New York: Basics Books.

Gardner, H. (1993). *Frames of mind (10th ed.)*. New York: Basic Books.

Gardner, Howard (1999). *Intelligence Reframed. Multiple intelligences for the 21st century*, New York: Basic Books.

Greene, M. (2001). *Variations on a blue guitar*. New York: Teachers College Press.

Haines, B. J. E., & Gerber, L. L. (1992). *Leading young children to music*. New York: Merill.

Hicks, L. E. (2004). Studies in art education. *A Journal of Issues and Research,* 45(4), 285-297.

Kinder, A. (Ed.). (1997). *Child development in art*. Reston, VA: National Art Education Association.

Lowenfeld, V. (1947). *Creative and mental growth*. New York: Macmillan.

Nelson, H. (2009, Jan/Feb.). Arts education and the whole child. *Principle*, 14-17.

Schirrmacher, R. (2002). *Art and creative development for young children* (4th ed.). New York: Delmar Thomson Learning.

Tyler, R. W. (1949). Basic principles of curriculum and instruction. Chicago: The University of Chicago Press.

Viola, A. (1956). Drama with and for children: A interpretation of terms. Educational Theatre Journal, 52(2), 139-145.

Vygotsky, L. S. (1978). *Minds in society: The development of higher psychological processes*. Cambridge, MA: Harvard University Press.

第 **9** 章

幼兒自發性學習統整課程教學實例

謝明昆、陳柔伊

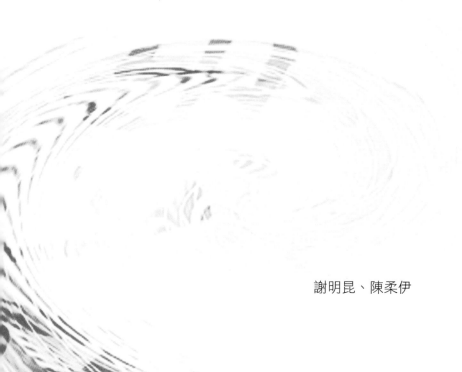

　　為了提升學前教育品質，政府公布實施了幼稚園與托兒所評鑑標準（以下幼稚園名稱皆以幼兒園稱之）。這對那些採用傳統分科教學模式的幼兒園或托兒所而言，評鑑標準是他們追求的目標，是他們辦學的理想；然而這對那些採用開放教學的幼兒園或托兒所而言，評鑑標準卻只是他們辦學的基礎，他們追求的是更高境界的高品質教育，包括全人格、創造力與潛能的發展。之所以會產生這麼大的差異性，癥結在於哲學觀點，當哲學觀點調整了，其他行政與教學技能都很容易調整。

　　同樣的，為了提升學前教育品質，在幼兒園方面，政府公布實施了「幼稚教育法（1981年發布；2003年修）」與「幼稚園課程標準（1987年發布）」；在托兒所方面，政府公布了「兒童及少年福利機構設置標準（2004年發布）」與「托兒所教保手冊（1979年發布）」。當最近的未來幼托整合政策「兒童教育及照顧法」完成立法，課程六大領域將修訂為「身體動作領域、語文領域、認知領域、社會領域、情緒領域、美感領域」等。這對那些採行以教師本位的統整教學之幼兒園而言，課程六大領域的統整是他們追求的目標，是他們辦學的理想；然而這對那些採用開放教學的幼兒園而言，課程六大領域的統整卻只是他們辦學的基礎，他們追求的是更高境界的高品質教育，包括全人格、創造力與潛能的發展。之所以會產生這麼大的差異性，癥結點仍在於哲學觀點，當哲學觀點調整了，其他教學技能都是很容易調整的。

　　本章內容所探討的統整課程，並非只是現行課程六個領域的集合，也非只是未來課程六個領域的集合，而係在探討教學上如何從巨觀的角度，運用心理學格式塔理論「部分的相加不等於整體」的完形理念，採行以兒童本位的統整教學。教師從幼兒自然學習歷程中，思考現行幼兒園課程六個領域的統整，或未來幼兒園課程六大領域的統整。本文「幼兒自發性學習統整課程」所列舉的教學模式「社區融合主題開放教學模式」，是一種既適用於當前課程統整，也適用於未來課程統整的教學模式。因為係採取依循幼兒自然發展方式的統整，因此符合幼兒身心發展，能夠經營發展出教室裡「大自然」的學習環境。本文列舉的教學實例內容，係邀請由筆者輔導的南投縣埔里鎮溪南國民小學附設幼兒園教師陳柔伊老師撰寫，再經筆者編輯。

自發性學習的相反就是被動性學習，「自發性」（initiative）用語引自艾力克遜（Erik Erikson, 1902-1994）心理社會發展時期理論的觀點。艾氏主張幼兒1～3歲的重要環境是父母與托育人員，心理社會危機是活潑自主vs.懷疑（autonomy vs. shame）；幼兒3～6歲的重要環境是家庭與教保機構，心理社會危機是自動自發vs.退縮與內疚（initiative vs. guilt）（Shaffer D. R.,1999；蘇建文，2003）。學前教育機構的幼兒介於2～6歲年齡，最大多數介於3～6歲，這個階段的幼兒內心有著一股「自動自發」的內在衝動力，這股衝動如果能夠順勢發展，將能激發創造力與潛能，發展健全人格；且理想的教育應該是引導而不是壓抑，而善用引導的教師係屬於採用兒童本位教學的教師。

教育部自民國89年（2000年）創新與改革提出「幼托整合政策」，迄2009年再研究發展了「幼兒園教保活動與課程大綱──暫行版」，因為尚未通過立法程序而稱之為暫行版。暫行版的課程六大領域分別是「身體動作領域、語文領域、認知領域、社會領域、情緒領域、美感領域」等。依據草案內容，未來完成立法之後，學前教育機構將被統合稱之為「幼兒園」。

本文撰稿期間，延宕多時的「幼兒園」與「托兒所」整合政策法案，仍存在著爭議，迄2011年我國的學前教育，仍然實施「幼兒園」與「托兒所」分流制度。在2012年1月1日以前「幼兒園」課程標準規定的課程領域，包括健康、遊戲、工作、音樂、語文、常識等六個領域（或被某些學者稱為六個學科）；至於「托兒所」教保手冊規定的課程領域，則包含生活習慣的培養、遊戲、工作、音樂、故事與歌謠、常識等六個領域（或被某些學者稱為六個學科）。

本文校稿期間，報章報導（2011/4/11）研議十多年的「兒童教育及照顧法草案（簡稱兒照法）」，被審查立委形容「內容包山包海，爭議相當大」，教育部因此決定先切割處理2到6歲的「幼兒教育及照顧法」草

案，簡稱「幼照法」，這是幼托整合與新課綱的重要法源，於民國100（2011）年4月11日通過立法院教育委員會審查，立法院大會於民國100年（2011）6月10日完成三讀程序，規定於民國101（2012）年1月1日實施。對於爭議比較多的0到2歲和6到12歲的相關法案則暫時擱置，另做處理。

當代學前教育重視統整課程與教學的主要目的，在於避免分科教學所產生的弊端，係為了課程領域的統整，讓幼兒獲得完整的知識。統整課程教學因為哲學觀點的不同，而有不同的做法。採行以教師為主導的統整教學，其解釋「統整課程」為以一個主題為中心，教師據而設計與主題有關的各個領域知識，實施齊一式或循環角落教學。係以教師本位所規劃出的六大領域統整知識，被稱之為教師本位主題統整教學，又稱為單元主題齊一式教學模式（謝明昆，2007，2009）。

另一種觀點，採行以兒童本位的統整教學，其解釋「統整課程」為以一個主題為中心，教師引導幼兒經驗分享，儘可能設置多個讓幼兒生產創造某事物的角落，進行生產創造學習活動，生產之產品提供作為遊戲目的之角落設施。幼兒自由選擇學習角落，每個學習角落有數個幼兒在自動自發且合作的工作，在每天90分鐘的核心時段裡，每個人專心投入喜歡的生產創造學習活動。基於文化的個別差異，教師可以透過其他時段實施加深加廣教學，滿足孩子好奇心需求，滿足家長需求，也滿足教師的成就需求。這種教學模式的特徵，強調「從做中學習」與「開放教育」，以兒童本位理念進行教學活動，統整六大領域知識。

本章列舉「社區融合主題開放教學模式」實例，說明統整課程的教學內涵，闡述統整課程概念。此一教學模式係依據開放式教育理念，從兒童本位觀點出發，重視幼兒身心發展與個別差異，以社區資源做為教材，滿足每一位幼兒的興趣需求，滿足感官操作需求，滿足融合教育需求，藉以激發認知發展，也藉以發展健全人格，且配合加深加廣活動的實施，將能達成統整性的幼兒園教育目標。

貳 幼托整合課程與幼兒園統整課程

一、幼托整合立法之效益

幼托整合的利基何在？隨著我國學前教育的蓬勃發展，為因應社會變遷與教育改革，當前政府的學前教育政策聚焦在「幼托整合」議題上。當立法院仍尚未通過實施「幼兒園」與「托兒所」整合政策立法之際，因為二者之主管機關、法令依據不同，除了幼兒年齡重疊問題之外，已經衍生下列嚴重問題：（教育部，2009）

1. 師資標準方面：同屬培育4歲至6歲幼兒，惟幼兒園係依幼稚教育法及師資培育法相關規定聘任教師，托兒所則依兒童及少年福利機構專業人員資格及訓練辦法遴用教保人員或助理教保人員，二者師資標準並不相同。
2. 課程及教學方面：幼兒園係依教育部訂定之幼兒園課程標準實施統整課程，托兒所則係由直轄市、縣（市）主管機關自行規範，其多沿用幼兒園相關課程及內容，二者已漸難區分。
3. 輔導管理方面：因幼兒園及托兒所適用之法規不同，致行政輔導及管理方式有異，迭有就評鑑、獎勵、輔導等事項，希訂立一致方案及措施之建言。
4. 設立要件方面：幼兒園依教育部訂定之幼兒園設備標準辦理，托兒所係依兒童及少年福利機構設置標準有關托育機構之規定辦理。以二者立案標準顯有不同（如使用樓層、室內外面積等），致在公共安全、消防安全、建築結構及設施上，是否符合幼兒之安全及學習之目的，學者專家及各界見解分歧。

透過以上分析，讀者可以發現同樣是4歲至進入國民小學之前的幼兒，因為不同主管機關的不同體制，導致師資與行政辦學要求的不同，已讓幼兒接受差別的照顧品質。為促進相同教保品質並減少資源浪費，積極

統整幼兒園與托兒所共同擔負之幼兒教保發展重任，促進兒童福利，一直是各界多年來關切的課題。

為了要解決以上相關問題，教育部於民國89年的年底成立「幼教政策小組」，提出「幼托整合政策」，於90年2月19日召開第一次小組會議，目標有下列四項（教育部，2003）：1.整合運用國家資源，健全學前幼兒教保機構。2.符應現代社會與家庭之教保需求。3.提供幼兒享有同等教保品質。4.確保立案幼兒園、托兒所暨合格教保人員之基本合法權益。

「幼托整合」政策的立法期間，教育部為延續推展「幼托整合」政策，配套式的持續委託教育大學進行「幼兒園教保活動與課程」實驗研究，訂定有「幼兒園教保活動與課程大綱暫行草案」。

二、幼托整合課程內涵

(一) 課程五大核心價值與總目標

1. 探索挑戰：(1) 建立幼兒安全的依附，勇於冒險面對挑戰。(2) 支持幼兒對自然環境與人文世界的好奇心與探索，發展思考與表現創意。
2. 表達溝通：(1) 啟發幼兒對自我與環境的覺知，培養豐富的情感，學習調適情緒的表達。(2) 支持幼兒對自然環境與人文世界的好奇心與探索，發展思考與表現創意。
3. 仁愛合作：建立幼兒的自信，在與人溝通中培養仁愛合作的情意。
4. 獨立自主：幫助幼兒擁有健康的身心，養成獨立自主的生活態度、習慣與技能。
5. 文化實踐：豐富幼兒美感經驗，認識並欣賞多元文化。

(二) 實施通則

1. 根據課程目標編擬課程計畫，選擇適宜的教材，實施統整課程。

2. 配合統整課程計畫，規劃動態的學習情境，開展多元學習活動經驗。

3. 重視幼兒自由遊戲及在遊戲中學習的價值，遊戲活動須讓幼兒能自發地探索、操弄與學習。

4. 以分齡、混齡或融合教育方式建構學習社群，實施協同合作學習，延展幼兒學習領域。

5. 教保人員在課程進行中，依據教保工作目標扮演多重角色，應隨時在課程規劃前、課程進行中和課程進行後省思自己。

6. 幼兒的評量須在平常有計畫且持續的蒐集學習資訊，定期的整理與分析，提供教保人員瞭解幼兒的能力與學習狀況，檢討其課程與教學，進而規劃後續的課程。

7. 幼兒進入國民小學就讀，是從幼兒園接受非正式教育到接受正式教育的大轉變，幼兒園須擔負銜接的積極角色，協助幼兒面對挑戰與適應。

8. 建立幼兒園、家庭與社區的支持網絡，經營三者間的夥伴關係。面對多元文化的社會，幼兒園透過社會文化活動課程，增進幼兒參與及認同社區文化，培養幼兒接納與欣賞社區多元文化態度。

(三) 六大領域目標內涵

新規劃的幼兒園六大學習領域，包含身體動作領域、語文領域、認知領域、社會領域、情緒領域、美感領域等。其領域目標及課程目標，請詳見本書各章之敘述。

三、幼兒園統整課程的重要性

未來的兒童教育及照顧法之幼兒園教保活動與課程大綱內容，特別強調藉由「統整課程」達成課程教學目標。例如課程大綱之「實施通則」第一條即已列出「根據課程目標編擬課程計畫，選擇適宜的教材，實施統整課程」。

實施「統整課程」教學活動，內容要包含五大核心價值的各個價值，不能忽略其中任何一個，包含：1.探索挑戰，2.表達溝通，3.仁愛合作，4.獨立自主，5.文化實踐等；且要應用「實施通則」的每個方法，包含規劃動態的學習情境、重視幼兒自由遊戲、實施協同合作學習、平常有計畫且持續的蒐集學習資訊、協助幼兒面對挑戰與適應、建立幼兒園與家庭及社區的支持網絡；除外也必須達成六個領域中各個領域的學習目標，包含身體動作領域、語文領域、認知領域、社會領域、情緒領域、美感領域等。

因此，本文特別列舉「幼兒園社區融合主題開放教學」教學模式實施歷程，其教學歷程包含五個教學階段，如下一節之教學模式的敘述。

分析「社區融合主題開放教學模式」五個教學階段內涵，發現已經包含了五大核心價值的各個價值，亦即探索挑戰、表達溝通、仁愛合作、獨立自主、文化實踐等；也符合實施通則各個方法，也能包含六大學習領域。因此很值得推廣與發展。

參 社區融合主題開放教學模式

系統化的社區融合主題開放教學模式，如圖9-1，包含國家的規範與教師的教學二部分。教師的教學分為五個教學階段（謝明昆、賴素惠、楊麗娜、袁麗珠等，2009）。

分析圖9-1內涵，教師除了要熟悉國家對幼兒教育的規範與要求，更要熟悉社區融合主題開放教學歷程的五個階段。教師的教學歷程簡述如下：

(一) 繪製社區圖、規劃教學主題階段

要求教師繪製社區圖的目的，即是為了統整社區資源，據而規劃教學主題。內容包括繪製社區圖、規劃主題與敘述緣由、規劃探索景點、建立教學日課表。

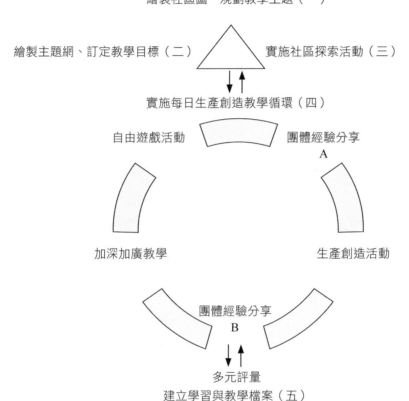

國家的規範

教育宗旨、教育目的、教育目標、課程領域目標

教師的教學

繪製社區圖、規劃教學主題（一）

繪製主題網、訂定教學目標（二）　　　實施社區探索活動（三）

實施每日生產創造教學循環（四）

自由遊戲活動　　　團體經驗分享　A

加深加廣教學　　　生產創造活動

團體經驗分享　B

多元評量
建立學習與教學檔案（五）

圖9-1　社區融合主題開放教學階段與每日的教學循環系統圖

（二）繪製主題網、訂定主題教學目標階段

內容包括繪製兒童本位主題網、建立主題教學目標、建立學習角落教學目標。

(三) 實施社區探索活動階段

內容包括社區探索行前準備、實施社區探索活動。

(四) 實施每日生產創造教學循環階段

內容包括「在探索活動後的第二天實施『經驗分享A→生產創造活動→經驗分享B→加深加廣』的教學活動」、「每日實施『角落自由遊戲→經驗分享A→生產創造活動→經驗分享B→加深加廣→角落自由遊戲』的教學循環」、妥善規劃學習角落、實施加深加廣教學活動。

(五) 實施多元評量、建立教學檔案階段

內容包括實施多元評量、建立學習檔案、建立教學檔案。

肆 社區融合主題開放教學之哲學觀點

實施「幼兒園與社區融合主題開放教學」教學模式，其所依據的理論包括「幼兒遊戲理論」、「滿足需求理論」、「從做中學習理論」、「發展與輔導理論」、「生態環境系統理論」、「課程理論」等教育與保育理論，茲依序概要探討如下。（謝明昆等，2009）

一、幼兒遊戲理論

學前教育之父福祿貝爾（F. Froebel, 1782-1852）有句名言曰：「孩子是從遊戲中學習的。」這個觀念深深影響了後世的幼兒教育，在課程設計上，老師把全部的學習設計在遊戲中，讓孩子在遊玩當中學到語文、健康、數學、自然、物理、音樂、社會人際、美術創作等各個領域的知識，在生理上獲得大小肌肉的協調與發展。然而遊戲課程的設計，卻有兩種不同的模式，將導向不同的效果：一為遊戲導向的課程，為開放教育教學

模式採用；一為課程導向的遊戲，屬於教育性遊戲，為齊一式教學模式採用。美國幼兒教育協會（National Association for the Education of Young Children）於1986年發表一份決定性的聲明（幼教綠皮書），指出幼兒最有效的學習方式就是透過一種遊戲取向（play-oriented）的課程方案（黃瑞琴，1997）。本文主張的「社區融合主題開放教學」，係以「遊戲取向的課程方案」為主，而以「課程導向的遊戲方案」為輔。

二、教育家滿足需求教保理論

「滿足需求」是兒童本位的教保概念，而「滿足合理的需求」則秉持成人本位的教保概念。研究發現有高於97%的母親採取「滿足孩子合理需求」的信念教育與保育自己的孩子。「滿足需求」的教保信念與態度，是教育家主張的非常重要的哲學觀念。因此，理想的幼兒教保工作，應從人性化或兒童本位的角度思考，在於「滿足孩子的需求」，成人擔負的角色是「輔助者」。

三、從做中學習理論

杜威（J. Dewey）是美國著名的哲學家、教育家、心理學家，他的「從做中學習」實踐了皮亞傑的理論；而且因為主張「學校即社會，教育即生活」觀點，係從社會學的角度，加深加廣的拓展了皮亞傑的理論領域。本文主張幼兒園與社區融合，實施100%的融合，符合二個理論的內涵。

四、發展與輔導理論

(一) 皮亞傑的認知發展理論

皮亞傑是研究「認知」發展的教育家，認知的建構方面，主張個體因

為「同化」、「調適」與「平衡」的運作歷程,而激發基模不斷的改變,認知隨著發展,且主張「階段發展成熟乃是學習的先決條件」。

(二) 維高斯基的社會建構理論

認知發展的社會建構論非常重視社會互動。兒童從與他人的互動中,獲取知識、智力和適應的方法,尤其語言的發展方面。在兒童成長的社會互動中,維高斯基依據鷹架作用(scaffolding)與近側發展區(zone of proximal develpment)的概念,提出「學習可以引導發展」的觀點。

幼兒園教師當可依據「學習可以引導發展」的觀點實施教保工作,惟不可以忽視皮亞傑所強調的「興趣」與「主動學習」的教育基本概念,否則又將退回到注入式的傳統教學型態,不利於兒童全人格的發展。

(三) 佛洛依德的性心理期人格發展理論

佛洛依德(Sigmund Freud, 1856-1939)根據其臨床實務,於1896年首創精神分析理論,提出人格建構與人格結構觀點。理論指出當教保工作在某個發展階段不能滿足幼兒需求,則該發展階段會形成固著現象,例如口腔期固著的特徵是抽菸、飲食過量、消極;肛門期固著的特徵是過份要求秩序與整齊、潔癖、抗拒外界的快樂;性器期固著的特徵是虛榮或魯莽。

實施社區融合主題開放教學,重視滿足幼兒該發展階段的需求,或彌補幼兒就讀幼兒園之前家庭教育的不足與缺失,增進幼兒健全人格的發展。

(四) 艾力克遜的心理社會期人格發展理論

艾力克遜(Erik Erikson, 1902-1994)仍屬於心理分析論的一員,擴展佛洛依德對人格結構的分期為一生的發展,成為八個時期。前五個分期的時間雖然和佛洛依德理論相同,但是內容因為採用「文化及社會」的發展觀點,因而有所不同。

艾氏的心理社會期人格發展理論,啟發了幼兒期教保工作者,包含父母與學前托育或教保人員,對於個體全人發展,影響深遠。

(五) 阿德勒個體心理學輔導理論

阿德勒（Alfred Adler, 1870-1937）強調對於兒童「獲取注意」、「尋求權利」、「尋求報復」、「表現無能」等四種錯誤目標的分析，因此教師要懂得如何辨認孩子的目標，進而揭露孩子的目標，包括正確目標與錯誤目標的同理心瞭解，超越自卑，協助頓悟，藉而改變孩子的個人邏輯。教師應更進一步應用增強原則，輔助孩子落實在生活上的行為調整，發展社會興趣，滿足個人正向且獨特的「生活方式」，貢獻社會人群。

本文教學模式強調幼兒生活適應與潛能發展，唯有如此才能培育身心健全發展的個體。作為一位幼兒教師，千萬不能顧此失彼，倘若僅顧及認知卻傷害了人格發展，將永遠不能達成國家規範的教育目標。

五、生態環境系統理論

人類學家布朗芬倪（U. Bronfenbrenner）創立人類「生態環境系統」理論，特別強調多重環境對人類行為與發展的影響。理論指出「微視系統」在最初期是很小的，僅止於父母與家人，隨著歲月的增長，其微視系統的內容增加，生活複雜化，直接接觸的人與團體增加，所以「微視系統」亦擴展到家庭以外的幾種社會組織，例如親友家族、同輩玩伴、托育機構、學校，甚或教堂等宗教團體，形成一種有幾個部分的「微視系統」。隨著幼兒的成長，某些社區資源將被納入幼兒的「微視系統」。因此，透過「社區融合主題開放教學」的實施，會再擴展幼兒「微視系統」的範圍。

六、課程理論

課程的構成，包含四個要素：目標、內容、方法和評量。本文幼兒園與社區融合主題開放教學模式，其中「訂定主題教學目標」，即是屬於課程領域目標；其中「繪製兒童本位主題網」，即是屬於教材的設計與編

輯；在實施探索活動後，每日實施「經驗分享A→生產創造活動→經驗分享B→加深加廣教學→自由遊戲→經驗分享A」的循環教學，即是屬於課程實施方法；至於「製作幼兒學習檔案與教師教學檔案」，即是屬於課程評量。

伍 社區融合主題開放教學模式實施舉例──教學階段、目標、內容、方法與評量

一、繪製社區圖、規劃教學主題階段

（一）繪製社區圖（略）

（二）規劃教學主題──列舉97學年度下學期第一個主題的教學實施歷程

主題名稱：生番空小鐵人與溪南國小園遊會

主題緣由：本校上學年度的全校運動會，係採取運動會競賽結合園遊會的方式辦理，非常生動活潑，訂名為「生番空小鐵人與溪南國小園遊會」。運動會是上學期末學習活動的壓軸好戲，孩子們從觀察會場布置歷程，參與各項運動競賽及享用攤位美食經驗，體驗深刻。

「生番空」是本校所處社區的舊地名，每年的年終，學校皆會安排一場結合社區性質的人、地、事、物大型運動會，目的是驗收孩子們的體能與學習成果表現。為了增加學習的豐富與趣味性，今年結合未曾舉辦過的美食園遊會一起辦理，對孩子們來說是既新鮮又好玩，因此留下了美好回憶！

新學期開始，從生活中觀察發現，孩子們經常會回憶分享好玩又有趣的種種小鐵人與活力園遊會相關活動。在經驗分享討論中，教師們發現孩子們發言熱烈，仍然充滿高度的興趣，於是決定利用這項蘊含豐富題材的

社區資源，進行「生番空小鐵人與溪南國小園遊會」的教學主題，對孩子們來說，不但可以增進幼兒體力、耐力，又可紓解情緒，獲得身心健康發展，很值得籌劃一場屬於幼稚班的「生番空小鐵人的運動嘉年華」。

(三)訂定每日作息表（如表9-1）

表9-1 溪南國小附設幼兒園社區融合主題開放教學每日作息表

	活動內容	一	二	三	四	五
上午	7:40～8:00	幼兒入園與角落學習活動				
	8:00～8:20	一、三、五延續角落學習活動，二、四進行加深加廣教學				
	8:20～8:50	戶外大肌肉動作活動				
	8:50～9:20	活力點心				
	9:20～11:20	主題軸心一經驗分享與工作計畫討論、小組生產創造活動、經驗分享討論				
	11:20～11:50	主題加深加廣學習活動				
下午	11:50～12:40	元氣午餐				
	12:40～14:30	午休睡眠		整理放學快樂賦歸	午休睡眠	
	14:30～15:00	△團體活動（體能、音樂、故事分享、繪本欣賞……）			△團體活動（體能、音樂、故事分享、繪本欣賞……）	
	15:00～15:10	活力點心			活力點心	
	15:10～15:40	統整活動、主題加深加廣學習活動			統整活動、主題加深加廣學習活動	
	15:40～15:50	戶外大肌肉動作活動			戶外大肌肉動作活動	
	15:50～16:00	放學			放學	

※備註：1.單週主題課程活動，由柔伊老師主教、沛晴老師協同教學；雙週主題課程活動，由沛晴老師主教、柔伊老師協同教學。
2.教師可依課程設計彈性調整作息。

二、繪製主題網、訂定主題教學目標階段

(一)繪製兒童本位主題網（生番空小鐵人與溪南國小園遊會主題網，如圖9-2）

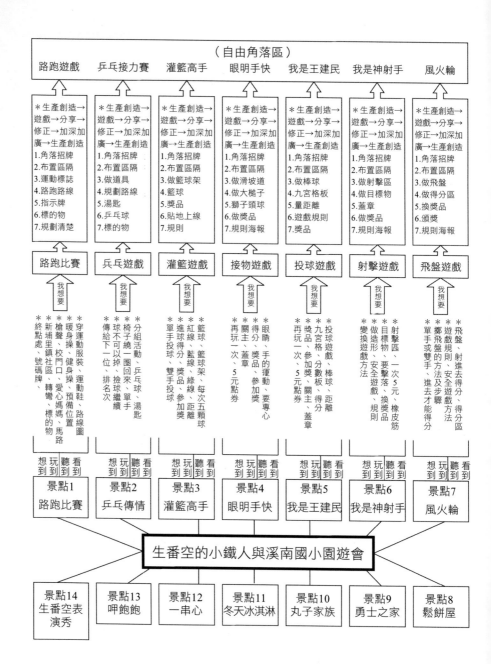

（自由角落區）

路跑遊戲	乒乓接力賽	灌籃高手	眼明手快	我是王建民	我是神射手	風火輪
*生產創造→遊戲→分享→修正→加深加廣→生產創造	*生產創造→遊戲→分享→修正→加深加廣→生產創造	*生產創造→遊戲→分享→修正→加深加廣→生產創造	*生產創造→遊戲→分享→修正→加深加廣→生產創造	*生產創造→遊戲→分享→修正→加深加廣→生產創造	*生產創造→遊戲→分享→修正→加深加廣→生產創造	*生產創造→遊戲→分享→修正→加深加廣→生產創造
1.角落招牌 2.布置區隔 3.運動標誌 4.路跑路線 5.指示牌 6.標的物 7.規劃清楚	1.角落招牌 2.布置區隔 3.做道具 4.規劃路線 5.湯匙 6.乒乓球 7.標的物	1.角落招牌 2.布置區隔 3.做籃球架 4.籃球 5.獎品 6.貼地上線 7.規則	1.角落招牌 2.布置區隔 3.做滑坡道 4.做大槌子 5.獅子頭球 6.做獎品 7.規則海報	1.角落招牌 2.布置區隔 3.做棒球 4.九宮格板 5.量距離 6.遊戲規則 7.獎品	1.角落招牌 2.布置區隔 3.做射擊區 4.做目標物 5.蓋章 6.做獎品 7.規則海報	1.角落招牌 2.布置區隔 3.做飛盤 4.做得分區 5.換獎品 6.頒獎 7.規則海報

路跑比賽	乒乓遊戲	灌籃遊戲	接物遊戲	投球遊戲	射擊遊戲	飛盤遊戲

我想要

- 路跑比賽：*穿運動服裝、運動鞋、預備位置、路線圖 *暖身操、健身操 *槍聲、號碼牌、轉彎、標的物、馬路 *新埔里鎮社區、愛心媽媽 *終點處、號碼牌
- 乒乓遊戲：*椅子繞一圈回來、單手傳給下一位、排名次 *球不可以掉、撿球繼續 *分組活動、乒乓球、湯匙
- 灌籃遊戲：*籃球、籃球架、綠線、每次五顆球 *紅線、藍線、距離 *進球得分、獎品、參加獎 *單手投球、雙手投球
- 接物遊戲：*眼睛、手的運動、要專心 *得分、獎品、蓋章、參加獎 *再玩一次、5元點券 *關主
- 投球遊戲：*投球遊戲、棒球、距離 *九宮格、分數板、得分、蓋章 *獎品、參加獎、關主 *再玩一次、5元點券
- 射擊遊戲：*射擊區、要擊落、規則 *目標物、得分 *做造形、安全遊戲、換獎品 *變換遊戲方法 *一次5元、橡皮筋
- 飛盤遊戲：*飛盤、射進去、得分區 *擲飛盤的方法、進去才能得分 *遊戲規則、安全遊戲方法 *單手或雙手

想玩到　聽到　看到

景點1 路跑比賽	景點2 乒乓傳情	景點3 灌籃高手	景點4 眼明手快	景點5 我是王建民	景點6 我是神射手	景點7 風火輪

生番空的小鐵人與溪南國小園遊會

景點14 生番空表演秀	景點13 呷飽飽	景點12 一串心	景點11 冬天冰淇淋	景點10 丸子家族	景點9 勇士之家	景點8 鬆餅屋

（接續上頁）

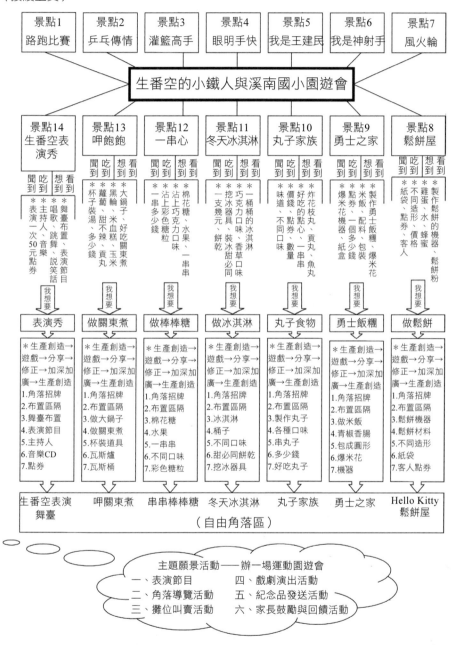

圖9-2 「生番空的小鐵人與溪南園遊會」主題網

第9章 幼兒自發性學習統整課程教學實例

(二)訂定主題教學目標（如表9-2）

表9-2　主題教學目標──生番空小鐵人與溪南國小園遊會教學目標

課程領域	主題教學目標	
◆身體動作領域（包含健康動作、生活與飲食習慣、遊戲活動動作技能、遊戲活動人際技能、音樂技能、工作技能與創造力）	健康	＊知道運動前做暖身運動的重要 ＊學習保護自己，不造成運動傷害 ＊培養規律的作息生活習慣 ＊培養「均衡」的飲食習慣
◆語文領域（包含健康活動經驗分享表達、遊戲扮演語言表達、遊戲活動經驗分享、音樂活動經驗分享、工作活動經驗分享、語文文字辨識、字彙與詞句理解、繪本圖書閱讀、人際互動語言溝通、自然與數活動的經驗分享）	遊戲	＊培養主動排隊、等待、輪流的習慣 ＊建立遵守遊戲規則的態度 ＊體驗扮演不同角色的樂趣 ＊學習互助及分工合作的精神
	音樂	＊知道多種樂器的名稱 ＊滿足孩子愛好表現的慾望 ＊培養欣賞不同風格的音樂 ＊學習觀賞表演時應有的禮儀
◆認知領域（包含運動與自我保護的健康知識、遊戲規則的瞭解、人際倫理觀念與知識、音樂知識、語文理解、蔬果對身體有益處的知識、均衡飲食知識、數的理解與應用）	工作	＊增進創造思考能力 ＊促進大小肌肉協調發展 ＊培養分工合作的精神、工作的樂趣 ＊學習收拾整理的方法
◆社會領域（包含從遊戲與工作活動中學習互助分工合作的精神、從遊戲活動中培養主動排隊等待與輪流的習慣、遵守遊戲規則、學習觀賞音樂表演時應有的禮儀、學習收拾整理及與他人溝通表達技巧、學習接近大自然）	語文	＊增進口語表達練習的機會 ＊養成閱讀的好習慣與樂趣 ＊增進文字辨識能力 ＊豐富「運動」、「食物」相關字彙、詞句
◆情緒領域（包含體驗遊戲、工作、閱讀的樂趣與成就感、滿足表演的慾望需求、解決人際衝突問題、學習社會規範） ◆美感領域（包含工作創作與成品的分享、音樂表演與欣賞）	常識	◎社會 ＊培養幫助別人的態度 ＊學習與他人溝通表達的技巧、解決衝突 ◎自然 ＊培養多接近大自然，發現自然的奧秘 ＊知道蔬菜、水果對身體的好處 ◎數 ＊學習辨別長短、高矮、大小、遠近 ＊體驗路跑（長跑）的距離

三、實施社區探索活動階段

(一) 社區探索行前準備（略）

(二) 實施社區探索活動

1. 新埔里鎮與生番空社區
2. 溪南國小操場運動會
3. 溪南國小中庭園遊會

探索活動：攤位【打水球遊戲】

探索活動：攤位【好好吃冰淇淋】

探索活動：生番空表演秀廣場

(三) 規劃主題角落教室分布圖（如表9-3）

四、實施每日生產創造教學循環階段

(一) 主題願景

透過「生番空小鐵人與溪南國小園遊會」主題教學活動，希望舉辦一場有關「運動」與「美食」結合的嘉年華成果分享會。經由闖關遊戲達到瞭解遊戲規則，遵守遊戲規則，享受體驗的樂趣，分享學習成果！

表9-3　溪南國小附幼「生番空小鐵人與溪南國小園遊會」主題角落教室分布圖

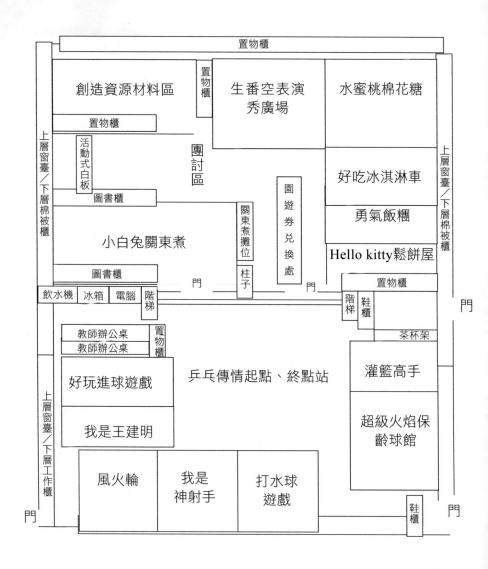

（二）在探索活動後的第二天實施「經驗分享A→生產創造活動→ 經驗分享B→加深加廣」的教學活動

探索活動後經驗分享引導（經驗分享A）

孩子因參與體驗「生番空小鐵人運動會與活力園遊會」完整歷程活動，記憶猶新、印象深刻，老師引導幼兒回想、發表體驗活動時的感官經驗，老師從中發現並掌握孩子的興趣點，藉以延伸引導生產製作的學習動機與從做中學的「生產創造」方式，採循序建構方式，引導規劃建構各個學習角落。舉例說明如下：

例一

老師：請問小朋友在園遊會裡看到了什麼？

天天：我看到中庭廣場有好多個攤位，在賣吃的東西。

豪豪：我看到有賣冰淇淋的人。

玲玲：我看到棚子，要擋太陽，不然會很熱。

辰辰：還有下雨時才不會被淋溼。

老師：你們有聽到什麼嗎？

偉偉：我聽到好多人在說話，很熱鬧。

哲哲：我聽到老闆說：「請問你要什麼？」

容容：我聽到，快來買好吃的關東煮喔！

老師：你們吃到了什麼？

芬芬：我吃到鬆餅，很香很好吃。

婷婷：我有喝到紅茶，好冰喔！

捷捷：我吃到飯糰，好好吃喔！

老師：你們玩到什麼？

雯雯：我去操場投籃球，玩一次要5元，可以投5顆球。

璨璨：我去玩飛盤，有得到獎品哦！

哲哲：我玩投球，投進洞好開心！

老師：參加園遊會之後，你們想到什麼呢？

天天：我們也想要再玩一次園遊會，真的好好玩！

豪豪：可以在教室玩呀！

老師：好耶！我們再來玩一次園遊會，大家一起分工合作，來搭建園遊會攤位，請小朋友幫忙蒐集材料到學校。

※ 決議：園遊會玩的攤位在教室；而吃的攤位安排在寢室。

勻勻：到時候一定很好玩，YA！

例二

老師：期末路跑的路線，經過新埔里鎮社區，你們看到什麼？

捷捷：我看到很多房子、樹還有花。

勻勻：我看到馬路和車子。

偉偉：我看到斑馬線。

璨璨：我看到牆壁上有箭頭。

老師：有聽到什麼嗎？

玲玲：小鳥的叫聲。

瑄瑄：我聽到校長鳴槍的聲音「蹦」好大聲。

寰寰：我聽到郁昕媽媽說，加油！

老師：手有摸到什麼？

天天：我跑到終點站的時候，有人拿卡片給我。

哲哲：卡片上有數字。

玲玲：那是號碼牌啦！

老師：小朋友跑完路跑後，感覺如何呢？

辰辰：好累哦！

芬芬：流了好多汗，好熱喔！

容容：我的心臟一直跳好快！

老師：除了在新埔里社區路跑之外，你們覺得還可以在哪裡安排路跑的路線？

豪豪：可以在學校的操場！

勻勻：那裡很安全，沒有車子。

偉偉：還有小山上呀！

天天：還可以探險！

瑄瑄：可以走迷宮。

容容：我覺得可以跑到小山上再跑去操場。

豪豪：可以做箭頭記號，告訴大家要從哪裡跑。

老師：我們要怎麼安排起點站和終點站呢？

辰辰：我覺得可以從小山上出發再跑到操場。

玲玲：我們可以寫數字1、2、3、4、5、6、7……，按照順序跑到終點站。

※ 決議：在校園的後山及操場安排路跑路線。

容容：有人要在終點站發數字卡片。

例三

老師：園遊會時在生番空表演秀廣場，我看見筠筠在唱歌，很多人在欣賞
　　　表演。

昕昕：我和姊姊表演跳小蟋蟀。

勻勻：我有看到瑄瑄和她的哥哥在唱可愛美眉的歌。

婷婷：我坐在椅子上吃關東煮，一邊看表演。

老師：我也看到哲哲的哥哥在彈琴，很好聽哦！

瑄瑄：我看到在生番空表演秀廣場的人，都穿很漂亮的衣服。

婷婷：我看到有人手上拿彩球。

老師：小朋友，除了唱歌、跳舞之外，還可以在生番空表演秀廣場做什
　　　麼？

芬芬：說好聽的故事。

辰辰：可以說笑話，讓很多人開心。

玲玲：可以做麥克風。

偉偉：要準備很多椅子，讓人坐著看表演。

※決議：園遊會除了有吃和玩的攤位外，另安排一個角落為生番空表演廣
　　　場。

(三) 每日實施「角落自由遊戲→經驗分享A→生產創造活動→經
　　　驗分享B→加深加廣→角落自由遊戲」的教學循環、妥善規
　　　劃學習角落、實施加深加廣教學活動。

1. 生產創造活動

　　每天生產創造的產品應常態性的放置在所規劃與形成的角落裡。經過
討論後幼兒知道要在角落裡製作出可以玩的玩具，而每天生產創造活動所
生產的作品就應常態性的放置在所規劃與形成的角落裡，目的是讓幼兒每
天可以重複遊玩、修正、增加，讓角落裡的自由遊戲更加豐富有趣。因為
幼兒每天都在玩自己創作的玩具，難免會有破損，幼兒可以利用生產創造
活動時間進行修補。舉例說明如下：

例一：生產創作（好吃冰淇淋車）

　　經過上學期末學校的壓軸活動「生番空小鐵人與溪南國小園遊會」之
後，利用經驗分享時孩子們發表踴躍，興致高昂一直談論著好吃、好玩的
有趣內容。趁著孩子們感到深刻的事，老師抓住孩子們最感興趣的話題做
討論，老師問：「請說說你覺得最好吃的攤位」「最好玩的攤位」，幼兒
們七嘴八舌發表自己的最愛。經過表決最好吃的攤位是冰淇淋、最好玩的
攤位是進球遊戲。

　　老師：「小朋友們對園遊會這麼感興趣，我們在教室也來開園遊會好
不好？」孩子們的反應竟然是齊聲歡呼、異口同聲說「好」。既然回響如
此熱烈又共同形成高度的共識，我們就決定在班上設置好吃好玩的園遊會
攤位。孩子們想到好吃好玩的攤位可以在班級上設立而再玩一次，相當期
待。因此也成功引發孩子們的學習興趣。

討論如何做冰淇淋攤位情境
老師：小朋友，冰淇淋攤位要做什麼？
筠筠：要做冰淇淋。
瑄瑄：也要做餅乾，要挾冰淇淋用的。
璨璨：要做可以推的冰淇淋車。

玲玲：我覺得招牌可以畫冰淇淋的形狀。

老師：可以用什麼作冰淇淋？記得哦！可以有多種口味的冰淇淋。

容容：可以拿很多顏色的色紙。

祥祥：我去材料區找圓圓的東西，再用色紙包起來。

老師：想想看，冰淇淋車要怎麼做？

老師：我看到園遊會的攤位是固定的，不會移動。

豪豪：只是做車子的樣子就好了呀！

方方：這個箱子是辰辰的，可以當做冰淇淋車。

玲玲：可以把它變漂亮。

瑞瑞：我去找紙來貼。

勻勻：還要有輪子。

老師：嗯！愈來愈像車子囉！真不錯！

例二：生產創作（灌籃高手）

　　學校分配園遊會的攤位，每個班級要設計一個可以賣飲食的攤位，一個可以玩遊戲的攤位。灌籃高手玩遊戲的攤位是幼稚班所設計的，孩子拿一張5元的園遊券可以投5顆球，活動當天不論大小孩子都大排長龍前來遊玩。投中的球最後還可得到糖果鼓勵。尤其中高年級的小朋友，一次投5顆球不過癮，又繼續排隊再玩一次、二次、三次的！甚至有的人再拿錢去兌換園遊券再來玩。在統計所得的時候，發現竟是低成本高所得，生意可說相當不錯！園遊會讓大家皆大歡喜、回味無窮。

討論如何做灌籃高手角落情境

老師：想想看灌籃高手角落要做什麼？

哲哲：要有柱子。

天天：拿很多箱子疊起來，再用紙包起來。

蓁蓁：用圓形的蛋糕盒當籃框。

老師：這樣就可以玩了嗎？

瑞瑞：還要有球！

偉偉：用紙搓圓形，再用膠帶
　　　黏起來。

勻勻：也要做糖果，要很多顆
　　　哦！

老師：哇！灌籃高手角落完成
　　　後，生意會很好喔！

例三：生產創作（生番空表演秀廣場）

　　上學期末參加歡送替代役哥哥的餐會裡，在中場休息時，勻勻和姊姊心血來潮燃起唱歌的興致，同桌的老師也跟著打拍子引起一陣快樂氣氛。校長說：「勻勻妳還真會唱歌！」勻勻：「我還會唱海角七號的歌哦！」說完就開始哼唱起來：當陽光……唱完老師在勻勻的耳邊說：「妳唱的很棒！回學校再與小朋友分享今天的快樂事情」。週一早上勻勻主動跑過來提醒老師：「老師，妳不是說要記得和同學分享我們去吃飯的事情嗎？」

　　在經驗分享時間，老師特別請勻勻先分享這件事。老師：「妳去吃飯的時候唱了哪些歌？可以再唱一次和大家分享哦！」其中唱到海角七號國境之南歌詞時，班上多數的孩子也開心的跟唱起來，看到孩子們唱歌的興致，老師也藉機試著瞭解引導到生番空表演秀廣場的角落。老師：「請問哪位小朋友家有這首歌的CD？」約有2～3位小朋友舉手。老師：「請回去問爸媽可否帶到學校和大家分享。」第二天竟然是勻勻帶了一片海角七號電影原聲帶CD，老師立即播放歌曲，全班小朋友熱烈地跟著音樂歡唱起來，引發孩子相當高的興致。

老師：你們覺得唱歌可以在哪個角落？

辰辰：生番空表演秀廣場。

老師：明天小朋友就可以到生番空表演秀廣場唱歌，表演給別人欣賞喔！

討論如何做吉他、麥可風情境

天天：我看到海角七號的丫嘉唱歌時
　　　用吉他。

璨璨：還有麥可風。

勻勻：麥可風不必用手拿就可以唱！

老師：吉他怎麼做？

老師：吉他長得像什麼樣子？

辰辰：我知道！我來畫給大家看。

婷婷：用紙箱，還有粗粗的棍子。

瑞瑞：要用膠帶黏緊一點比較牢固。

方方：可以用吸管做彈的線。

筠筠：我看過吉他有圓圓的洞。

老師：麥可風怎麼做？

祥祥：要放在地上，才可以彈吉他和唱歌。

哲哲：要高高的。

容容：我去拿牛奶罐子和長長的棍子。

豪豪：下面要重重的東西才不會倒。

芬芬：要有人扶上面，再用膠帶黏起來。

瑄瑄：還要變漂亮哦！

老師：加油哦！等吉他和麥可風完成之後，就可以唱歌！

◆設計能力亦是生活上的重要認知能力，教師可以適時引導孩子在生產創
　造各個物件與設施之前，除了用口述，也讓孩子練習畫出設計圖。

98.3.12生產創作活動時間舉例

　　蠑蠑、芬芬、勻勻製作生番空表演秀廣場的招牌，蠑蠑用鉛筆仿
寫；芬芬用黑色簽字筆描字；勻勻拿剪刀、雙面膠，將寫好的字貼在招牌
上面。

＊製作吉他：天天和璨璨用剪刀、膠帶、吸管製作吉他的彈線；璨璨用膠
　帶將吉他的手把黏貼牢固，再變漂亮。

* 麥克風製作：豪豪和方方用牛奶罐和礦泉水空瓶，製作麥克風的支架；玲玲用養樂多罐和紙球，製作麥克風。
* 容容、偉偉、瑄瑄、昕昕拿色紙、剪刀用剪貼方式，將主題名稱板變漂亮。
* 歌單製作：祥祥和婷婷拿鉛筆在海報上方寫歌單；寰寰拿彩色筆描寫鉛筆上的字，變成有顏色的字。
* 哲哲拿膠帶修理壞掉的進球遊戲玩具。
* 容容、綾綾拿彩色筆，設計水蜜桃棉花糖招牌掛圖。
* 捷捷、豪豪拿白色書面紙和紙箱板，製作灌籃高手角落的籃板。

* 昕昕、慈慈用厚紙板，製作好吃冰淇淋車的帽子。
* 偉偉、雯雯用呼啦圈、剪刀和膠帶，設計乒乓傳情的機關路線。

補充說明

　　生產創作活動時間裡，老師扮演的角色是多元的。老師是觀察者、協助者、傾聽者、發現者，也是紀錄者。發現孩子的興趣點，運用適當的引導用語，引發孩子創作的動機。巡視現場時，再伺機介入或抽離，發現孩子能力有困難無法達成時，可以適時介入搭鷹架，幫助孩子有困難的部份，而非全部代勞。目的是培養孩子獨立性，瞭解與掌握孩子的各項學習。

2. 經驗分享B

　　幼兒在生產創作的成品，可以利用經驗分享B時間，拿出來分享，其他幼兒可以給予讚美或提出建議，讓作品更完整。創作時如遇到技術問題無法解決，也可於經驗分享B時間，引導當事者提出困難問題，讓其他幼兒協助思考，進行腦力激盪，共同討論解決問題的辦法。舉例說明如下：

例一：設計角落招牌經驗分享

老師：請製作「我是神射手」招牌這組的小朋友，分享一下你們製作的招牌。

老師：誰能說出作品漂亮的地方？

璨璨：我覺得顏色很多、很漂亮。

芬芬：我覺得招牌上的人畫得很可愛。

老師：有沒有小朋友要給他們建議？

祥祥：我覺得他們的字太小，看不清楚！

玲玲：可以寫大一點，比較好。

老師：想想看字怎麼變大，又讓人看清楚？

方方：拿大張一點的紙。

瑞瑞：寫在板子上。

蓁蓁：拿蛋糕的盤子來寫字。

玲玲：可是盤子不夠耶！

老師：還有沒有其他的方法？

匀匀：我覺得用筆描蓋子畫下
來。

雯雯：我看見老師畫過。

老師：嗯！不錯哦！你們這組知道了嗎？

辰辰：謝謝小朋友給我們的建議！

例二：製作「我是王建明九宮格」經驗分享

天天：我和捷捷用毛根要做一格一格的洞，都做不好！

捷捷：太難做了！

老師：想想看，如何幫助她們？

老師：有什麼辦法？

寰寰：用塑膠的線比較軟，比較好做。

容容：可以用粗粗的吸管，再用膠帶黏起來。

綾綾：要用硬硬的板子。

偉偉：要有洞可以丟球。

老師：你們聽清楚嗎？

老師：請你們再試試看，加油哦！

天天、捷捷：謝謝大家給我們的
建議！

例三：製作乒乓傳情挑戰路線經
驗分享

蓁蓁：我和昕昕今天用呼拉圈做
機關。

老師：要怎麼玩？

昕昕：好！我來玩給大家看！

蓁蓁：先蹲下來走，再鑽過呼拉圈。

昕昕：要小心的過，球才不會掉下去。

祥祥：要慢慢的爬過去。

老師：謝謝蓁蓁和昕昕的示範，我們給她們一次愛的成功。

例四：製作角落帽經驗分享

老師：嗯！小兔子關東煮的帽子
是小白兔的造型，很可
愛！

老師：要怎麼區別其他角落的帽
子呢？

瑄瑄：Hello Kitty鬆餅屋的帽子可
以畫Kitty貓。

芬芬：好吃冰淇淋車可以畫冰淇淋呀！

老師：還有哪個角落需要角落帽？

捷捷：灌籃高手的角落。

老師：為什麼？

捷捷：我看到很多人都擠在一起投球。

老師：怎麼辦？

天天：我覺得要做角落帽比較好，因為有戴帽子的人才能投球，就不會擠太多人了。

辰辰：我覺得做2頂帽子就夠了。

老師：帽子可以怎麼做？

璨璨：可以畫籃球呀！

例五：製作我是神射手的箭經驗分享

老師：請做箭的這組說說箭是怎麼做的。

寰寰：我們找細的吸管，再用膠帶黏起來。

老師：請示範一下怎麼玩？

偉偉：先穿過小洞，再向後拉。

老師：偉偉請暫停一下。

老師：小朋友，想想看要怎麼射才安全？

寰寰：不可以對著人射，要不然會很危險！

玲玲：可以射牆壁。

哲哲：射上面的天花板，才安全。

老師：很不錯！請小朋友們要記住哦！

例六：製作風火輪得分板經驗分享

方方：我們這組用硬硬的紙盒作3個得分板。

慈慈：要用飛盤射。

豪豪：要射進洞才得分。

老師：聽起來很好玩！有沒有人要給建議？

天天：得分板可以寫得到幾分的數字。

婷婷：數字要寫大一點，才看得清楚。

辰辰：把3個得分板排一排。

璨璨：中間最難可以得3分，1分和2分寫在旁邊。

老師：小朋友都聽清楚了嗎？等到製作完成後就可以進行比賽的遊戲。

例七：製作鬆餅機器經驗分享

容容：我和綾綾一起找餅乾盒子做鬆餅機器。

綾綾：我們用粗粗的線黏在烤鬆餅的地方。

老師：還有沒有小朋友要給他們建議，讓鬆餅機器更像？

瑄瑄：我看到我們的鬆餅機器有蓋子。

芬芬：和還可以再變漂亮。

勻勻：也可以畫Kitty貓再黏貼上去。

3. 角落自由遊戲

　　每天早上幼兒到園，會先完成分配的班級打掃清潔工作，才能選擇角落遊戲。有趣的是曾發現平常較晚到的孩子，為了要進喜歡的角落，而提早到學校快速完成打掃清潔工作後，開心滿足的享受角落遊戲的樂趣！幼兒的玩具是自己利用生產創造活動時間製作出來的作品，玩起來特別開心！

　　舉例說明如下：

角落1. Hello Kitty鬆餅屋

　　雯雯和芬芬頭戴Kitty造型頭套，當起老闆，在鬆餅屋裡忙著烤鬆餅，把烤好的鬆餅裝在經過設計的紙袋上遞給客人。寰寰一手拿皮包，一手拿著用硬紙板作的圓形10元硬幣買鬆餅。

角落2. 小白兔關東煮

　　容容、婷婷頭戴小白兔造型頭套當起老闆，在店裡煮關東煮，用夾子

挾在防熱紙杯上端給客人。

筠筠：老闆，我要買玉米和丸子。

容容：好！請等一下。

筠筠：多少錢？

婷婷：10元，謝謝妳！

角落3. 勇氣飯糰

　　瑞瑞穿著圍裙忙著包飯糰，瑞瑞：「我要包小黃瓜、蛋和玉米飯糰給客人買。」

　　偉偉忙著用夾子挾飯糰，裝在透明塑膠盒上再用橡皮筋套上，將分裝成一盒一盒的飯糰排在桌上準備讓客人選購。

角落4. 好吃冰淇淋車

　　勻勻和玲玲坐在冰淇淋車的攤位椅子上當起老闆，勻勻用手拍著叭噗叫賣：「快來買好吃的冰淇淋喔！」

　　哲哲：我要買草莓冰淇淋。

　　玲玲拿了一盒冰淇淋給哲哲，然後伸手取錢說：「一盒10元。」

　　拿到10元價款的玲玲，開心的將錢放進錢筒裡，又繼續叫賣……。

角落5. 水蜜桃棉花糖

　　容容在攤位上擺放棉花糖，叫祥祥再繼續裝棉花糖，交給容容擺放，準備讓客人選購。

捷捷：老闆，我要買三個棉花糖。

容容：好！我知道了。

容容趕緊拿三個棉花糖放在托盤中交給捷捷。

祥祥：三個棉花糖要30元。

角落6. 生番空表演秀廣場

　　豪豪、辰辰、玲玲拿著吉他站在免持麥克風前唱歌，婷婷、昕昕、瑄瑄雙手拿著彩球在伴舞。芬芬是音控師負責播放音樂。緯緯、豪豪、蓁蓁、綾綾坐在排好的椅子上欣賞表演。

角落7. 灌籃高手

　　綾綾、祥祥、瑞瑞手上各拿一顆球排隊，依序進行投籃的遊戲。

角落8. 超好玩進球遊戲

　　寰寰和哲哲兩人各拿一組進球遊戲玩具，神情專注地正在進行進球遊戲比賽，看誰進的球較多，即是贏家。

哲哲：耶！我進一球。

寰寰：我也進一球了。

角落9. 我是王建明

　　豪豪拿著紙球，神情專注地投向九宮格的架子。慈慈和璨璨耐心地坐在等待區椅子上，等待豪豪投完10顆球之後換人玩。

角落10. 風火輪

豪豪手上拿著自製飛盤，射向得分板，蓁蓁拿著紙筆記錄成績。

角落11. 我是神射手

雯雯左手拿弓、右手拉箭，正瞄準前方寶特瓶目標物，捷捷在一旁喊加油。

匀匀：雯雯要瞄準一點哦！

角落12. 打水球遊戲

方方坐在斜板桌上負責丟執用紙做的水球，芬芬和昕昕兩人各拿一支鎚子，分別站在兩邊槌打。方方正在丟下水球……

方方：注意看！球來了！

芬芬：哇！球跑得好快！

昕昕：害我都打不到！

角落13. 超級火焰保齡球館

瑞瑞蹲著擺放10個球瓶，寰寰戴上角落牌，手拿保齡球準備打保齡球。

瑞瑞：寰寰等我排好再丟哦！

寰寰：好啦！我知道，你快一點嘛！

角落14. 乒乓傳情

　　辰辰右手拿著大湯匙，左手拿紙球放到湯勺中，從起點沿著設計的路線出發前往挑戰區，沿途不能讓球掉下來，若不小心球掉下來即要從起點再出發，婷婷則站在終點站，等待辰辰回來換人玩。

角落15. 園遊券兌換處

　　瑄瑄坐在園遊券兌換處，等待著來買園遊券的人。瑄瑄將5元及10元各5張園遊券放進設計的紙袋上，並整齊的擺放在桌子上。

4. 經驗分享A

　　幼兒在自由遊戲時間，若是發生爭執或有人不遵守遊戲規則，除非有立即性的危險，需要當場糾正或介入處理之外，教師可安排在經驗分享團體討論時間裡提出討論，引導幼兒思考、反省，讓幼兒自行提出解決問題的方法。

　　在自由遊戲活動後的經驗分享A，最主要的目的，係為引發幼兒產生創作的動機與進行生產創造的活動。因此，當解決孩子的問題同時，也應思考引導幼兒朝向生產創造活動方向。舉例說明如下：

例一

老師：小朋友，乒乓傳情沒有角落位置怎麼辦？

玲玲：還有中間的位置呀！

天天：可以從教室到寢室，設計挑戰路線呀！

瑄瑄：這樣會很好玩喔！

璨璨：也可以設計機關、路障。

容容：可以用呼拉圈當機關。

辰辰：每一個機關都要取名字哦！

老師：聽起來很刺激，我也真想去挑戰看看！

例二：98.3.6自由遊戲（生番空表演秀廣場）

捷捷：今天我想去表演廣場玩，可是都滿了！

辰辰：麥可風太少了，還要再做一個。

容容：吉他也不夠！

方方：可以做角落名牌，就知道他是玩什麼角落的人。

芬芬：可以做帽子。

昕昕：可以做手環。

玲玲：還有彩球！

經過表決，決議生番空表演秀廣場角落限定6個人玩，再增加製作2個麥克風、2個吉他和6個彩球。

老師：今天生番空表演秀廣場需要做6個名牌、2個麥克風、2個吉他和6個彩球。

例三：98.3.18自由遊戲（灌籃高手）

哲哲：灌籃高手的柱子歪歪的會倒下來。

祥祥：要再修理。

寰寰：柱子要再高一點。

偉偉：我看到操場的籃球架上有板子。

天天：喔！那是籃板。

瑞瑞：這樣球才不會跑到後面去！

老師：今天灌籃高手需要請小朋友幫忙修理「高一點的柱子，還有製作籃板」。

例四

老師：今天早上自由遊戲時間結束後，我發現保齡球瓶都很亂的倒在地

上，怎麼辦？

綾綾：拿一個籃子把球瓶裝起來。

瑄瑄：可以畫圓圈圈，一個球瓶放在一個圓圈圈上面。

蓁蓁：也可以寫數字呀！

璨璨：球瓶和圓圈圈都要寫上數字。

芬芬：這樣就會很整齊了。

老師：那麼今天就需要請小朋友幫忙做這個工作了。

例五：98.2.24自由遊戲（Hello Kitty鬆餅屋角落）

婷婷：我今天要去Hello Kitty鬆餅屋買鬆餅的時候，都買不到！

哲哲：鬆餅太少了。

雯雯：我想去買冰淇淋，也沒有園遊券。

捷捷：園遊券都不夠！

老師：怎麼辦？

瑄瑄：還要再做多一些鬆餅和園遊券才比較好玩。

芬芬：對呀！我們都喜歡吃鬆餅。

老師：所以等一下要請小朋友幫忙在Hello Kitty鬆餅屋做多一點「鬆餅」，還有園遊券不夠使用，要再多做一些哦！

例六：98.3.10自由遊戲（我是王建明角落）

祥祥：我先到「我是王建明」角落去投球，捷捷和瑞瑞也擠在我旁邊丟球，我叫她們去排隊她們還是不聽，一直吵我不能專心丟球。

捷捷：我們也想玩呀！

瑞瑞：站著等很久，腳很酸耶！

老師：怎麼辦？

芬芬：搬椅子坐呀！

天天：要輪流玩才公平。

方方：也可以掛名牌呀！

雯雯：要寫號碼牌。

昕昕：椅子也可以寫數字呀！

老師：想一想這個角落可以幾個人玩？

經過表決一次限定3人到「我是王建明」角落玩。

老師：「我是王建明角落」今天需要再製作3個號碼角落牌及3張椅子的
　　　標示牌。

例七：98.3.3自由遊戲（好吃冰淇淋車角落）

偉偉：我覺得好吃冰淇淋車沒有屋頂，就不像！

蓁蓁：可以先做柱子。

芬芬：要高一點。

容容：還要有字的招牌，客人才知道這是賣冰淇淋的地方！

婷婷：我覺得冰淇淋可以再做多一些不一樣的口味冰淇淋。

勻勻：有芒果口味的冰淇淋。

瑄瑄：香蕉冰淇淋、汽水冰淇淋！

豪豪：也可以做一盒一盒的呀！

老師：如何讓人知道他是老闆呢？

芬芬：可以戴帽子。

寰寰：可以穿圍裙。

瑞瑞：也可以畫冰淇淋。

天天：做頭套好了。

老師：所以今天的「好吃冰淇淋車角落」，需要再請小朋友製作屋頂、很
　　　多口味的冰淇淋和老闆頭套，還有設計廣告招牌。

例八

方方：今天打水球遊戲的槌子不能玩！

老師：為什麼？

豪豪：槌子前面鬆鬆的。

璨璨：我看到辰辰很大力的打很大聲！

老師：怎麼辦？

哲哲：要再修理牢固一點才不會壞。

捷捷：可以再做一隻鎚子，比較好玩。

芬芬：水球還要做多一點。

老師：今天「打水球遊戲角落」需要修理槌子，再增加一隻鎚子和多一點的水球。

例九

老師：小朋友生番空表演秀廣場裡要再做什麼？

辰辰：吉他要有揹帶比較好彈。

方方：可以加繩子的線。

偉偉：還要再做吉他的彈線才可以彈。

勻勻：對呀！我看到我叔叔的吉他上有線才可以彈出聲音。

瑞瑞：要用細細的線。

老師：還要增加什麼？

容容：彩球的罐子可以加豆子，搖的時候就可以發出聲音。

昕昕：好像沙鈴一樣。

婷婷：還要再變漂亮，因為要給客人看的。

豪豪：生番空表演秀廣場也沒有招牌？

玲玲：招牌要大一點。

哲哲：選歌不知道第幾首。

芬芬：要做歌單，要寫1、2、3和歌的名字。

老師：今天「生番空表演秀廣場」要再補充吉他揹帶、彈線、製作漂亮的沙鈴彩球，還有大招牌和歌單。

例十

老師：在綜合活動分享日當天，會有許多客人來，想想看可以做什麼？

慈慈：要說客人好。

祥祥：要說「歡迎光臨」，歡迎你到幼稚班。

辰辰：客人要回去的時候也要說「謝謝光臨」。

雯雯：可以幫客人掛花圈。

老師：除了掛花圈還可以做什麼？

芬芬：戴項鍊。

哲哲：要有人介紹角落怎麼玩。

老師：那就是要有招待人員和導覽人員嗎？

蓁蓁：可以分組。

瑄瑄：中班當招待人員說「歡迎光臨」和「謝謝光臨」。

璨璨：還有幫客人戴項鍊。

婷婷：我覺得可以用吸管製作。

豪豪：大班的小朋友介紹角落怎麼玩，客人才會玩。

老師：怎麼分辨招待人員和導覽人員？

芬芬：可以做名牌掛在脖子上，讓人家看就知道了呀！

捷捷：名牌上面要寫字。

勻勻：要做漂亮一點。

老師：所以今天要做項鍊，還有招待人員和導覽人員的名牌。

5. 加深加廣

　　每日的生產創造活動後，都會安排加深加廣學習活動，目的在延伸、豐富生產創造的內容。

　　依據六大領域課程方向安排，舉例說明如下：

活動一：健康「均衡」營養大餐。

活動二：大家一起做運動暖身操。

活動三：水果派——水果的饗宴。

活動四：成語故事「守株待兔」。

活動五：製作好吃冰淇淋設計圖（空間概念）。

活動六：上街買東西（10以內的結合與分解）。

活動七：運動比賽好熱鬧——學習單。

活動八：臺語兒歌「玩啥咪？！」

活動九：好玩的童玩。

活動十：生活觀察「拜訪運動員」。

活動十一：歌曲教唱：「遊樂園」。

活動十二：遊戲：「荷花、荷花幾月開花？」

活動十三：誰是贏家？「統計風火輪比賽遊戲得分數」。

表9-4 「生番空小鐵人與溪南國小園遊會」加深加廣教學資源參考書籍

編號	書名	出版社	出版日期	備註
1	貪吃的奇奇	企鵝圖書有限公司	97.6	
2	念兒歌認蔬果	人類文化事業有限公司	90.1	
3	在森林裡	遠流出版事業股份有限公司	2007.7.25	
4	實物認知圖畫書我的身體	天慧文化	1995.9	
5	艾理踩高蹺	人類文化事業有限公司	87.8	
6	寶寶森林歷險記	曉明文化事業有限公司	2001.12	
7	胖國王	信誼基金出版社	2001.1	
8	十二隻動物爭第一	天元圖書有限公司	1998.10	
9	誰的本領大	人類文化事業有限公司	92.1	
10	尼克探索記	人類文化事業有限公司	85.11	
11	野餐的日子	人類文化事業有限公司	87.8	
12	大野狼的晚餐	人類文化事業有限公司	87.8	
13	好吃的恐龍	人類文化事業有限公司	87.8	
14	水蜜桃阿嬤	格林文化事業有限公司	2007.7	
15	一片披薩一塊錢	格林文化事業有限公司	1998.2	
16	不一樣的野餐	人類文化事業有限公司	90.2	
17	台灣水噹噹特產、小吃	世一文化事業有限公司	1998.10	
18	保羅的超級計劃	格林文化事業有限公司	200.2	
19	我愛玩	信誼基金出版社	2002.1	
20	暢遊食品國	錦繡文化企業		
21	生活的環境—山上	鹿橋文化事業有限公司		
22	台灣的遊戲兒歌1放雞2放鴨	青林國際出版股份有限公司	2001.6	
23	彩虹娃娃—小小探險家（4）	漢幼文化有限公司		

編號	書名	出版社	出版日期	備註
24	快樂的童玩	智揚出版社	81	
25	誰要我幫忙	英文漢聲出版有限公司	74.5	
26	沒有聲音的運動會	信誼基金出版社	74.11.1	
27	親子創意遊戲盒－造形遊戲	光復書局企業股份有限公司	1993.10	
28	玩什麼	台灣省政府教育廳	86.12	
29	出去玩	台灣省政府教育廳	86.12	
30	南瓜湯	和英出版社	2001.9	
31	走，去迪化街買年貨	書林國際出版股份有限公司	2001.12	
32	好餓的毛毛蟲	上誼文化實業股份有限公司	1990.1	
33	跳跳虎歷險記	艾閣萌股份有限公司	2000.5	
34	莫莉的晚餐	小牛津國際文化有限公司	2000.12	
35	台灣囝仔故事——好鼻師	石緣文化事業有限公司		
36	娃娃語文系列－趣味兒歌	世一書局股份有限公司		
37	那裡有條界線	遠流出版事業股份有限公司	1997.12	
38	快樂的小路	信誼基金出版社	1994.10	
39	教小小孩唱英文（一）	東西圖書股份有限公司	2002.5	有聲書
40	教小小孩唱英文（二）	東西圖書股份有限公司	2002.5	有聲書
41	教小小孩唱英文（三）	東西圖書股份有限公司	2002.5	有聲書

6. 願景成果分享會

孩子們從上學期末「溪南小鐵人活動園遊會」的體驗結合到主題課程的「生番空小鐵人與溪南國小園遊會」，充分發揮幼兒的內在潛能，是一趟真正以幼兒為中心，深入又完整的學習之旅。孩子的世界就是玩，透過做中學習活動，效果倍增。

每天孩子到學校的心情，都是充滿期待與強烈，學習動機高。孩子回家也會將所體驗的快樂經驗與親愛的（爸爸、媽媽、哥哥、姊姊、弟弟、妹妹）家人們分享。

　　觀察發現，真的覺得孩子們是真正投入每一項的學習活動，對於認知上的學習、老師介紹過的知識、也透過遊戲反應出來，令人印象深刻。

　　在各個角落扮演遊戲時，孩子在人際關係的表現，皆十分融洽，好像真的開了一場園遊會那樣豐富熱鬧。一旦孩子有興趣的事，都會全力以赴，想辦法解決或請求協助達到目的。教室的角落數目，從0發展到15個角落，無論在認知、人際關係及技能方面的表現，完全是透過最自然的情境建立與啟發出來的，孩子認真投注的態度與精神表現，以及對課程融入的表現真的令人感動。班上是中、大班的混齡班級，他們透過互助合作、分享學習的情誼，皆是每位孩子最大的收穫。

　　主題活動接近尾聲，透過討論，孩子們決定與一年級的哥哥姊姊們分享學習成果，常發現下課時間，就會有低年級的孩子們靠在窗戶邊，看幼稚班所進行的活動，顯現出一付羨慕的神情，捨不得離開。「幼稚班的小朋友好好玩哦！我也想再讀幼稚班，每天都可以玩！」多數一年級的孩子就讀過本園，也曾經體會過這種快樂的學習模式。

　　在遊戲中孩子們共同討論、修改、建立遊戲規則，也共同遵守遊戲規則。當與一年甲班老師接洽安排好時間後，就是熱烈分享園遊會活動的快樂時間。本主題成果分享會的籌劃從討論闖關遊戲、招待組（中班）、導覽組（大班），到介紹遊戲規則，都是以孩子為中心所建立的。一年級的大哥哥、大姊姊們個個興奮又期待的拿著闖關單，到每個角落去玩一場屬於幼稚班主辦的「生番空小鐵人與溪南國小園遊會」。體驗過程中處處充滿歡笑聲，熱鬧場景可以想像，讓學習成果沸騰到最高點。快樂的時光總是過的特別快，就在結束音樂中告一段落，接著就是心得分享回饋時間，大孩子的反應多數皆表示好好玩，會說「幼稚班的弟弟妹妹好厲害，下次還要再來玩，實在太好玩了！」相信不論是幼稚班或是一年級的孩子們都有不同的體驗。

五、幼兒主題學習多元評量，建立學習檔案階段

(一) 學習評量

　　茲列舉主題「生番空小鐵人與溪南國小園遊會」之「綜合評量表」與「社會領域觀察評量表」內容如表9-5、表9-6。

表9-5　生番空小鐵人與溪南國小園遊會主題學習綜合評量表

項目	評　量　內　容	達到期望	有進步
認知發展	1.能説出三種以上身體部位名稱		
	2.能説出二種以上運動項目名稱		
	3.能説出三種以上美食園遊會攤位名稱		
	4.能説出二種以上食物名稱		
	5.能説出二種以上保護自己的方法		
技能發展	1.能隨音樂擺動自己的身體		
	2.運動後流汗會自己更換衣服		
	3.能説出二種以上運動後的感覺		
	4.會單腳站立三秒鐘以上		
	5.會拿剪刀剪直線		
情意發展	1.對各項運動充滿興趣		
	2.能與他人合作完成工作		
	3.能和同伴進行各項運動遊戲		
	4.對自己充滿自信		
	5.主動參與學習活動		

活動時間：98.02/11～98.04/03　　　各位家長請記得簽名喔！

教師：陳柔依
　　　吳沛晴

家長簽名：

表9-6　生番空小鐵人與溪南國小園遊會主題教學「社會領域觀察評量表」

時距取樣：2分鐘——觀察1分鐘、記錄40秒、休息20秒

幼兒姓名　　　　＼觀察者：教師＼地點：教室＼班級：混齡班＼日期：

日期時間 4/29　7：51 ～ 8：31	1.無所事事 2.旁觀 3.獨自遊戲 4.平行遊戲 5.聯合遊戲 6.合作遊戲 ／ A功能遊戲 B建構遊戲 C扮演遊戲 D規則遊戲	1.鬆餅屋 2.關東煮角 3.勇氣飯糰 4.冰淇淋車 5.棉花糖角 6.表演秀場 7.灌籃高手角 8.進球遊戲角 9.我是王建明 10.風火輪角 11.神射手角 12.打水球角 13.保齡球角 14.乒乓球角 15.兌換券處	1.興奮 2.高興 3.自得其樂 4.溫馨 5.生氣 6.悲傷 7.煩悶 8.羞怯	1.語言給予 2.語言接受 3.身體給予 4.身體接受	正向　　負向　　依賴 ↓　　　↓　　　↓ 1.幫助　7.命令　13.詢求 2.合作　8.拒絕　14.求助 3.稱讚　9.忽視 4.順從　10.干擾 5.照顧　11.打人 6.聊天　12.吵罵	1.大班幼兒 2.中班幼兒 3.成人 ／ ○女生 #男生

時間	遊戲類型	角落	情緒	互動型態	互動反應	互動對象
1						
2						
3						
4						
5						
6						
7						
8						
9						
10						
11						
12						
13						

資料與表格修訂自陳娟娟（1984）

觀察時間：早上幼兒到園「室內學習區自由活動時間」

(二) 反思

上學期末的「生番空小鐵人與溪南國小園遊會」，是結合「運動」與「美食」的好玩、有趣活動，帶給孩子的回憶無窮！孩子看到、吃到、玩到、聽到、聞到的具體經驗，也深深的記憶在腦海裡，趁著孩子記憶猶新，印象深刻的時刻，帶進課程，相信會增加許多學習效果。

回憶起活動當天的景象，孩子們反應熱烈，發表踴躍，各個滔滔不絕地發表自己所體驗好玩的運動與好吃的美食，當孩子對有趣的事，會認真努力、全神貫注，為了滿足孩子的需求，老師在教學準備工作方面，雖然需花點時間，但當拿著相機要捕捉孩子的鏡頭時，那自然流露的專注的神情，會特別感動！

透過每日學習重複循環是培養孩子專注力的良好學習模式，在「做中學」過程中，孩子會不斷遇到困難，又不斷的想辦法解決問題，無形中啟發孩子智能與無限潛能，相信孩子，給孩子成長空間，是我們的教學信念。透過主題開放教學模式，孩子能在自然、自由、沒壓力的環境中，快樂學習成長。例如：在常規表現與人際互動方面，經常透過團體討論，調整學習與他人的互動表現，在語言方面，以中班生寰寰小朋友為例，還記得剛入學時使用的習慣用語為臺語；老師以國語問他，他以臺語回答，但到了第二學期以後，發現寰寰在國語表達與使用方面，竟大大進步許多！

每天的生產創作，已成為孩子每天的重要工作，有時為配合節令或學校宣導活動，而耽誤或占用時間，孩子即問：「老師，今天怎麼還沒有創作呢！」

經過每日的學習累積，孩子的成長深受家長認同與肯定，從探索到學習的歷程中，感謝家長放心支持與認同，不定期協助蒐集創作資源。本園採用「主題開放學習模式」以來，驚嘆孩子發展出的無限潛能，在一路陪伴孩子從無逐漸形成十多個學習角落過程中，令老師不禁豎起大拇指，為溪南附幼的小朋友說：你們真是棒！

結論

　　統整課程能發展出教室裡「大自然」的學習環境。當個人投入崇山峻嶺的大自然懷抱中，會自覺很渺小，讓人陷入省思，待人會更加親切。俗話說「大自然能夠讓人誠實」。幼兒能力的發展不是教出來的，而是啟發出來的、激發出來的，是從做中學習得來的。例如教師為了實施「生番空郵局」主題教學，在課前製作了二個郵筒，藉以教導幼兒相關知識。因為郵筒是老師製作的，老師「從做中學習」製作郵筒，所以真正學得知識的是老師；反之幼兒對於郵筒的知識所得有限，因為幼兒沒有機會進行「從做中學習」製作郵筒。如果教師讓幼兒在觀察與探索老師所製作的郵筒之後（其實最好有機會帶領幼兒去郵局探索），教師在經驗分享時段對幼兒說郵筒不夠，我們需要再製作二個，要放在「生番空超市」前。教師藉而引發幼兒內在動機去製作，那麼幼兒就會從製作歷程中，真正認識到郵筒的構造與相關知識，除了增進大小肌肉發展，且透過加深加廣教學增進郵政知識。幼兒初期製作的作品只要求流暢性、獨特性、變通性即可，不需要求「精密性」，如果初期就要求「精密性」的作品，會讓幼兒怯步，壓抑創造力的發展。

　　我們要培養幼兒能夠有帶著走的能力，例如在面臨相對情境下能夠做良好判斷能力，在社會生活中能夠表現良好適應性的自主能力、創造能力、問題解決能力、良好人際互動能力、良好生活習慣、大小肌肉的協調能力、謀生技能（較大的孩子）等等；那就要發展出教室裡的「大自然」環境，一種讓孩子能夠誠實的環境，一種能夠發展孩子「內在道德」的學習環境。那是一種什麼樣的學習環境運作呢？例如筆者在教學輔導期間，觀察到陳柔伊老師教學歷程中，在自由遊戲後的經驗分享時間，陳老師在白板上寫著即將在「學習角落」工作的項目，如以下的觀察記錄（謝明昆等，2009）。這些項目是全體幼兒在經驗分享活動結束後，即將進行的「生產創造工作」之活動。

生產製作之工作項目

茭白筍葉子	安全帽	點餐單
金錢	吹風機電線	噴水頭
花項鍊	隆生宮牆壁美化	水果
餅乾	收銀機	

以上要製作茭白筍葉子，是因為「劉伯伯家的茭白筍田」角落需要更多的茭白筍，而昨天製作了茭白筍，尚還欠缺製作葉子，須於今天補充完成。

要製作安全帽，是因為「隆生機車行」角落須要安全帽，而昨天製作了三頂安全帽，每一頂都要美化，尚未製作完成，須於今天補充完成。

要製作點餐單，是因為「黃媽媽家的早餐店」角落須要點餐單，而昨天雖有製作，但是數量須要更多，因此須於今天再製作。

要製作金錢，是因為「黃媽媽家的早餐店」角落須要用得著，玩買賣早餐遊戲須要用到金錢，這是昨天在生產創造工作後的經驗分享時間，大家的決議。

要製作吹風機電線，是因為「花格子髮型工作室」角落須要吹風機，而昨天已經製作，只是電線不夠長，且欠缺插頭與插座，需於今天製作。

要製作噴水頭，是因為「花格子髮型工作室」角落須要洗頭髮用的噴水器，這是昨天在生產創造工作後的經驗分享時間，大家的決議。

要製作花項鍊，是因為「宗輝花店」角落須要結婚用的花項鍊，而昨天雖有製作，但是數量須要更多，因此須於今天再製作。

要美化隆生宮牆壁，是因為「隆生宮」（土地公廟）已建造完成，但是牆壁醜醜的，須要美化，這是昨天在生產創造工作後的經驗分享時間，大家的決議。

要製作水果，是因為「隆生宮」（土地公廟）角落須要擺置水果拜拜，這是昨天在生產創造工作後的經驗分享時間，大家的決議。

要製作餅乾，是因為「隆生宮」（土地公廟）角落須要擺置餅乾拜

拜，這是昨天在生產創造工作後的經驗分享時間，大家的決議。

要製作收銀機，是因為「黃媽媽家的早餐店」角落須要用得著，玩買賣早餐遊戲須要用到收銀機，這是昨天在生產創造工作後的經驗分享時間，大家的決議。

在說明工作分配時，討論到製作金錢，有小朋友提議要製作裝金錢的皮包，因此老師又在工作項目上增加一項「皮包」。

老師分批請幼兒選擇今天想要工作的項目，每一批四人，各把自己的名條放置在意願工作的項目下面。以下是選擇工作角落的結果：全班幼兒23人。

製作茭白筍葉子（2人），製作安全帽（0人），製作點餐單（1人），製作金錢（4人），製作皮包（4人），吹風機電線（0人），噴水頭（0人），花項鍊（5人），隆生宮牆壁美化（3人），水果（0人），餅乾（3人），收銀機（1人）。

在進行生產創作活動時間，每個孩子都非常專心工作，工作有快有慢者，工作較快者，當完成了自己的工作後，轉換去製作另一項他喜歡的工作，例如有3人轉換去製作安全帽的美化，有1人轉換去製作吹風機電線與插頭插座，有2人轉換去製作水果。

當「生產創造工作活動」時間結束，接著實施生產創造工作後的「經驗分享」活動，每個幼兒都很專注的發表與參與分享工作。

以上的歷程，教室裡的環境就像是「大自然」的環境，每個孩子的工作很自然，每個孩子的經驗分享很自然。幼兒從「生產創造工作活動」與「經驗分享活動」中很自然的學習。經過整個主題數十次的「生產創造工作活動」與「經驗分享活動」，以及加深加廣教學，幼兒獲得帶著走的各項能力，獲得六大領域的知識與能力。

主題教學在當前的學前教育深受重視，教師們可以試著採用「社區融合」觀點實施主題開放教學，依循本章所介紹的教學步驟逐步實施，會有不同的天空。更詳細內容，讀者可參考筆者與三位幼兒園老師合著的「主題開放教學」圖書。

參考書目

陳娟娟（1984）。兒童行為觀察技術。於**學前兒童教育論集**，中國文化大學兒童
　　福利研究所。

教育部（1987）。**幼兒園課程標準**。教育部國民教育司主編。臺北：正中書局。

教育部（2009）。**幼托整合進度報告—兒童教育及照顧法草案總說明**。教育部
　　（98年3月3日）全國幼教資訊網公布。

黃瑞琴（1997）。**幼兒園的遊戲課程**。臺北：心理。

謝明昆（2002）。教育家滿足孩子需求信念之教保應用。於**幼兒教育年刊**。第
　　十四期（55-90頁）。臺中：國立臺中教育大學編印。

謝明昆、賴素惠、楊麗娜、袁麗珠（2009）。**主題開放教學——孩子與社區融合
　　的課程與教學**。臺北：華騰。

Shaffer D. R.（2003）。**發展心理學**。蘇建文總校閱，王雪貞、林翠湄、連廷
　　嘉、黃俊豪等四人合譯。臺北：心理。（原著出版於1999）

國家圖書館出版品預行編目資料

幼兒園教保活動與課程／蔣姿儀等著. －－初
版. －－臺北市：五南，2011.07
　　面；　公分
　ISBN 978-957-11-6215-7（平裝）
　1.學前教育　2.教材教學
　523.23　　　　　　　　　100001538

1IVG

幼兒園教保活動與課程

主　　編 ― 蔣姿儀（511）

作　　者 ― 蔣姿儀　駱明潔　阮淑宜　魏美惠　林珮仔
　　　　　　謝瑩慧　謝明昆　林佳慧　陳柔伊

發 行 人 ― 楊榮川

總 編 輯 ― 王翠華

主　　編 ― 陳念祖

責任編輯 ― 李敏華

封面設計 ― 童安安

出 版 者 ― 五南圖書出版股份有限公司

地　　址：106台北市大安區和平東路二段339號4樓

電　　話：(02)2705-5066　　傳　　真：(02)2706-6100

網　　址：http://www.wunan.com.tw

電子郵件：wunan@wunan.com.tw

劃撥帳號：01068953

戶　　名：五南圖書出版股份有限公司

法律顧問　林勝安律師事務所　林勝安律師

出版日期　2011年7月初版一刷
　　　　　2016年4月初版五刷

定　　價　新臺幣500元